本书为陕西省高校哲学社会科学重点研究基地建设科研项目"理工科大学生人文素质养成的复杂性机理及其教育意义研究"（项目编号：11JZ030）成果

复杂性视角下中国大学人文素质教育创新研究

王文奎 宋振航 王 玥 著

中国社会科学出版社

图书在版编目（CIP）数据

复杂性视角下中国大学人文素质教育创新研究／王文奎，宋振航，
王玥著 . —北京：中国社会科学出版社，2018.9
ISBN 978 - 7 - 5203 - 2919 - 4

Ⅰ.①复… Ⅱ.①王… ②宋… ③王… Ⅲ.①大学生—人文
素质教育—研究—中国 Ⅳ.①G640

中国版本图书馆 CIP 数据核字（2018）第 172967 号

出 版 人 赵剑英
责任编辑 田 文
责任校对 张爱华
责任印制 王 超

出 版 中国社会科学出版社
社 址 北京鼓楼西大街甲 158 号
邮 编 100720
网 址 http://www.csspw.cn
发 行 部 010 - 84083685
门 市 部 010 - 84029450
经 销 新华书店及其他书店

印 刷 北京君升印刷有限公司
装 订 廊坊市广阳区广增装订厂
版 次 2018 年 9 月第 1 版
印 次 2018 年 9 月第 1 次印刷

开 本 710×1000 1/16
印 张 19.25
插 页 2
字 数 281 千字
定 价 79.00 元

序　言

　　20 世纪后期开始逐渐风行国内外的当代大学教育反思浪潮，矛头直指长期以来过分偏重科技知识传授的所谓"工具理性"教育模式（亦称"科学主义教育"模式），要求恢复"价值理性"教育传统，特别是要增强对大学生的人文素质教育（国外叫"人文教育"），以充分体现大学育人之本真，彰显大学精神。

　　我国从 20 世纪 90 年代以来，在党和政府高度重视，教育行政管理部门强力推动下，大学人文素质教育从试点到普及，迅速地发展了起来。近三十年来，我国大学人文素质教育，取得了长足的进步，并且形成了自己的一些特色。例如，政府强力推进、统一顶层设计、全国一体化实施的运行体制；针对大学生中存在或暴露出来的问题进行具体施教的所谓问题导向性的课程体系构建；以相关知识课堂传授为主的教育模式，等等。然而，随着这样的教育向纵深发展，这种体制，特别是这种以知识传授为主的被人们称之为"缺啥补啥"的教育模式的不足与弊端越来越显露了出来。实践证明，"缺啥补啥"的知识传授事实上难以如愿以偿，无法真正提升大学生的人文素质。问题的症结在哪里？制约我国大学人文素质教育发展的具体原因是什么？如何才能够将我国大学人文素质教育推向更加富有成效的新的发展阶段？研究解决这些问题，探索破解这些难题的科学路径与方式方法，已成为当前我国大学人文素质教育创新研究的主要任务和热点焦点问题。

　　近年来伴随复杂性科学和理论的迅速发展，国内外学术界对教育教学复杂性的研究，逐渐形成了许多重要的理论成果和一系列全新的思想观念。人们越来越深刻地认识到，诸如教育、教学以及大学生人文素质的养成等，都是一些典型的复杂性系统，甚至是复杂性巨系统。它们具有当代复杂性科学和理论所说的复杂性问题或复杂性系统所具有的全部特性特征及其存在与运行的机理机制。传统的教育和上述我国"缺啥补啥"的大学生人文素质教育的本质就在于，其秉持和实施的乃是一种以线性思维和还原论思想为特征的简单性教育理念和简单性教育模式。这种传统的简单性教育理念和模式，也许能够满足以科技知识传授为主的所谓"工具理性"教育的要求，但它无法适应和达到大学生人文素质教育等以素质培育为重心的"价值理性"教育的要求和目标。因为知识是应该被传授和能够直接转移与获取的，但素质只能去培育或必须自我养成。因此，可以说"缺啥补啥"式的传统的简单性教育理念和模式，也正好就是制约和阻碍我国大学人文素质教育进一步发展的关键性症结所在。而基于复杂性视角探索研究我国大学人文素质教育的创新问题，不仅是我国大学人文素质教育走向纵深发展的内在要求，还是适合素质教育本质与运行规律的一种科学选择，更是有望在我国大学人文素质教育理念和模式的变革与创新方面取得突破性进展的一个待开发宝藏或领域。本书是我们在借鉴和汲取国内外相关研究成果的基础上，在这方面所做的尝试性探索，期望能够起到抛砖引玉的效果。

王文奎

2017 年 11 月于西安

目　　录

第一章

人文与人文素质

　　人文素质教育实践源远流长，但"人文素质教育"概念却是我国近些年来的一种特有的提法。国外与之相同或类似的教育通常称为人文教育或人文主义教育。在我国教育管理部门的相关文件中，常常把人文素质教育看作是"素质教育"，特别是"文化素质教育"的核心部分。具体指的是学校教育中所开展的以人文知识的传授与学习为依托，旨在培育学生人文素养的各种形式的教育教学活动。

　　讨论人文素质教育问题，首先必须厘清人文素质教育所关涉到的"人文""素质""人文素质"等基本概念的具体所指。从这些具体所指中透视和把握它们的基本要旨、内涵与内容等，无疑是我们深入讨论人文素质教育问题的思想前提和理论基础。

第一节　人文的三种具体所指

　　和许多概念一样，"人文"概念的含义也是非常广泛和丰富的，常常被人们在不同的意义上加以使用。这其中首先就有绝对意义上的概括性界定和相对意义上的具体所指的区别。就绝对意义上的概括性界定而言，例如我国《辞源》和《辞海》对"人文"的解释是："泛指人类社会的各种文化现象。"而《现代汉语词典》对"人文"的解释："是指人类社会的各种文化现象，强调以人为主体，尊重人的价值，关心人的利益的思想观念。"当然，还有学术界给出的或简单或复杂的那些力求揭示其本质和诠释其完整意义的种种学理性定义，等等。与这种意义上的概括性、抽象性不同，相对意义上的具体所指的含义或内涵要更加确定和专门化一些。纵观古今中外"人文"一词相对意义上的具体所指，除了一些更细小的语境性含义和引申意义之外，较为典型和最为基本的主要有以下三种。

一　人文的第一种具体所指——人之道

人文的第一种具体所指，就是古代中国人所说的与"天道"和自然相区别的人之"道"、人之"理"；抑或西方社会所谓的不同于"物性"的"人性""人情"等。

中国文化中的"人文"出自《易经》："文明已止，人文也。观乎天文，以察时变，观乎人文，以化成天下。"这里的"天文"之"天"指自然界。"天文"之"文"主要是指自然现象及其变化规律。这里的"人文"之"人"是指人世间。"人文"之"文"不是诗词歌赋之"文"，而是包括诗书礼乐在内的典章制度、伦理道德、风俗习惯等人类文明和文化。北宋程颐对此作了进一步的解释："天文，天之理也；人文，人之道也。天文，谓日月星辰之错列，寒暑阴阳之代变，观其运行，以察四时之速改也。人文，人理之伦序。观人文以教化天下，天下成其礼俗，乃圣人用贲之道也。"① 用简单明了的话来概括，天文是指天体运行状态及其运行规则；人文则指人类社会的运行状态及其运行规则。

在西方，"人文"一词源于拉丁文 humanitas，发现于古罗马政治家、哲学家西塞罗的著作中，是西塞罗在翻译希腊文 paideia 时使用的。paideia 本指当时对学生实行的文法、修辞、辩论、算术、几何、天文、音乐等七门（"七艺"）学科教育，即关于人的全科教育，以促进人的智慧和思辨。在拉丁文中，humanitas 的原意是"人性""人情""万物之灵"，而希腊文 paideia 相当于今天的"文化""教育"

---

① 程颐：《伊川易传》第 2 卷，上海古籍出版社 1989 年版，第 85—86 页。

的含义。西塞罗用 humanitas 来表达一种教育理想，即通过教育和教化使人获得完整、圆满的"人性"。

中外古代所谓人文的这种具体所指，是"人文"一词之最初始的，也是最基本的内涵。后来的一切变化和引申都是以它为基础的。这种含义的"人文"是相对于"天文"而言的，侧重对人文概念学理阐释及其界域的界定。就大的层面，即人类和人类社会层面而言，它的具体所指是人类社会的法度和伦理纲常等，以和自然界和其变化更替相区别；就小的层面，即个人层面而言，它的具体所指是人性、人情和为人之情怀与理路等，以和动物及其物性相区别。总之，人与自然不同，人类社会有人类社会的运行规则，做人有做人的道和理，就是所谓"人文"一词第一种具体所指的要义所在。

二　人文的第二种具体所指——为人之道

人文的第二种具体所指，就是西方社会从"文艺复兴"开始并在其近现代史上占有突出地位的"人文主义"思想所说的为人之道。这种思想在文艺复兴时期表现为以反对神道神性的人道主义、反对迷信愚昧的理性主义和张扬人伦人性的人本主义等为主要内容的一场波澜壮阔的思想文化运动和剧烈的社会变革浪潮。

文艺复兴时期的"人文主义"，是欧洲当时进步的思想家、文学家、艺术家、史学家、教育家和科学家发动、组织和领导的主张以"人性"取代"神性"，以科学、知识取代愚昧无知，以积极的人生态度和奋发进取的精神取代消极悲观和避世的人生哲学的思想文化运动。当时天主教会凌驾于一切之上，它拥有至高无上的权威。一切文化思想意识都成了神学的"奴婢"，人在神和基督教会的面前是渺小的、微不足道的，人应该是自卑、消极、无所作为的。人不是万物的中心，人必须通过教会才能与上帝沟通，神才是世界的中心。人生的目的不是追求幸福和享受的，人生来有罪，不可有任何欲望和追求，必须虔诚地信奉上帝和基督教会，老老实实地服从基督教会的统治，做一个经常向教会忏悔而忠诚的教民。人文主义者把斗争的锋芒直指以反动的基督教会的以经院哲学为基础、以禁欲主义为中心的腐朽的世界观。人文主义思想的核心就是强调人的地位、价值、尊严和个人主义，以人为中心，肯定现实人生和世俗生活，尊重理性，强调个性自由。人文主义思想的重点是反对基督教会称道的蒙昧主义和禁欲主义。

这场思想文化运动及其所引起的社会变革，对整个欧洲或西方世界近现代文明具有奠基意义和重大的深远的影响。这场运动所形成并延续至今的人文主义思想体系的主要内容及特点是：赞美人的伟大和崇高，讴歌人性、人的价值和尊严；大力提倡发展人的自由意志和个性自由；倡导积极人生，努力追求现实幸福生活和世俗享乐；提倡科学知识和进行科学实验，反对愚昧无知；主张通过思想解放和社会制度变革等开启人的智慧，发挥人的才能，等等。

人文主义思想体系中的人文的这种具体所指，是"人文"一词的内涵在历史演进中的进一步丰富和具体化。与上一种具体所指的学理性界定不同，这种所指指称的是一场特定的社会运动及其所形成的思想体系。这种含义的人文是相对于神道而言的，侧重从多重角度揭示和阐释所谓人文的世俗内涵和现实内容，它反对神道和虚幻的天国，赞美人生和世俗生活，主张人是生活的主人和创造者，应发挥人的聪明才智，提倡人的个性自由，把人们的思想、感情、才智从神的束缚下解放出来。鼓励和提倡人们进行实验科学研究，探索人和自然界的奥秘，追求科学真理，等等。因此，从迷信和愚昧中觉醒，从神权的统治下解放出来，自由自主地去做人，创造属人的世界，去过属于人自己的社会生活等，就是这种思想体系的核心内涵，亦即所谓"人文"一词第二种具体所指的要义所在。

三 人文的第三种具体所指——做完整的人之道

人文的第三种具体所指，就是当代科学主义背景下人们所提倡的强化人文素质，养成健全人格，做"完整的人"的现代教育思潮。就西方社会的情况来看，这种思潮大致可分为"人本化教育"和

"科学人文主义教育"两个发展阶段。但这种思潮事实上又是世界性的,它是对长期以来科学主义背景下片面突出工具理性和科学技术,忽视人文价值和做人教育之观念的世界性反思浪潮。我国近二三十年来从理论上的热烈讨论到实践上的积极探索的所谓文化素质或人文素质教育,就是其具体表现。

人本化教育 20 世纪下半叶盛行美国,是以人本主义心理学(humanistic psychology)为基础的一种现代教育思潮。人本主义心理学的教育观主张从学生的主观需求着眼,帮助学生学习他喜欢而且认为有意义的知识。这种教育试图通过挖掘人类理智与情感诸方面的整体潜力来确立人的价值。它认为,教育的目的就是人的自我实现、完美人性的形成以及人的潜能的充分发展。培养"自我实现"的人,培养出被赋有自由却能自我约束的、具有完美人格的"自我实现"的人,是理想的教育。

人本化教育思想的兴起是西方社会在经过了启蒙运动、工业革命、科学发展等社会重大变迁以后,对重视情感教育价值的人文主义思想的新的诠释,它不再单纯从古典文化中寻找现实的答案或是单纯的理性思考;它不反对科学教育,提倡科学主义与人文精神的融合,强调科学的分析、高度的责任感,在实现社会价值的情况下实现个人价值,着眼于当今社会的现实和未来;它强调了人的多样性、个体性和特殊性,把人从抽象概念编织起来的苍白单调的符号空间,引向活生生的有血有肉的情感世界。这无疑是一种崇高的、理想的教育。然而,教育理想无法避免社会现实的影响。在现实的人本化教育的实践中,可能是由于某种偏颇作为或过分强调的原因,在人本化教育运动推行十几年后,美国中小学学生的学业成绩呈普遍下降趋势,而中小学生行为偏差者的人数却与日俱增。人本主义教育被批评是后来新放任主义(new permissivism)的始作俑者。

20 世纪后期,在"人本化教育"逐渐走向极端并受到社会舆论质疑的时候,联合国教科文组织国际教育发展委员会提出了"科学人道主义"的概念:"科学人道主义"是人道主义的,因为它的目的主要是关心人和他的福利；它又是科学的，因为它的人道主义内容还要通过科学对人与世界的知识领域继续不断地作出新贡献而加以规定和实现。它是一种将科学主义与人文主义两个相互对立的观点高度融合的科学人文主义。它既信奉科学，又崇尚人道。它提倡以科学为基础和手段，以人文为目标和方向，意图在科学和人文的相互协调和互为补充中促进人和社会在物质和精神方面的和谐发展，并在此基础上不断实现人自身的完善和解放。因此，在科学人文主义思想基础上发展起来的科学人文主义教育观不是科学主义教育和人文主义教育的简单相加，它是以科学的态度追求以人文精神为价值取向的现代教育理念，其内涵是以人文精神为核心，以科学态度为框架，实现科学主义教育与人文主义教育"1+1>2"的价值统一。

作为这种现代教育思潮中的人文的具体所指，是"人文"一词当前使用频率最高的一种更为特定意义的具体所指，也是对"人文"一词上述两种内涵的进一步拓展和应用。这种含义的人文是相对于科学主义而言的，侧重克服科学主义教育片面强调工具理性和单纯技术技能培养的弊端，强调人文知识和人文情怀等的重要性，反对把人仅仅看作是一种可资利用的资源或工具等，主张回归人本身，促进人自身的全面发展。因此，注重培养既能自由释放自身潜能，又关爱人生、关怀他人、奉献社会的完善的人格、完整的人或自我实现的人，就是这种教育思潮的基本含义，亦即所谓"人文"一词第三种具体所指的要义所在。

"人文"一词以上三种具体所指，形成于不同的时代背景和用语环境之中，伴随着人类社会从古代到近现代再到当前的历史演进依次出现。它们虽然各有侧重和具体的针对性，但其基本内涵还是统一的、一致的。无论它是相对于自然而言，还是相对于神或科学技术而言，都强调和指谓的是人，即人本身和属人的东西、人世间特有的道统理路。如果把这三种具体所指的基本要义连接起来，就能明显地看出，"人文"一词的含义事实上是在其历史演进中依次递进和不断具体化的。这就是从所谓人之道、人之理、人性，到做人、过属于人自己的世俗生活，再到完善自己的人格、做完整的人或自我实现的人。换句话说，所谓人文，就是人之道、做人之道和做完整的人之道。从教育的视角，即对人们进行人文教育的角度来看，"人文"一词的意义就在于：教育人们懂得人和人类社会之道，自由自主地做人和创造与享受属于人自己的社会生活，努力做一个人格健全、关爱人生与社会的自我实现的人。

第二节　人的素质及其辩证性

就人文之现实表现而言，人文之于国家、社会或民族乃是一种文明，人文之于个人则是一个人的个性品格或素质。素质一词从词源学上来看，理论研究者考证在《诗经》当中就曾经出现过"素"和"质"两个字合用的情况，此后在《管子·势》中有"正静不争，动作不贰，素质不留，与地同级"的说法，用来表达事物的本质和固有特征的内涵。《辞海》中对素质解释为人或事物在某些方面的本来特点和原有基础。从学术上考察素质这一概念，其更多被用于心理学和教育学上，其中心理学的定义为：素质也称为禀赋、天资、天赋，是个体与生俱来的解剖生理特点，包括脑和神经系统的机构和机能特征，感觉器官、运动器官、身体的结构和机能特征等主要由遗传决定，也受到胎儿期母体内外环境的影响。素质是人的先天的、与生俱来的能力，它是由出生以来的身体机能所决定的。如此一来，素质就成为无法通过后天的教育活动对其进行影响的东西了。为了弥补这一素质先天性理解的缺陷，教育学理论对素质进行了后天的、经验性的解读，认为素质虽然原本主要指的是个人先天具有的解剖生理特点，包括神经系统、感觉器官和运动器官的特点，其中脑的特点尤为重要。它们通过遗传获得，故又称遗传素质，亦称禀赋。这种素质还是一种潜质或可能性，尽管它对于人的能力形成和发展有重大影响，对人的性格、气质形成也有影响。但是，如果缺乏必要的学习和训练，不参加社会实践活动，尽管有良好的素质，也不能发展为有益的才能和良好的个性品质。故教育学对于素质的定义既强调素质具有先天的遗传特点，更强调后天的学习训练和实践活动对素质生成的重要影响，两者的结合才是素质的现实呈现，这种理解就为素质作为一种教育的内容的理解奠定了基础。

教育学素质定义强调了素质在形成过程中的多重关系，这些关系体现了教育学所理解的素质的内在的辩证特性：① 其一是素质获得过程中的先天与后天的关系。素质首先是与生理条件相互关联的，遗传的因素使得素质作为一种先天的禀赋能力与生俱来，但素质又与后天的实践和学习分不开，或许可以这样理解，作为人的天赋能力的素质仅仅作为一种潜能，即潜在的蛰伏在人的发展过程之中，这一潜能能否转化为现实还要依靠后天的学习和实践，这些就成为将潜能现实化的机缘或途径，故素质是先天遗传和后天习得的统一。

其二是作为素质内容的自然性和社会性的关联。因素质本身作为人的一种先天自然机能的一部分，必然反映自然性的内容和要求，但另外素质的实现又要依靠学习和实践，故学习和实践的社会性就使素质的形成必然要将社会性的内容包含于其中。

其三是作为素质发展过程中的发展变化性与相对稳定性。素质作为一种先天的机能具有一定的稳定性，这与人的遗传因素紧密相关，但在后天的生成过程中相对稳定的天赋又需要不断吸纳变化发展的内容使其转化为自身素质的一部分，故不变的潜能与变化着的内容使得素质在形成过程中是一个辩证生成过程。

如此一来，素质表达了个体的生理稳定性和生成变化性的统一和一致，这种统一和一致必然要通过多重因素的相互影响和相互制约才能达到，所以我们才以素质作为一种教育方式，提倡培养多方面、全面性的素质作为未来人的全面发展的重要条件。

---

① 张宏斌：《中国高校人文素质教育研究》，硕士学位论文，大连海事大学，2012 年。

第三节　人文素质的基本内涵

人文素质是一种素质，是人的素质的一个组成部分。人文素质是一个人在自己的成长过程中，通过相关的学习和实践活动等形成的一种个性心理品质。虽然这种心理品质的具体内容与所谓的人文科学知识、人文理论观点等密切相关，但我国许多学者都把人文知识或理论说成是人文素质的重要内容或构成方面，则是一种误解。人文知识或理论本来就不是什么素质，当然也就不能够说是素质的内容或构成方面。人文知识或理论只有经由作为主体的人类个体的吸收内化为一个人的学识、素养、个性修为等，才能够称得上是所谓的人文素质。

一　人文素质的基本含义

如上所述，素质起初主要是心理学和生理学的概念，后来才被引申和借用到诸如教育学等其他领域。生理学和心理学强调的是素质的先天性，认为素质是人的先天的解剖生理特点，主要是感觉器官和神经系统方面的特点，是人的心理发展的生理条件，但不能决定人的心理内容和发展水平。与生理学和心理学不同，教育学强调素质的后天性，认为素质是人在先天生理基础上，受后天环境、教育的影响，通过个体自身的认识与社会实践养成的比较稳定的身心方面的基本品质或素养。此外，虽然《辞海》所说的素质是指人或事物在某些方面的本来特点和原有基础。但素质概念主要是用来讲人的素质，讲物的素质的情况并不多见。而人的素质一般又分为生理素质和心理素质两个基本的方面。

人文素质是人的素质中最内在最重要的素质，属于人的心理素质层面，主要指的是人的思想和精神方面。

人文素质是人文与素质两个概念的结合，但这一结合又非概念之间的简单的叠加，而是在两者结合的基础上凸现其核心特征和基本特性。这一概念构成了教育学当中的人文素质教育的核心概念。在教育学学者对这一问题展开的普遍性研究当中，对其基本含义形成了几种代表性观点。

一种观点认为人文素质就是个体的综合素质，人文素质是指知识、能力、观念、情感、意志等各种因素结合而成的一个人的内在品质，表现为一个人的人格、气质、修养，是一个人外在精神风貌和内在精神气质的综合表现，也是一个现代人文明程度的综合体现。人文素质的内涵可以理解为由人文科学知识、社会心理、文化修养、人文精神等方面综合而形成的一个人内在的、稳定的特质，外在表现为一个人的人格。只有那些优秀的、能够升华人的精神、提高人的价值的文化，才能列入人文素质教育的内涵。① 这种理解强调人文素质对于个体的内在品格的综合塑造。

另有一种观点强调人文素质就是一门知人的学问，人文素质是关于人类认识自己的学问，做人的根本在于品质培养，发展人文素质就是要学会做人，引导人们思考人生的目的、意义、价值、发展人性、完善人格，启发人们做一个真正的人。② 这种理解强调人文素质的根本目的在于使人成为人。

还有的学者从人文素质内部的分类把握人文素质的整体内涵，人文素质可分为思想道德素质、文化素质、业务素质和身体心理素质等，其中思想道德素质是根本，是灵魂。人文素质教育，就是更加注重学生人文精神的培养和提升、重视学生人格的不断健全和完善的教育；对高校来说，就是重视大学生内在精神品质和文化素质的有机结合与协调发展，也就是提高其人文精神的涵养水平。强调人文素质是多重素质的结合。这些理解方式都从不同侧面揭示了人文素质的本质特征，即综合性、整体性、全面性、内在性、协同性和生成性。

虽然对人文素质目前人们还没有统一的学理界定，但大家在讨论中所言说和关注的主要观点和基本内容还是一致的。大体上说来，所

---

① 钱源伟:《社会素质教育概论》,广东教育出版社 2001 年版, 第 287 页。
② 赵四亮、李毅:《浅谈高校人文素质教育》,《思想政治教育》2004 年第 2 期。

谓人文素质，即做人的基本素质。它体现在一个人对自己、对他人和社会的认识、态度和行为当中。广义来说，人文素质是指一个人成为人和发展为人才的内在精神品格。这种精神品格往往体现在一个人在自身的学习和实践中所形成的诸如爱国忧民情怀和做人的气节情操等方面。狭义来说，人文素质指人们对文史哲艺等知识和技能的内化，它主要是指一个人的文化素养和个性修为。人的素质是一个内容丰富的体系，人文素质一方面是这个体系的一个组成部分或层面；另一方面，它本身又是一个由多重要素或多个层面的内容构成的复杂系统。诸如人文认知、人文情怀、人文方法和人文实践等，都是这个系统的主要方面或构成要素，但是，人文素质又不单单等同于它们其中的任何一个，而是这些方面或要素有机统一在一起的某种整体性的心理品质与品格。

二　人文素质内涵的三个主要层面

人们对人文素质的构成要素或具体内容有各种各样的说法。据我们粗略统计，在相关的研究文献中人们所给出的此类要素或方面的具体内容多达十几种，诸如，人文知识、人文观念、人文意识、人文情怀、人文精神、人文思维、人文方法、人文价值取向、人文作为和人文实践等。但仔细分析起来，抛开那些犹如本节开头所说的把人文知识直接看作是人文素质内容等不合理的说法，就这些说法想要表达的真实意图来看，可以把它们大致上归纳为人文意识和学养、人文情怀与精神、人文行为及实践三个主要的层面。其中，人文意识和学养是人文素质的基石，而人文情怀与精神是人文素质的灵魂，人文行为及实践则是人文素质的外显。它们共同构成人文素质的动态存在过程，形成一个完整的人文素质系统。

1. 人文意识和学养

人文意识是一个人在对待周围的人和事，在处理生活与实践中遇到的各种问题和关系的时候，所具有或秉持的尊重人、关爱人、以人为重的个性心理倾向。人文学养是一个人通过自己的学习和努力，在人文方面所拥有或达到的某种学识水平和个性修为与素养。人文意识和学养都与相应的显性的或隐性的人文知识有关，它们是在个体所获取的人文知识的基础上形成的，是作为主体的个人对这些知识的吸收和内化的结果。而人文知识是与自然知识和社会知识相对应的一种知识类型，是人类总体知识构成中的一个重要组成部分，是以语言（符号）的方式对人文世界的把握、体验、解释和表达。具有丰富的人文知识是一个人优良的知识结构必需之要素，是一个人成为全面发展的人的必备之条件，是人文素质的前提和基础。

人们通常所说的文、史、哲以及伦理、音乐、艺术和那些几乎涵盖了人文社会科学的绝大部分的知识，都属于人文知识的范畴。这类知识是人们对人本身、人的精神和物质生活、人类社会等的认识的成果。它启迪和引导人们领悟和思考诸如人的本质是什么？我从哪里来，到哪里去？我的生命的意义是什么？我的价值体现在何处？以及什么是人类的幸福？什么是人类的痛苦？如何与他人和谐相处？如何处理自身与社会的关系？如何与自然乃至宇宙和谐共生？等无确定答案但却意义重大的价值性问题。

人们通过人文知识的学习和思考，将其内化和转变为个体自身的知识结构和认知模式，就为其人文素质奠定了相应的知识基础。所以说人文知识是人文素质的基石。虽然人文知识还不等于人文素质，但一般说来，一个人的这种基础知识越扎实宽厚，解决问题的能力等素质就越强，反之就会制约和影响其整体素质和发展后劲。

作为人文素质之基石的人文知识浩如烟海。人类个体究竟应当掌握其中的哪些知识？这要具体分析。解梅和陈红在他们所著《理工类高校人文素质教育研究》（甘肃文化出版社 2013 年版）中的说法值得借鉴。他们认为理工类大学生应掌握的最基本人文知识的标准是：

历史与传统方面：能够形成贯通古今、关联中外的，反映人类社会政治、经济、思想文化、科学技术等领域的重要历史知识网络体系；学会从不同角度认识历史发展中全局与局部的关系，辩证地认识历史与现实、中国与世界的内在联系；能够用历史的观点和视角发现、分析和解决问题。

哲学与社会方面：掌握马克思主义哲学的基本原理，领会科学的世界观和方法论，能够运用哲学的基本原理和方法分析现实生活中的实际问题。

文学与经典方面：具有广泛的阅读兴趣，养成经常性阅读的习惯；具有一定的阅读表达能力和知识文化积累；能够鉴赏、评价古今中外优秀的文学作品；能够通过各种途径搜集素材并进行文学创作。

美学与艺术方面：掌握基本的美学知识，形成正确审美观；懂得一定的现实美、艺术美的知识以及从中概括出的形式美的知识；具有对自然美、社会美、科技美、艺术美的感受力、鉴赏力，形成健康的审美观和高尚的审美情操。

人格与心理方面：具有健全的人格、健康的心理品质和鲜明的个性，自信、自尊、自立、自强，能较好地处理人的理性、情感、意志等方面的矛盾冲突，善于合作、敢于竞争、勇于探索。这里所列的内容和标准，显然是较为全面的和理想的。但按此要求理工类大学生在毕业时全部达到又是不现实的、不可能的。正如两位学者自己所说：人文知识的获取是一个长期的过程，伴随着人的一生。大学教育仅是其中一个重要阶段。各高校可根据其人才培养方向在目标上有所侧重，学生也可以有自己的个性特点，并不一定要求在目标上面面俱到。换个角度说，这些知识不外乎就是关乎到人的心理、意识、情感、意志、兴趣、语言、行为等，引导人们去思考人生的目的、意义和价值，去追求人的完善、完美的知识，关乎社会结构、社会组织、社会群体行为以及与国计民生息息相关的事物，促使人们认识和思考与自身密切相关的事物和现象，确立自身的定位、取向，选择实现社会价值和个人价值相统一的途径和方式的知识等两大类知识，即所谓的"人文科学"知识和"社会科学"知识两类。学校和学生的人文知识教育与学习，主要就是这两类知识的教育和学习，但具体内容则应当和可以根据具体情况自由选择或有所侧重。

2. 人文情怀与精神

人文情怀与精神是一个人所拥有的对人类生存意义和价值的关怀，是以人为对象、以人为中心的思想意识品质与品格的集中体现，它内含在人的信念、理想、人格和道德等方面。人文情怀与精神是人文素质的核心与灵魂，它会通过一个人的人生观、价值观、世界观、人格特征和审美趣味等体现出来。

人文情怀与精神和一切主观的东西一样，都不是人先天固有的什么东西，而是在生活实践中形成和发展着的。它既与个人的努力和修为有关，又是由人类优秀文化在社会获得性遗传（及历史传承）积淀凝聚而成。个体的人文情怀与精神往往植根于自己所在的社会文化和民族精神之中，一般会具有时代的主题和烙印，具有鲜明的时代精神特质和价值取向。个体通过自己的学习和实践，将这些社会文化和民族精神、时代精神和价值取向吸收内化为自己的人生信念、理想和道德人格后，它便成为能够支配自己人生观、价值观、世界观、人格特征和审美趣味等的特定的思想意识品格。这种品格就是这个人的具体的和富有个性的人文情怀与精神。它是一个人的人文素质最主要的内容和最内在的核心或灵魂。它是人文知识或认知的内化与升华，它决定和支配着人们的人文行为和具体表现。

人文情怀与精神的具体内涵，可以从不同的角度透视。我国学者顾明远认为，人的素质主要表现在四个正确对待上。即正确对待自然，理解人类与自然的关系，懂得爱护自然，保护环境，保护人类赖以生存的生命圈；正确对待社会，认识个人与社会的关系和个人对社会的责任，遵守法律和公共道德。为社会的进步作出应有的贡献；正确对待他人，善于理解他人，懂得尊重别人，尊重他人的价值观，善于与人相处，具有团队精神；正确对待自己，正确认识自己的价值，善于解剖自己。学术界认为这"四个正确对待"，其实简要地道出了人文情怀与精神的精髓。这就是说，人文情怀与精神作为一个人内在的思想意识品质或品格，不是某种自在自为的、可以自我解释的东西，必须通过人所处的和面对的各种具体关系体现出来。

例如，就人与自己所在的国家、民族和社会的关系来说，它就表现为所谓的社会关怀，即人对社会的一种庄严的道德感、责任感和使命感。梁启超说："人生于天地间各有责任"，"自放弃责任，则是自放弃其所以为人之具也。是故人也者，对于一家有一家之责任，对于一国而有一国之责任，对世界而有世界之责任。一家之人各放弃其责任，则家必落；一国之人各放弃其责任，则国必亡；全世界人之各放弃其责任，是世界必毁"①。历史上屈原的"独立不迁"，"上下求索"的精神；李白的"穷则独善其身，达则兼济天下"的壮志；范仲淹的"先天下之忧而忧，后天下之乐而乐"的态度，顾炎武的"天下兴亡，匹夫有责"，等等，都抒发和表现出忧国忧民，报国之志和完成社会责任、历史使命的人生态度，无不彰显着他们浓烈的人文情怀，都是人文精神的鲜活的体现。

再比如，就人与自然的关系来说，人文情怀与精神就表现为对自然的关怀，即关心、热爱、保护自然，实现人与自然的和谐相处、协调发展的生态观与责任感等。人离不开自然界，自然界是人类生存的家园。马克思甚至说，自然是人的无机的身体。面对今天环境污染、资源枯竭、物种锐减、人口膨胀，形形色色的自然灾害频发的局面，人们开始反思"人定胜天""战胜自然"等人与自然相处的方式的合理性。人们认识到，人与自然的和谐相处与平衡发展，是关涉到人类生存根基的重大问题。因此，必须转变观念，摆脱人类的自私和狭隘，把人类及其每一个个体生命对自然的责任提升到全新的高度加以认识和践行。这种观念和行为的扩展必然深刻改变人类的生产方式和生活方式，并使人对自身本质的认识发生新的飞跃，使人与人、人与自然的关系更加友好。这是当今时代最为突出的人文情怀与精神的新内涵。

又再比如，就人与自身及他人的关系来说，关爱生命及尊重他人

---

① 梁启超：《饮冰室文集（二）》，中华书局 1989 年版，第 74 页。

就是人文情怀与精神在这方面的集中体现。关爱生命是人文情怀与精神的第一要义。生命的存在是个人的一切存在的基础。没有生命，个人的其他一切都会失去根基和依赖；没有一个个的生命，社会也就不复存在。从这个意义上说，关爱生命，才是人生最为紧要的事情。因为，只有关爱生命，才能善待生命；只有善待生命，才能善待自己；只有真正善待自己，才能真正去关注别人，去关注自然和外在的一切。也只有这样，人们才会去遵守伦理，遵守从生命伦理到社会伦理，从人类伦理到自然伦理的一切伦理。也只有真正遵从这些伦理，人们才会提升自己的道德。以人为本，才能真正使自己的生命更加有意义，更有活力，更有异彩。

尊重他人，懂得爱人，这是人之为人的基本要求。人不仅是一种合群的动物，而且是只有在社会中才能独立的动物。社会性是人的根本属性。既然如此，任何个体要能融入社会，就必须懂得尊重他人，从这个意义上说，人文精神的形成过程也是人的社会化程度逐步提高的一个过程，尊重他人是判断人的社会化程度的主要标志。尊重他人，包括尊重他人的权利，尊重他人的尊严，尊重他人的价值。人只有在尊重他人的同时才能获得他人对自己的尊重。唯有如此，方可以此构建"自爱"和"他爱"相依相成的人际和谐关系。这也是人文情怀与精神的基本要义。

关爱生命和尊重他人所包含的人文情怀与精神的具体内涵，也是一个人的人格基本内容。要塑造具有人文情怀与精神的理想人格，实现人的全面发展，就应当树立崇高的理想信念、养成诚实守信的品格、培育开拓进取的精神、拥有积极乐观的态度以及自强不息的信心和宽容大度的胸怀与健全的心理素质等。具有这样的人文情怀和这种人文精神的人，就等于拥有无价的精神财富，懂得如何与自然、社会和他人和谐相处，敢于直面人生，敢于体验生存之美，积极探索和创造人类的美好生活。

总之，人文情怀与精神是人文素质的内在支撑，是人文素质的最高层面，具有人文素质的最典型标志就是具有人文情怀与精神。

3. 人文行为及实践

人文行为及实践是人文意识与学养和人文情怀与精神的落脚点，是衡量或评价一个人是否具有一定的人文素质的重要指标和外显标志。一个人通过人文知识的学习和体悟，唤起对人的生命本身带有终极性质的追问和思索，养成相应的人文价值追求和精神品格。这种内在的价值追求和精神品格体现在外在的行为上即是人文行为和人文实践活动。乍看起来，素质是内在的，行为及实践是外在的，似乎是两码事。但之所以把人文行为及实践也看作是人文素质的三大基本内涵之一，不仅在于素质决定和支配行为，行为反映和体现素质，而且在于，"素质"一词原本就含有"技巧""能力"之意，表现这种技巧和能力的人文行为与实践活动，正是人文素质固有的目的性构成要素之所在。

人文行为及实践可以表现在人的社会生活的方方面面。大则如，坚守民族气节与美德、为正义和真理献身、为国家和社会奉献力量、力求对人类有所作为等；小则如，言行举止文明、仪表仪容得体、热爱集体、帮助他人、遵守公德与秩序以及勤俭节约、慈悲行善等。

总而言之，人文意识和学养、人文情怀与精神和人文行为及实践是相互依存，互为补充的。只有这三者内在地高度统一在一起，构成一个整体，才能形成完整的、立体的、活生生的人文素质。人文意识和学养是人文素质的前提和基础，人文情怀与精神是人文素质的内在品格和追求，人文行为及实践则是人文素质的能力和水准的体现。就一个具体的人来说，所谓一个人具有人文素质的意思，就是说他能够通过自己的认知和实践，把外在的人文知识与标准内化为自我的习惯和做人的品格，并能够把人生的信念转化为实在的行为。人文素质教育的功能和目的，就是要培养具备这种素质的人。

第二章

人文素质教育

　　人文素质教育，在国外也叫人文教育，它既是丰富多彩的人类教育活动的一个组成部分，一个具有特定内容的专门层面，更是教育之为教育的原始含义和真正的本质之所在。仅就其作为教育之一个组成部分的特定意义来说，人文素质教育是对个体人文素质的养成过程进行积极引导和自觉干预与控制的一种社会活动或行为。这种社会活动或行为采用的具体方式方法是多种多样的，起先这种教育没有固定的组织形式和操作模式，一般以族群、家庭和各种社会教育等形式出现，后来才发展为以高度组织化的学校教育方式为主渠道的专门化教育。当然，即使是在学校教育为主渠道的情况下，个体人文素质的养成同时也会受到家庭和社会等的影响。专门化的人文素质教育，主要是通过教授人文知识和环境熏陶等，使之内化为一个人的人格、气质和修养，成为其相对稳定的内在品格的过程，其根本目的就是提高受教育者的文化素质、理论修养、道德情操等，以使其学会和懂得如何做人，做一个全面发展的完整的人。从这个意义上来说，人文素质教育实质上就是做人的教育，而做人的教育正是教育的终极目的。因此，人文素质教育体现了教育的初衷和本质，既是人类教育的重要组成部分，又是教育活动的内在灵魂和核心价值之所在。

第一节　人文素质教育乃教育之本

　　所谓教育简单地说，就是对人的教化培育，即采用一定的方式开启人的智慧，使其能够明理悟道，拥有相应的做人做事的能力的过程。因此，从教育的初衷和最终目的来说，教育之本意就是对人的教育，教育的本质就是育人，亦即对怎样才能够做人和如何做人的素质的教育，当然也可以理解为广泛意义上的人文素质教育。教育的历史发展事实也是如此，只不过随着社会历史的变迁，几经曲折，有所反复而已。迄今为止的人类教育史就是一个从人文教育开始，经过诸如神道教育和工具理性教育等，又复归于人文教育的过程。这个过程可以说，它本质上就是人类教育围绕其自身价值——即育人——在内容方面的历史性变迁过程。

古今中外，人类教育活动起初虽然形式多种多样，（后来才慢慢有了学校教育，并且这种教育形式逐渐成为教育的主渠道，一直延续至今。）但教育目的，或者说教育之主要价值，施教的主要内容大都是人文性的，并且侧重于受教育者素质的开发和培育。其中所加插的一些诸如算术和某些器用知识（具体名目在不同国家、民族和不同的时期有所区别）等的教育，也是对素质教育的补充。这类本质上属于实用性的教育目的和工具性的教育内容，直到后来，即随着近现代科学技术发达之后，才在教育中占据了主导地位。

在人类教育从古代社会的以人文教育为主到近现代全球性的以科学教育为主的演变过程中，还曾经历过神道教育阶段。这在欧洲的中世纪最为典型。教育变成了神学的"婢女"。除了教育的内容必须是有关神道的，否则便是所谓的"异端邪说"之外，教育的全部目的也都是为了神，教人如何敬神和赎罪等。这种教育不仅是对古代人文教育的一种否定，而且由于它倡导愚昧和非理性，也就埋下了被主张理性的"科学主义教育"所否定的种子。这其中似乎包含着所谓否定之否定的内在逻辑规律。从以人道反对神道、以理性反对迷信、以科学反对愚昧等为特点的"文艺复兴"开始，到近现代高度发达起来的现代教育体系的发展过程，就是这种逻辑的历史再现。

高度发达起来的现代教育体系，本质上是科学主义性质的。应当说，科学教育本身并不与人文教育有矛盾、相冲突，它本来应该是对人的教育的较为现代性的极其重要的组成部分或内容。只是因为在现代科学化浪潮中，将其推展到所谓的"科学主义教育"的境地，才开始排挤人文素质教育，逐渐疏离了教育的初衷与本质，才产生了一系列问题和弊端。在"科学主义教育"越来越显露出其片面性和种种弊端的今天，人类教育又从对其深刻的反思中回归教育的初衷，重新倡导和突出人文教育，人文素质教育。这也是整个人类教育活动所经历的一种否定之否定的历史发展过程。

在继续我们的阐述之前，有必要讨论一下这里提到的"科学主义教育"的概念。与这个概念意思相近的还有"工具理性教育"等许多不同的提法。虽然这些提法目前还比较随意、很不严格，但这些所有类似的提法想要表达的一个基本意思，就是排斥或忽略人文（素质）教育，过分突出和全力着重单纯的科技知识教育，培养具备用工具理性做事，而可能缺乏用价值理性与情感做人的专门人才的教育模式。因此，后文中将不对这个概念做专门性的应用，而在需要表达相关的意思的时候，将依据具体语境采用所有这些可能的提法。还需要提醒注意的是：我们对"科学主义教育"和"工具理性教育"等这些教育模式和做法的任何批评，绝不可以理解为反科学的意思！无论什么情况下和什么时候，都不可以走上这样的道路。尤其是我国，由于历史和各种各样的主客观原因，可以说还很缺乏科学和科学精神，科学和科学精神当前仍然是值得我们大力提倡和发扬光大的。其实，探索世界奥秘的科学活动，发现和阐明科学真理的科学知识，尊重和运用科学原理为人类创造福祉的科学方法和技术，等等，特别是人类必须秉持的科学精神，都是所谓人文的不可缺失的基本内涵和最重要的具体表现。也就是说人文就包括并且绝不可缺少追求真理的科学精神！只不过对该方面内容的教育，当前的"科学主义教育"或"工具理性教育"模式下的一系列具体做法是不合适的。因为，这样的教育把科学教育简单化为仅仅是对器用意义上的科学知识和技术的传授与训练，陷入了所谓的工具理性教育的片面性。真正的科学教育应该是科学精神的培育和科学方法的训练。即所谓授人以鱼不如授人以渔也。这才是目前我们的教育存在的主要问题。因此，深入挖掘各种专业科学知识的人文价值和社会意义等，强化科学精神与方法的培育，极有可能是我们加强大学人文素质教育的关键性抓手之一。此为后话，我们在后面的相关章节再仔细讨论。

第二节　人文素质教育的基本内涵

人文素质教育就其基本内涵来说就是将人类一切自然科学和社会科学的优秀成果，以各种各样的教育方式，包括知识传授、环境熏染、自我反省等方式传递给个体，使之内化在个体的思想当中，培养个体独特的气质、修养、道德、品质，并将其外化为具体的行为当中的教育过程。具体说来人文素质教育就是传递人文知识、塑造人文精神、外化人文行为的教育过程。

传递人文知识构成人文素质教育的基础内容。人文素质以人文知识为载体，人文素质教育必然要通过知识的传递过程予以实现。伴随现代教育理念的不断提出，知识的传递虽然已经不再作为教育的唯一内容，但却仍然是最重要途径和内容。人文素质教育也是如此，人文素质的提升需要人文知识的传递与内化。故一些学者将人文素质教育看作是以人文知识传递为载体的教育过程，并认为人文素质教育可以概括为人文学科教育和艺术教育两个基本的大类。人文学科知识领域包括哲学、历史、语言学、文学、心理学、艺术、宗教、考古等，艺术教育包括诗词歌赋的阅读与欣赏、音乐和戏剧的欣赏等。因此，人文素质教育需要以人文学科教育与艺术教育相关知识的传递为基石。虽然这样的说法未必完整与科学，也并没有得到大家的一致认同。例如更多的人主张从显性人文知识和隐性人文知识等不同角度概括人文知识。但是在人文素质以人文知识为基础，必须通过人文知识的学习来提高人文素质的观点是不存在异议的。

塑造人文精神是人文素质教育的基本目标。传递人文知识作为人文素质教育的基础，其目的是为了达到素质的提升而奠定知识性的基础和背景。人文素质教育强调素质而不仅仅是知识，其鲜明地揭示了知识传递基础上的精神塑造的重要性。如果仅仅具有丰富的人文知识，但却无法形成人文素养，那么在知识和行为之间就永远无法达到知行合一，两者始终处于分离状态。也就是说知识无法内化为内心的认同，也就无法达到人文素质教育的基本目标。因此，人文素质教育必然包含塑造人文精神的内容。一些学者为了强调塑造人文精神的重要性，将人文素质教育看作即是培养人文精神的教育，即以强调人性教育、完善人格为宗旨，以注重实现和促进个体身心和谐发展为培养目的。或者说，人文素质教育，简单地说，即培养人文精神的教育。它通过把人类积累的智慧精神、心性精粹与阅历经验传授给下一代，以期使人能洞察人生，完善心智，净化灵魂，理解人生的意义与目的，找到正确的生活方式。总之，人文素质教育以人文精神的教育和培育作为其核心内容。

人文素质教育作为一种素质教育不但体现在思想和理论方面，更应该转化为自觉的行为。因此，人文行为的外化过程也必然是人文素质教育的重要内容。行为是人的思想的呈现，思想支配行为，人文精神的塑造就其根本目标来说正是为了在人们进行社会实践或价值行为选择之时能够自觉选择人文行为，体现文化品位和文化修养。这使得内在的人文知识和内在认同的人文精神能够具体的、现实的呈现出来。这样的行为才能对整个社会和实践活动施加更加深刻的影响，故人文行为的外化是人文素质教育的重要目标。人文素质教育就是通过各种教育形式，引导学生在自我养成的基础上亲自进行相应的实践，将人类优秀的文化成果通过一个个人类个体转化为自己的经验，形成牢固的人文科学基础知识、良好的社会心理与文化修养，树立人文精神及塑造完美人格的教育活动。人文素质教育从终极的意义上来说，就是将人文素养外化为人文行为的教育活动。

作为人文素质教育的重要内容的人文知识的传递、人文精神的塑造和人文行为的外化三者之间的关系是内在的：只有人文知识的积累才能有助于人文精神的确立，也只有人文精神的确立才能有效地产生获取更多人文知识的内在动力；只有确立人文精神才能外化为人们自觉的人文行为，人文行为的实行需要内在的人文精神的指引。可见这一系列教育过程是一个统一的过程，是一个实施人文素质教育的系统过程。

第三节　中外人文素质教育的历史

人文素质教育源远流长。中西方历史上都有这方面的丰厚的历史积淀和传承。简要地了解一下这些历史，不仅是满足厘清其来龙去脉之历史线索的逻辑要求，也对我们全面深刻地把握人文素质教育的含义、内容与形式等，具有重要的启示和借鉴意义。如前所述，由于人文素质教育是我国特有的提法，为了避免引起不必要的误会，我们在提到中西方社会这种共有的教育现象和思想理论等的时候，一般采用"人文（素质）教育"的提法。

一　中国人文（素质）教育历史简括

中国历史上的人文（素质）教育以儒家教育思想为主流。国学泰斗钱穆先生曾表达他精辟的相关见解："所谓人文，则须兼知有家庭社会国家与天下。要做人，得在人群中做，得在家庭社会国家乃至天下人中做。要做人，必得单独个人各自去做……又必须做一有德人，又须一身具诸德……人处家庭中，便可教慈教孝。处国家及人群任何一机构中，便可教仁教敬。人与人相交接，便可以教信。故中国传统文化精神，乃一切寄托在人生实务上，一切寄托在人生实务之道德修养上，一切寄托在教育意义上。"[1] 有学者把这种中国传统教育的特征归结为：（1）综合观，即大教育观。认为教育这一系统是整个社会大系统中的一个子系统，许多教育问题实质是社会问题，必须把它置于整个社会系统中加以考察和解决。而教育问题的解决，又必然促进

---

① 郭齐智：《"重建人文"与语文教改》，《语文教学与研究》1996 年第 4 期。

整个社会的发展和进步。（2）辩证观，即对立统一观。认为中国传统教育强调把道德教育放在首要地位，但同时也不忽视知识教育的作用。（3）内在观，即强调启发人的内在道德自觉性，心性的内在道德功能观。认为中国传统教育的显著特点是启发人的内心自觉，教育人如何"做人"，如何在现实生活中实现其"齐家治国平天下"理想的入世精神。①

中国古代没有现代意义的大学，但积累的传统教育思想影响至今。两千多年前，中国就有了明确的教育理论和思想，集中体现在《大学》和《学记》两部典籍中。二者都论述了"大学之道"，这是中国古代高等教育的纲。它强调"明人伦"和"修身"，这正是中国古代高等教育注重人文的传统和特色。在这一阶段人文教育占据着独一无二的崇高地位，其教育思想呈现以下特点：

（1）重德育，强调修身养性。集中体现在源于孔孟的儒家教育思想和朱熹等的宋明理学思想中。

（2）政教合一。即以政治教，以教治国，强调教育为政治服务，以"治国之道"为内容。中国古代教育与政治关系密切，学生关心时政，议论朝政成为学校教育的一个传统。

（3）学而优则仕，学与仕不分离。学而优则仕的教育目标使得从汉代察举，隋唐设科举以后，学校的办学目的就是"储才以应科目"，学校成为培养官员的预备机构，科举考试的内容成为教育的内容。

（4）重人文传承，轻自然科学。中国古代教育以人为本，强调"穷理、正心、修己、治人之道"，因此教学内容多为儒家经典及文史辞章，课程设置也以人文社会科学类的内容为主，并以道德教育贯穿整个教育过程的始终。而生产科学和自然科学知识只是作为统治艺术的辅助知识进行研习。

---

① 郭齐家：《论中国传统教育的基本特征及其现代价值》，《北京师范大学学报》1995年第5期。

　　1840 年鸦片战争揭开了中国多种高等教育思想激烈冲突的帷幕，中国的文化、历史和学术出现了重大的转折。

　　我国高等教育的近代化是被动后发型的、不断受到外来文化影响的过程。自鸦片战争以后，伴随着西方势力的入侵，一方面，西方现代教育模式不断冲击中国传统文化，向教育领域渗透；另一方面，中国的有识之士为救亡图存开始学习西方，中国高等教育开始了近代化的历程。于是，我国传统教育思想和西方教育思想之间发生了激烈的冲突和碰撞。显然，培养掌握现代科技人才的科学教育是适应当时内忧外患的国情的，而传统的儒学则相形见绌。于是，经历了从鸦片战争开始到科举制废除这段长达 60 余年的阵痛，基本上完成了这个痛苦的选择过程，科学教育确立了主要地位。新中国成立伊始以俄为师，特别强调科技教育；20 世纪 50 年代后期注重教育的普及和与劳动结合，但对人文教育和科学教育的关系则没有加以关注；"文革"中，高等教育受到了巨大的冲击，中国传统的人文教育在接二连三的运动中被斗得奄奄一息，大学几乎停顿，教育思想更是混乱，直到 1978 年后才出现新的巨大转变。

　　因而，从鸦片战争至社会主义改革前这阶段，中国的教育思想主要呈现出两个特点：一是西方的教育思想主流取代了儒家的教育思想。二是注重科学教育，忽视人文教育。"学好数理化，走遍天下都不怕"的思想逐渐深入人心，重理轻文成为一种普遍的社会价值取向。

　　改革开放后人们逐渐意识到：以专业技术教育取代传统的人文教育，以"才"的训练取代"人"的培养的教育带来了种种弊端。于是，复兴人文教育的呼声四起，加强人文素质教育活动广泛地开展了起来。中国的高等教育迈向了人文与科学并重发展的新阶段。当然，由思想到实践取得成效绝非容易之事，在复兴人文教育的道路上也经历坎坷。1994 年到 2001 年，北京大学曾开办了"文史哲综合试验班"，2005 年 5 月，中国人民大学组建了国学院，倡导"务实"之风，以培养一批高层次的国学教学与研究人才为目标。虽然都经历了坎坷，但却体现了高等教育思想中科学与人文相融合的趋势。有人把这种科学与人文相融合的教育，称之为"科学·人文"教育模式。它是指科学和人文在教育中相互统一，交错融合，科学教育和人文教育不偏不倚并重发展，以促使人的全面发展的现代教育思想和教育实践模式。①

由此我国便开始了近二十多年的人文素质教育的大发展。对此，我们将在后面的章节中予以专门的介绍。

二　西方社会人文（素质）教育的历史演进

西方社会人文主义教育思想的起源可以追溯到 14 世纪意大利文艺复兴时期。而"人为根本"作为一种意识却早在古希腊、罗马时期的教育哲学中就有所体现。从希腊语 Paideia 到拉丁文 Huamanitas，再到英语 Humanism，人文主义教育思想从古希腊、罗马哲人的星星思想火花燎原成文艺复兴时期的灿烂文化；从十八九世纪德国哲学家歌德、席勒主张以古希腊文化为基础，致力于个人完美的实现，到 20 世纪 70 年代盛行于美国的以"人本主义"心理学为理论依据的人本化教育思想，可以说，人文主义教育思想伴随着教育的发展历程，随着社会环境和价值取向的变化而发展，影响并促进了西方社会的文明与进步。

古代希腊是现代西方教育的发源地，在其社会、文化的发展过程中，希腊人建立了较为完整的学校教育制度并形成了丰富的教育理论，为西方教育的发展奠定了坚实的基础。古希腊时期的教育本质上是一种公民养成教育。以文雅学科（liberal arts）为教育的主要内容，从智、德、体、美育等着手，实施读、写、算、文法、修辞等教育活动，强调人的身心平衡发展，培育健全的人，是古希腊教育的崇高理想。这种教育理想已显露出人本主义价值倾向。亚里士多德是历史上第一个说出教育的终极目标是"自我实现"这一人文主义思想精髓

---

① 梅苏蔓：《中国人文教育的历史演进与发展趋势》，《文教资料》2006 年第 7 期。

的哲人，为人文主义教育思想的形成奠定了基础。

古罗马着重利用文化来陶冶一个健康的人的教育理念，同样具有人文教育的色彩。西塞罗（Cicero，前106—前43年）就注意到教育担负的使命是养成雄辩家，而雄辩家教育的内容应涵盖培养其具有广博的学识、独特的修辞修养、优美的举止与文雅的风度等有关修辞、文法、历史、文学等诸多文雅学科。罗马人用来自希腊文化中的文雅学科陶冶人，培养具有社会生活能力的人，即长于社会公务、擅于思想表达技巧的人，显然也是以人的培养为宗旨的。

中世纪的欧洲文化，笼罩在基督教的教义之下，对神的崇拜取代了对人的尊重，教育本身也通体渗透了神学的性质。14世纪的文艺复兴运动，反省反对"神本位"，崇尚自然、突出人本身、追求美感、接近世俗事物的人文主义世界观，逐渐成为所谓人文主义教育的指导思想，Humanism复活了Paideia、Humanitas的精神，倡导人的个性解放，尊重人的价值，使得教育走出了中世纪的"黑暗"。

文艺复兴运动历时久长。前期人文主义思想多以复古为主旨，后期人文主义学者则更具开拓精神，透出一种近代精神。总体上说，文艺复兴时期人文主义思想统领文化教育领域，其教育思想指导着重视人的发展的教育实践，人们开始探索新的办学模式，更新教育内容和方法，等等。

启蒙时期至20世纪初，人文主义教育思想遭遇挑战。这个时期虽然特别强调人，但"人"在近代启蒙时期的意义是理性的，是逻辑学、符号学概念上的人。在社会剧烈变革和重大的科学进步中新兴的教育思潮，使欧洲的教育逐渐由贵族垄断转向平民分享，从立足书本转向注重经验，从崇尚思辨转向提倡实践。17世纪末18世纪初，人文主义教育逐渐流于形式，教育思想开始强调科学理性的作用。19世纪下半叶，唯实主义、唯物主义、实用主义等学说对人文主义教育形成不同程度的冲击。教育越来越朝着功利主义的方向发展。正如赫钦斯等教育家所批评的那样：大学教育及学校教育，完全建立在崇尚物质主义、经验主义的思想基础上。赫钦斯认为实用主义的高等教育是拼盘式的残缺教育，这种功利主义的教育只顾社会的过去和现在，而不顾未来。他认为教育是永恒的，应提倡古典科学、传统文化在高等教育中的突出地位，以使人文主义与科学主义永久融合。赫钦斯的新人文主义思想引起了广泛的共鸣。

20世纪下半叶，"人本化教育"重新诠释"人文主义"，使得以人本主义心理学（humanistic psychology）为基础，试图通过挖掘人类理智与情感诸方面的整体潜力来确立人的价值，促使完美人性的形成以及人的潜能的充分发展，培养"自我实现"的人的人本化教育成为一种现代教育思潮。

后来在"人本化教育"逐渐走向极端并受到社会舆论质疑的时候，联合国教科文组织国际教育发展委员会提出的"科学人道主义"的概念被引入教育中来，便形成了提倡科学主义与人文主义两个相互对立的观点高度融合的科学人文主义教育观，即以科学的态度追求以人文精神为价值取向的现代教育理念。

西方社会人文（素质）教育曲折演进的历史事实表明，教育离不开和不能缺少人文（素质）教育，人文（素质）教育既是教育的重要的和固有的内容，更是教育的本质性规定和核心价值指向。教育必须以人为中心，以培养人如何做人为职能，以造就完整的人或全面发展的人为目的。

第四节　教育家和科学家视域中的
人文（素质）教育

教育家和科学家视域中的人文素质教育，对我们深入体会和透视人文素质教育问题具有重大指导意义或参考价值。无论是他们对待人文素质教育的态度，还是教育家如何要求与亲身处理人文素质教育问题，或者科学家对人文素质教育与自身成才关系等的现身说法与故事，等等，都是我们更为深入地理解和讨论人文素质教育问题的宝贵的思想财富，有必要介绍和引述一些他们的观点和做法。

一　教育家眼中的人文（素质）教育

应该说，教育家作为一个教育职业群体，对人文（素质）教育以及怎样展开人文（素质）教育，最具一定的权威性。著名的德国教育家洪堡在筹建柏林大学时，就把柏林大学的未来发展定位在理想主义和新人文主义上，这种被称之为德国古典教育观的大学观念的形成，实际上源自于莱布尼茨的学生沃尔夫以及康德等启蒙主义思想在德国的推进，还有哈勒大学、格廷根大学在学术自由方面的实践：研究、教学和学习的自由。这些努力，不仅使哲学院获得了与其神学、法律、医学等"高级学院"同等重要的地位，而且更重要的是，"它从助手的地位一跃而变得具有指导作用，成为许多职业都要依靠的基础科学研究和知识的基地与源泉"①。作为这种观点的支持者，洪堡发展了前述观点，并对业已存在的仅仅满足片面专业教育的观点进行了批判和纠正。他认为将研究和教学机构分离，强调专业和实用性教育，不利于人的发展和科学的发展。他提出教学和科学研究并举的主张，并身体力行，实践德国启蒙运动中文化精英所追求的理想，即一个有着崇高理想的民族应该造就"完美的人"，应该造就"每个阶层完美的公民"。也就是说，要把德国的教育办成为整个民族和国家服务的、同时把学生"造就"成有能力、有品行的人的教育机构。②

美国的现代教育模式，可以说代表了当今世界教育发展的一个方向，作为教育转向的风向标，其教育内容、教育目标、教育功能的变化，吸引了众多教育战略家的目光。从历史上讲，美国的大学教育体系是完全承袭英国大学的模式建立的。哈佛大学的第一任校长亨利·邓斯特就是剑桥大学麦克达林学院毕业的学生。当然，哈佛大学在他的领导下，也完全遵循了英国牛津、剑桥等大学的惯例。1642 年由

---

① ［德］赫尔曼·外尔：《德国的大学和科学》，袁钧译，《科学文化评论》2004 年第 2 期。

② 金秀芳：《洪堡人文主义理想在德国大学中的体现》，《德国研究》2001 年第 1 期。

他首次倡导开设的正式课程：一年级的逻辑、希腊文、希伯来文、修辞、教义问答、历史以及植物学。二年级的伦理学、政治学、阿拉伯文、希腊文、修辞及教义问答。三年级的天文、数学、希腊文、修辞、叙利亚文和教义问答等。就是英国牛津、剑桥课程的翻版。虽然后来哈佛由于受到其他大学的影响，其课程进行过多次革新，例如1728年设置了数学和自然科学讲座，以平衡以往侧重古典语文的偏失。但是直到19世纪中叶，哈佛大学依然保持着人文教育的传统。尽管以后有艾略特、洛厄尔、科南特、博克分别推行过"自由选修""集中与分配制""普通教育计划"以及"核心课程"等名目不同的各种制度，但人文教育的传统始终在其中得以充分的承继与张扬。正如艾略特在1869年就职演说中所言：文学与科学、古典文学与数学、自然科学与形而上学之间并不是势不两立的。① 当然，人文（素质）教育的发展，在整个19世纪的西方社会，也不是一帆风顺的，或者说，它自始至终就处于与科学主义教育的论战中。其结果就是我们现在所看到的，沿着两条道路发展起来的科学人文主义和人文科学主义的教育观，都在融合两种文化、两种教育的征途上迈出了积极的一步。

中国的大学人文教育实践，从严格意义上讲，始于北京大学。特别是蔡元培执掌北大以后所进行的改革。众所周知，蔡元培有着中国传统文化的浑厚教育背景，也有着多次游学欧洲的经历，这就是说蔡元培对西方近现代科学技术的发展带来的物质文明有着切身的体会，同时对西方先进的教育理念有着比同时代的其他国人更深的了解。当然对中国传统文化在近代中国发展中的地位也有了新的认识。正是在这种基础上，蔡元培成为既采撷西方先进文化，又保持中国传统文化之精髓的倡导者和实践者，或者更准确地说，他的教育观代表了那一时期高等教育会通中西、会通古今、会通文理的中国方向。具体来说，就是在教育行政管理制度上，推出了教授治校的措施；在学科建

---

① 李成明：《美国大学通识教育的历史发展》，《东南大学学报》2001年第2期。

设上，调整了专业结构，沟通文理；在学术态度上，遵循"兼容并包、思想自由"原则；把北大改造成网罗众家之学府。值得注意的是，蔡元培虽然对外来文化持开放态度，但他决不盲目照搬。例如，蔡元培对德国大学观念的接受，重在其基本精神，而不是其具体原则；重在消化，化外来的东西为我之一部分，而不是机械搬用，为其所同化。正如他自己所言："对于外国之思想、言论、学术"应当"吸收而消化，尽为我之一部，而不为其所同化……尽吸收其优点，且发达我特性也"①。事实上，这就是我们现在大家所讲的西方教育理论中国本土化的创造性转化。对此，杜威以世界眼光肯定了蔡元培的教育思想与影响，他评价道："拿世界各国的大学校长来比较一下，牛津、剑桥、巴黎、柏林、哈佛、哥伦比亚等校长中，在某些学科上有卓越贡献的，固不乏其人，但是，以一个校长身份，而能领导那所大学对一民族、一个时代起到转折作用的，除蔡元培外，恐找不到第二人。"② 北大之后的清华大学，通过罗家伦、梅贻琦等一代大学人的努力，也在大学人文教育领域作出了划时代的贡献，成为引领社会道德规范的精神殿堂。

二　科学家眼中的人文（素质）教育

另一个对开展人文（素质）教育有强烈说服力的群体是科学家。他们对人文（素质）教育重要性有着自身体悟的现身说法，因而对于纠正分离科学教育和人文教育倾向，以及科学教育和人文教育之间的互不相容、甚至相互讥讽，有着不攻自破的事实力量。

一般认为，科学家的成长与其所受到的科学教育有直接关系，从而忽视了他们成长的人文环境所起到的熏陶作用。事实上，我们注意到在科学精英个人成长的每一个阶段，人文教育或某些非正式过程或"隐性课程"往往起着极为重要的作用，它们扮演了科学家教育背景

① 高平叔：《蔡元培全集》第3卷，中华书局1984年版，第28页。
② 高平叔：《北京大学的蔡元培时代》，《北京大学学报》1998年第2期。

中的所谓"重要他人"。但这作为教育力量的人文主义传统，具体到一个国家来说，由于不同国家有不同的文化底蕴，因此体现出的教育思想和教育方式也存在着差异。例如，美国的教育多半体现出自由的思想，英国较为严谨，法国有浪漫的色彩，而东方则强调和谐、天人合一。这些结果长期发展而形成的被称为民族文化的东西，直接影响到受教育者的非智力特质（诸如信念、感情、意志、毅力、自信心和思维方式等）的形成和定型。人文熏陶协同科学知识的传授，使学生得以用自己的方式去理解、体会、感悟和洞察自然界的奥秘，并对科学产生兴趣。受人文思想影响的科学家不仅给人类贡献物质成就，同时也给人类贡献精神成果。也就是说，科学家也同样热爱人类，关切人类的幸福。或者可以说，科学以及科学教育本身也饱含有丰富的人文资源。科学史家萨顿认同这种观点，并特别地对科学在人类精神方面的巨大作用给予肯定，认为科学最宝贵的价值不仅在于它可以带来物质的利益，而更在于其科学的精神。后者是一种崭新的思想意识——实事求是的态度、严格缜密的方法、批判怀疑的精神，这些都是人类精神文明中最宝贵的部分。[1]

从另一个角度上看，科学家又把这种受益无穷的人文精神传递到他们的后继者身上。首先，同年轻的学生们一起学习、工作的科学家通过实验室生活，用亲身的实践行为，把探索科学奥秘应该具备的精神气质体现了出来，让学生在参与科学研究的过程中，耳濡目染，体会科学至真至善至美的完美理性，以及实事求是、求真务实、坚持真理、修正错误的科学精神。当然，还有科学研究过程中的人文环境，即科学家忧国忧民的民族情感、坚忍不拔的意志和科学家本身具有的人格魅力。所谓"时代精神"对科学的影响，就是通过引导并扶持一批有能力的年轻人献身科学而实现的。在这方面，剑桥大学卡文迪什实验室的团体效应起到了榜样作用。卡文迪什实验室之所以成为世

---

[1] ［英］乔治·萨顿：《科学史与新人文主义》，陈恒六等译，华夏出版社1989年版，第2页。

界物理学家的著名研究中心，并且培养了 26 位诺贝尔奖获得者，在原子物理学、核物理学、X 射线晶体学、分子生物学、射电天文学、固体物理学等领域作出了杰出贡献。其成功的秘诀之一就是：置身于这样的研究集体，不仅能学到最先进的知识和技能，而且可以有效培养科学的洞察力，激发献身科学的热情和取得成就的自信心。当然，还有历届领导人自身的人文魅力和他们给卡文迪什实验室留下的宝贵精神财富。其次，在大学里任职的科学家，结合实例，利用教育场所的便利条件，不失时机地展开人文教育，使学生在学习科学知识的同时，受到人文教育的熏陶。按照爱因斯坦的观点来说，就是"用专业知识教育人是不够的。通过专业教育，他可以成为一种有用的机器，但是不能成为一个和谐发展的人。要使学生对价值有所理解并且产生热烈的感情，那是最基本的"[①]。他甚至认为，在科学研究的关键时刻，卓越的个人品质比单纯智力的成就具有更大的意义。再次，很多科学家都利用自己的特殊身份，通过公共媒体或演讲的形式，宣传、推动人文教育在大学教育中的普遍开展，例如周光召、杨叔子、杨振宁、田长霖、路甬祥、李政道、钱伟长、杨福家等公众人物，在多种场合发表的有关人文教育的真知灼见，客观上对大学人文教育的进一步开展起到了推波助澜的作用。

第五节　人文（素质）教育与科学教育

正如人类离不开科学一样，科学教育无疑是对人的教化培育的组成部分。甚至在某种意义上说，正是由于科学对人的绝对重要，才使得科学教育极度发达，直至发展到冲淡甚至排挤人文教育的地步。这才形成了所谓科学教育和人文教育两个不同的甚至有所对立的范畴。

科学教育就是要培养具有科学素养的人，即培养人的科学知识与

---

① 周洪林：《通向诺贝尔奖之路：美国名牌大学的经验》，《复旦教育》1995 年第 3 期。

能力、科学过程与方法、科学态度与精神等。而所谓科学知识与能力，是指对于科学事实、概念、原理等的理解以及运用科学知识与技术去解决日常生活及社会问题的能力；科学过程与方法是指对于科学研究的具体过程、方法的理解和运用；科学态度与精神则是指基于对科学的本质，科学、技术与社会的关系以及科学过程的认识而形成的各种信念、态度等。科学教育以客观事物为中心，关注人与物、人与自然和整个物质世界的关系。通过传授科学知识来培养人们的科学精神，提高科学素养，引导人们对周围物质世界的变化作出准确的事实判断，探索大自然的各种规律。此外，科学教育训练观察自然，侧重于逻辑思维（用脑）；技术教育训练生产物质产品，侧重于知识的运用（动手）。在一定程度上，求真是科学教育的重要特征。

人文教育是以人为中心的教育。它是将人类优秀的文化成果通过知识传授、环境熏陶以及自身实践使其内化为人格、气质、修养，成为人的相对稳定的内在品质。它旨在通过对人之何以为人的解析，培养人所应该具备的人文素质，使人成为兼具知识技能与人文情怀的人格健全、全面发展的人。它关注人与人的关系、人与社会的关系和人与整个精神世界的关系，通过传授和阐释生活意义和人生哲理的人文知识来培养人文精神和提高人文素质、启发人们对社会的各种现象包括自己的行为作出合理的价值判断和价值选择。人文教育则重在通过语言、文学、历史、哲学等的学习，让人学会观察社会，学会生活。求善、求美是人文教育的重要特征。

其实，以上所说只是理论上的差异而已。科学和人文，科学教育和人文教育原本可以和应当是统一起来的。人文体现科学的基础，科学内涵人文素养，人文科学的发展从自然科学中汲取丰富营养，包括逻辑思维、自然知识等，自然科学的获取和积淀同样也离不开人文精神的支撑，自然科学的发展以人文的终极关怀和理想追求为目的，以求善、和谐、进步为准则，以激情、幻想、探索精神为动力。科学教育和人文教育构成完整教育不可缺少的两个方面。科学教育强调知识的传授，把培养科学精神和智力发展作为目标；人文教育重视人性的养成和人格的塑造，强调教育是人的价值的引导。它们各有其不可替代的价值，具有完全对应的互补性，抬高或贬低任何一方，都会导致教育的失衡，进而导致人以及社会发展的失衡。杨叔子曾强调说："没有科学的人文，是残缺的人文；没有人文的科学，是残缺的科学。科学与人文融合是文化素质教育的基本理念。"① 美国圣母大学校长赫斯柏也认为："完整的教育应同时包括'学习做事'与'学习做人'两部分。学习做事必须接受科学教育，养成科学态度；学习做人必须接受人文教育，养成人文精神。"② 若是把科学教育、技术教育与人文教育对立起来，导致了狭隘的专门化，是一种"最糟糕的教育"。科学教育与人文教育的融合不仅是当今世界教育发展的大趋势，也正是我国教育改革必须直面的问题。

---

① 汪青松等：《杨叔子院士文化素质教育演讲录》，合肥工业大学出版社 2007 年版，第 118 页。

② 郭为藩：《科技时代的人文教育》，幼狮文化事业公司 1987 年版，第 3—4 页。

第三章

大学人文素质教育的
历史与实践

现实社会中既有学校等教育机构组织的人文素质教育，亦有社会其他方面开展的多种样式的人文素质教育。学校组织的人文素质教育是一种有计划地面对特定学生人群所开展的集中性的专门化的人文素质教育活动。一般来说，学校人文素质教育又可分为幼儿园、中小学和大学等不同阶段的人文素质教育。大学人文素质教育是人文素质教育的一个极其重要的阶段，与中小学相比较，大学人文素质教育属更高更深层次的学校人文素质教育，是人们作为学生所接受的最后一个阶段的学校人文素质教育。大学人文素质教育并非今天才有的事，它历史悠久，传承积淀起来的相关教育资源十分丰富，值得我们挖掘、整理和借鉴。

第一节　大学人文(素质)教育的
缘起与传统

大学之所以赢得社会的尊重，是因为它一直是塑造人类文明的精神家园。从早期的柏拉图"科学学院"，以及历史上先后兴起的职业教育（从事神学、医学、法律等职业的教育）和科学教育的主要创始人的意旨上看，他们都曾试图积极探寻、架构和培育使人类走上幸福的教育场所和教育模式。亚里士多德曾把古希腊教育内容概括为

"七艺"，包括文法、修辞、辩证法、算术、几何、天文、音乐。之后的古典人文学科也把有关自然科学和社会科学知识涵括于一身，共同服务于一种人文教育的理想。作为这些理论和实践的延伸和拓展，现代大学在原有科学教育和人文教育的传统上，又将其科学精神和人文精神、特别是民族精神视为一个国家创造力的核心与动力，并把一个民族的科学素质和人文素质的高低上升到国家兴衰的历史高度予以重视。

一　大学人文（素质）教育的缘起

最早的大学教育实践始于西方欧洲中世纪。像意大利的波隆那大学（1158 年建立）、1231 年得到认可的萨拉尔诺大学、1180 年得到法国国王路易七世认可的巴黎大学，还有以后相继形成的布拉格大学（1348 年建立）、维也纳大学（1384 年建立）等。这些大学教育，绝大多数是以人文教育为基础的。它们的共同特点之一就是在教学内容和方法上基本上都强调学习古典文献。但也有个别的大学尝试在"神学学科"之外增设"人文学科"。12、13 世纪在意大利出现的世俗性学校，就开设过语言、文学、艺术、历史、哲学以及自然科学等科目。总的情况是，大学中的人文教育以压倒性的优势受到推崇，并把这种优势保持到 18 世纪。直到 19 世纪 30 年代科学课程进入西方国家学校后，科学教育才逐渐取代人文教育的领先位置，在教育领域占据核心地位。

在长达几百年的时期内，人文教育受到青睐是有其历史原因的。首先，欧洲古典大学是在具有浓烈的人文社会环境中形成和确立的；其次，有关人的研究一直是西欧学术的传统；再次，自然科学的发展较之人文科学相对滞后；最后，探求普遍知识是当时知识界以及握有政治权力的政治家的共同理想。可以说，这些大学在当初确立其教育宗旨时，就特别考虑到人性道德在社会中的主要影响作用，认为办大学的目的之一，就是要从精神上找到根治人类道德沦丧对社会制度危害的解决方案。

从大学教育的传统来看，一般认为英国大学模式是柏拉图、阿奎那、纽曼"大学观"的延伸，人文主义者经常在这里找到共鸣。而德国大学模式，则有毕达哥拉斯的遗风，科学家及科学主义者给予全力支持。当然，对生活中容易取得成就的一些实用性专业和服务性活动的美国大学模式，也从历史渊源上可追溯到智者派。大学教育传统之所以不同，其原因在某种意义上可以看成是，一个国家教育领袖在一定语境下的大学教育理念和实践上的价值判断或价值导向的不同。但是，历史的这种理念及其支持条件，并不是恒常不变的：不仅其核心内容随着社会实践的需要得到进一步的拓展，而且辅助性课程也通过有选择的补充光大了其核心主旨，使原来的特色更加突出。世界上最古老的大学之一英国牛津大学，从 12 世纪初形成至今，中途经过几次大学办学理念的转向：由建校伊始获得声誉的基础——神学和人文科学，到 17 世纪后半叶对科学研究发生兴趣，逐渐将自然科学课程引入课堂，再通过 19 世纪中叶以赫胥黎为代表的科学教育实践，以至于到 20 世纪时，牛津的课程实行现代化，科学被当作专业而得到进一步发展。整个过程无论怎样调整与变化，有关人的修养的培育始终没有放松过。事实表明，在这段历史上出现的伟大人物，政治家 J. 韦斯利、C. 沃尔西、W. 雷利爵士，包括科学家 E. 哈雷、R. 波义耳在内的许多人都有着令人称羡不已的人文素养。有数字显示，在英国历史上的 40 位首相中，有 29 位是牛津大学的毕业生。当然，牛津大学还贡献了 21 位诺贝尔奖获得者。可见，牛津大学并没有因为后来科学课程的渗透而削弱其人文教育，相反，人文素质得到更进一步的张扬。事实上即使是受到科学家追捧的德国大学教育模式，对人文教育也是重视有加。众所周知，以洪堡为代表的德国经典大学理念，除了强调"教学和科学研究"统一外，另一个伟大的贡献就是明确了大学的任务：对科学的探求；个性与道德的修养。这双重任务的完成就是所谓"由科学而达至修养"。在洪堡看来，大学不仅是教育的机构、科学的机构，更重要的"是民族文化最崇高的所在"。

二　东西方大学人文（素质）教育的传统

对西方大学人文教育传统的追踪，除了上述我们列举到的几所大学之外，还有必要提及另一个对这些大学人文教育的成长产生重要作用的历史事实，即 15 世纪中叶发生在意大利的文艺复兴运动。一方面是因为，文艺复兴运动本身使某种知识获得了再生，并以此为契机导致了与以往有所不同的新人文主义倾向，影响了本国的大学教育；另一方面是伴随意大利文艺复兴在欧洲的持续发酵，人文主义教育思想也吹遍整个欧洲。受其影响，英国本土的教育家在 16 世纪，也开始探讨人文主义教育。而埃利奥特 1531 年出版的《统治者之书》更产生了广泛的影响，他将人文主义在学校和大学中牢固地确立起来。以后又通过罗杰·阿斯卡姆、约翰·米尔顿、约翰·洛克、托马斯·阿诺德、纽曼等人的努力，强化了道德教育和性格训练的绅士教育，从而形成极具代表的英国传统。从现代意义看，英国传统的大学人文教育，之所以在世界人文教育的理论与实践中还有一席之地，其原因之一是因为英国较好地实现了古典教育的近现代转换。表现在课程设置和课程建设上，世界一流大学如牛津大学、剑桥大学等，除了适时加入适应现代社会需求的专业和必要课程如计算机科学外，其主干课程大都有所保留。以颇受学生欢迎的哲学、政治与经济专业为例，学生可以选择三个学科齐头并进，也可以集中学习其中两个学科甚至以一个学科为主，但无论怎样选择，都必须修完核心课程。哲学方面的核心课程是从亚里士多德到康德的哲学史、伦理学；政治学方面的核心课程是比较政府论、20 世纪的英国政治和政府、政治学理论、国际关系、政治生态学，学生可以选择其中 2 门；经济学方面的核心课程是宏观经济学和微观经济学 2 门课程。在核心课程之外，导师会指导学生选修一些其他课程。但是，核心课程和选修课加起来必须达到 8 门，三个学科并进者修习三个领域的 5 门核心课程和 3 门选修课。而选择其中两个学科者，则学习其中两个学科领域的 4 门核心课程，外加这两个领域的 4 门选修课。另外，在本科期间学生在学习某个专业的同时，还可以选择其他一两个专业作为辅修。可以看出，类似于伦理学这样的经典教育课程，不仅没有从大学教席中退位，反而成为巩固其大学地位的特色之一。与英国大学人文教育对接科学教育的成功转型不同，德国大学从一开始就是以强调"教学与科研"著称的。与英国大学相类似的地方是，德国在塑造研究性大学的过程中始终把人文教育放在历史的高度来对待。正如恩格斯所言：一个民族想要站在科学的最高峰，就一刻也不能没有理论思维。恩格斯所指的理论思维，就是体现民族精神的最重要成果之一：哲学思维。对于德国重视人文教育的传统，我们仅从下列产生于德国的世纪伟人名单，如哲学家康德、费希特、黑格尔、叔本华、费尔巴哈、马克思、尼采、海德格尔、卡西尔；历史学家兰克、莫姆森、斯宾格勒；文学家歌德、席勒、海涅；经济学家马克思、李斯特、瓦洛纳、艾哈德；社会学家韦伯、弗罗姆；数学家高斯、纽曼、闵科夫斯基、希尔伯特、哥德巴赫；物理学家弗劳霍荷、赫茨、哈伯、洛伦兹、普朗克、爱因斯坦、波恩、玛依尔、赫姆霍尔茨、伦琴；化学家李比锡、奥斯瓦尔德、哈维尔、威尔斯塔特、瓦尔堡等，就可以看出德意志大学为这个民族赢得的世界性的辉煌成就。以上的分析虽然只以英国和德国人文教育为例，但实际上由于后来其他国家多以英国和德国为世界楷模，因而，可以说英国和德国的人文教育模式，是一个时期内西方人文教育的缩影。

与西方人文教育有所区别，东方传统的人文教育具有更为明显的地域性特征。印度和中国可以说是两个典型代表。就印度而言，其高等教育同印度古老的文化一样，有着悠久的历史。其教育的人文化倾向，是从弘扬婆罗门教和佛教精神入手的。虽然印度传统的教育制度随着英国人的到来，日益失去原有的吸引力，但英国殖民当局对印度文化的征服，使英国人的趣味、观点、道德和智慧渗透到印度的教育过程中，从另一个角度上完成了某些英国大学人文教育的内容。当然，英国人文教育的思想未必全部适合印度本土的实际。因此，当印度摆脱英国殖民统治走上独立道路之后，便重新确定了印度大学的教育思想：大学代表人道主义、坚韧性、理性、进步、思想的冒险和对真理的探索。它代表人类向更高的目标全速前进。如果大学充分履行了自己的职责，那么它对于国家和人民来说，都是十分有益的。在这种教育思想指导下，印度在复兴其独具特色的人文教育核心——宗教教育方面做了积极的努力。

就中国而言，人文教育的核心是被世界文化认可的儒学体系。据说1988年1月有当代2/3的诺贝尔奖的得主聚集在巴黎开会并发表宣言，第一句话就是：如果人类想要在21世纪生存下去，必须回首2500年去吸取孔子的智慧。这句话出自于这样一个世界公认的科学家精英集体，足以说明中国优秀文化传统在世界上的重大影响，同时也道出了当代西方知识界解决世界问题的东方理路。客观地说，中国的文化传统中的确有着人类文明精髓的光辉。事实上，在此之前，就有著名的美国汉学家高度地肯定过中国传统文化的主体——儒学。在他看来，人文教育就是人要遵循理性、道德意识，崇尚和平、遵纪、有序、循规，抑制私欲和朝向个性与自由的轨道前进。而中国传统文化的精髓，即孔子的智慧大致有三，中庸：视中庸为人生最高的道德哲学；节制：视节制为臻达人性完善境界的通途；贤达：视少数圣贤为导引多数人向上的核心力量。就这一点而言，国学泰斗钱穆先生也从另一角度表达了他精辟的见解："所谓人文，则须兼知有家庭社会国家与天下。要做人，得在人群中做，得在家庭社会国家乃至天下人中做。要做人，必得单独个人各自去做……又必须做一有德人，须一身具诸德……人处家庭中，便可教慈教孝，处国家及人群任何一机构中，便可教仁教敬，人与人相交接，便可以教信。故中国传统文化精神，乃一切寄托在人生实务上，一切寄托在人生实务之道德修养上，一切寄托在教育意义上。"正如前面我们已经提到的，有学者在总结概括这种中国传统教育的特征时认为，中国传统教育的显著特点是启发人的内心自觉，教育人如何做人，如何在现实生活中实现其"治国平天下"理想的入世精神。

总之，古今中外的人文教育无论其地位在教育过程中如何沉浮变易，也无论其内容增删或更改，但总的历史趋势是，未来出现的社会问题越来越依靠教育、越来越靠人文教育的理念和实践来解决。

第二节 当代国外大学人文（素质）教育实践

当代国外大学的人文（素质）教育实践，既各有千秋和各具特色，又有一些共同的和能够形成互相补充的地方。无论是那些具有特色的方面，还是这些共性的地方，都具有启发意义和借鉴价值。下面我们就在简要介绍其中的一些国家的实践探索的基础上，来揭示和总结它们对我们的启示意义和借鉴价值。由于国外这方面的探索更为突出地表现在大学的理工类专业的教育实践中，所以，我们将主要选取这方面的情况来介绍和分析。

一 几个国家的大学的实践探索

美国理工类专业的人文素质教育实践。著名的麻省理工学院最负盛名的工程学院的课程设置的重点之一就在于所谓的"发展个人的自信和思维的多面性，以为将来知识和职业的发展打下基础"。在这样的思想指导下，一直以来学校很多本科生都取得了本学位之外的管理学、政治学、经济学等学位。从 1970 年起，工程学院与自然科学学院、人文与社会科学学院合作，为一年级学生开设综合课程（Concourse），其目标就是为新生提供完整的学习背景，强调不同学科的融合，以增强学生的记忆和理解能力。这种综合课程由一些自然科学和人文科学两类必修核心课程组成。

英国理工类专业的人文素质教育实践。英国伦敦大学科技与医学皇家学院在 1999 年英国大学排名中超过了牛津大学，仅次于剑桥大学名列第二。其《本科生课程说明》中专设人文科学与文化课程一章，提供了包括文学、科技道德、历史、医学、科学技术史、音乐、哲学、政治等学科的广泛的人文科学课程，并计入学分。学院还经常举办音乐会、艺术展览，陶冶学生的情操。与此相同，剑桥大学的各个理工学院都要求学生修习人文科学的课程。老牌的牛津和剑桥大学一直信奉着人文教育的宗旨，在他们看来，"设立大学是为了给教会和政府培养服务人员，即培养有教养的人，而不是知识分子。就大学毕业生而言，具有教养比具有高深学识更重要"。

澳大利亚理工类专业的人文素质教育实践。澳大利亚国立大学工程学系，鼓励学生取得双学士学位，为学生提供包括管理、经济、会计、法律在内的广泛的人文学科课程，以发展学生的交流能力和团队合作技能。课程的设计不仅考虑到学生以后的工程职业，也将商业、社会和环境因素考虑在内。国立大学计算机系授予奖学金的一个目的就是奖励"将计算机科学与哲学、语言学、认知学等学科结合起来的跨学科学习"。蒙纳西大学信息科技学院强调，将信息科技与经济管理和哲学的学习融合在一起。在其课程设置中，除了必修的14门专业课程外，还要求必须选修心理学、经济学、管理学、社会学、哲学等任意8门课程。

日本中央教育审议会在《高等教育改革的基本概念》中指出："理工科院系的普通教育目标，是要使学生对科学、科学方法、文化史、文化价值的判断有一个系统的理解……因此，必须重新制定专业教学计划，把人文科学、社会科学和自然科学结合起来。"

1993年8月俄罗斯国家高等教育委员会对培养高校毕业生"一般人文与社会经济课程"系列必须具备的最低限度的内容和水平做了详尽的规定，该委员会在1993年10月颁布的《高等职业教育的国家教育标准》中对培养工科学士提出了15条要求。此外，法、德等国也把学生的人文素质培养提到一个相当重要的位置。具体做法大致上都差不多，这里不再一一叙述。

二 当代国外大学人文素质教育的基本经验

就人文素质教育而言，尽管国外各大学的具体做法因国、因校而异，但在课程教育的内容要求和追求的理想效果上，他们的一些共同做法为我们提供了有益的参考。

一是注意拓宽学生的知识面。特别是人文社会科学知识的学习和人文精神的培养，养成自觉学习和终身学习的意识。学者们普遍认为，理工科学生既要理解知识和科学技术及其与社会的各种关系，更要理解自己的使命和担负的社会责任与道德义务，以便将来能正确地使用这些知识。

二是根据学生所学专业及其兴趣特点因材施教。人文素质课程的内容极其广泛，各学科专业领域均以不同方式同社会发生密切的联系，因此，不能对不同专业和兴趣爱好不同的学生讲授完全相同的课程，否则人文素质教育就难以达到其应有的目的。除一些必要的基本课程作为必修课外，学校应设更多的选修课，这也是当前我国许多大学采用的方法。日本、英国等大学采取的通过学习专业本身的科技史、哲学史等知识来强化学生人文素养的方法就是一种因材施教的典范。

三是加强对教师的培训和再教育。大学学科专业众多，仅靠专家不可能满足学生的广泛需求，大量的人文素质教育课程教育还得由专业教师开设。因此，承担人文素质教育课程的专业教师必须扩展知识面，开阔眼界并改善思维方式和授课策略，完成由"专才"到"通才"的转变，而这种转变必须通过对专业教师的培训和再教育来实现。

四是提倡经典教育。美国一些著名大学在开设人文类课程时普遍选择把重读经典作为必选项目，还将外国政治、文史哲等都纳入选修范围，扩大学生的国际视野，提升人文素质教育的高度。通过经典研读课程，拓展大学生生命的高度与深度，避免落入"文化唯我论"的陷阱。在课程设计上，对经典中的价值系统进行"批判地继承"而不是全盘接受；在教学实务上，导入"多元主体并立"精神，避免经典中的单一主体或价值观制约其他主体或价值观。经典课程的开设要避免从专业的立场将教学内容设计得过于专业，以致使学生兴趣尽失。

五是大力加强实践性教学。无论是麻省理工学院的课堂讨论、课程设计还是实验课，都把注重实际作为最高原则，通过实践实现人文素质教育的德育、智育和美育功能，把对人文知识的体验内化为人文精神。因此，可以有计划、有目的地组织大学生深入社会、深入生活，通过一系列社会实践，使大学生能够亲身感知和体验人文精神并将其真正内化为自己的内在品质。从某些意义上讲，来自社会实践的人文素质教育，其深刻性、丰富性和持久性是课堂教学所无法比拟的。

18 世纪以前大学确立了其培养人才的职能，19 世纪初德国大学确立了发展科学的职能，19 世纪末美国大学确立了社会服务的功能。各国大学发展的历史经验告诉我们，离开人文教育的科学教育只是一种残缺不全的科学教育；同样的，离开了科学教育的人文教育也是不完整的人文教育。我国高校应当进一步革新教育方法和思维，探讨如何以更加生动活泼的形式来推进人文素质教育，将人文素质教育与当前的社会现实结合起来。实现科学化的人文教育和人文化的科学教育的有机结合是高等教育发展的必由之路。

第三节　新中国的大学人文素质教育实践

我国传统的儒家教育思想，向来主张文史哲不分家，集诗、书、礼、乐等多种人文知识为一体，把它看作是一个完整的文化体系，对学生进行全面的教化哺育。这种教育传统在后来的我国大学教育中也较长时间地得以延续，特别是中华人民共和国成立之前的旧式大学，基本上未加改造地沿袭了这方面的一些旧的传统。总的来说，中国历史上的大学教育，虽然相比欧洲而言显得很不发达，但重视甚至偏重于人文教育的传统一直延续了下来。中华人民共和国的大学教育是在改造旧的大学教育体系的基础上建立起来的。中华人民共和国成立前的旧式高等学校多为文科或综合性质的，称得上属理工类院校的仅有18 所。这时的中国高等教育，虽然也受到了西方现代大学教育模式的影响，逐渐由旧式学堂转变为现代大学。但由于缺乏科学完整的现代大学教育理念和通盘规划，重复建设严重，所含系科庞杂，局面较为混乱。这种局面不仅无法适应和满足新中国建设的现实需求，需要加以改造，而且其本身也难以在现有形式下持续发展，必须加以统筹规范和调整改革。所以，新中国对旧式高等教育进行全面的改造，既是历史的必然，又是我国高等教育自身发展的内在要求。然而，受制于中华人民共和国成立初期的特殊情况，在学习和照搬侧重专才教育的苏联模式的影响下，特别是后来"文化大革命"时期的干扰与破坏，直到改革开放以来的多次调整建设，这种改造经历了一个可以说至今仍未彻底完成的十分曲折的发展过程。伴随着这种曲折发展，新中国的大学人文素质教育也走过一条漫长而又艰辛的道路。

一　中华人民共和国成立之初院系调整对人文学科的忽视

中华人民共和国成立之初，随着三年经济恢复时期的结束，中共中央决定从 1953 年起执行国民经济第一个五年计划，这是新中国进行全面建设的开始。在这一时期，我国要在苏联的帮助下，建设 156 个重点项目，以便为我国初步工业化打下坚实基础。这样一个前所未有的大规模经济建设过程，急需大量专门科技人才。而偏重文科、建制混乱、体系庞杂和仅有 18 所理工类院校的中国旧式高等教育，显然难以适应国家经济建设的需求。特别是这个时期国家优先发展重工业，更加重了对专门技术人才的迫切需求。为满足和更好地配合国家经济建设需要，新中国开始了以加强和建设理工类院校为重点的高等学校的院系调整。1950 年 6 月召开的第一次全国高等教育会议正式确定了院系调整的任务，接着就陆续对大专院校作了相应调整。在这次调整中，为了适应工业建设对专门人才的需求，国家以组建专业性的工学院作为这次院系调整的重中之重，并遵循以少办或不办多样性的工学院，多办专业性的工学院为原则，在对旧的院校进行调整的基础上，建立了一批专门院校。如抽调出南京大学工学院，金陵大学电机工程系、化学工程系，组建成南京工学院；将武汉大学的矿业工程系、湖南大学矿业系、广西大学矿业系、南昌大学的采矿系集中到长沙，兴办中南矿业学院，等等。至 1952 年年底，共新设各类专门院校 31 所，基本建成了包括机械、电机、土木、化工等主要专业在内的比较齐全的工业学院教育体系，为新中国建设培养了大批工程技术人员，缓解了新中国建设特别是工业建设对人才的急迫需求，促进了我国工业化的进展。

但是由于历史的局限性，高等教育在这次调整中呈现出忽视人文学科建设的问题。经过这次调整，1953 年全国高等学校 182 所，综合性大学仅占 14 所。从系科设置来看，文、法、财经类专业压缩过多，财经系科招生从 1950 年的 9352 人下降到 1953 年的 2365 人，政法科在校生也下降了一半。1955 年在全国制订的 193 个教学计划中，理工科占到 130 个，文科仅占 5 个，人文学科与自然学科发展比例严重失调。这种重自然科学而轻人文科学的办学思想一直延续到我国当代的高等教育中，也成为我国大学特别是理工类高校人文精神缺乏的历史根源。即使是理工类的高等教育，也在学习和照搬苏联教育模式的影响下，教育理念偏向于专才教育，对"通才"教育思想缺乏具体分析而采取全盘否定的态度。在这种教育理念的影响下，1952 年开始的改变原高校只设院、系不设专业的结构，实行按专业培养人才的改革，又进一步加剧了人文科学与自然科学的鸿沟，从自身建制和内在机制上严重阻碍了人才的综合素质培养。

中华人民共和国成立初期的高等院校的调整基本上奠定了我国高等教育的雏形，其专才教育的思想深深影响着我国高等教育的发展，直至今天仍没有完全改变。然而，这种高等教育模式在迅速培养出大批应用型人才，为国家的经济建设作出了巨大贡献的同时，也存在和遗留下来了许多问题：专业划分过细，课程设置单一；强化专业教育，忽视通识教育；强化如何做事的知识学习，忽视如何生活、如何做人的人格教育；强化共性发展，使学生的个性发展受到压抑；大学步入了"专才"教育的窠臼，人文教育边缘化，"专才"的人文素质严重缺乏，等等。这些问题不仅造成人文教育与科学教育严重脱节，也使得整个高等教育失衡发展。这种状况越来越不能适应和满足在战争的废墟上日渐重新站起来的新中国全面建设的需要，尽快改变这种局面，构建新的科学的多学科综合协同发展的高等教育体系，以迎接和支持新中国经济、社会、文化等全面复兴与繁荣，已成为我国高等教育和大学建设进一步改革与发展的迫切任务和主要目标。

二 "文革"后高等教育大发展时期对人文学科的逐渐重视

上述我国高等教育和大学建设进一步的改革与发展并没有及时到来。"文革"的爆发打断了这种发展进程，使我国的高等教育遭受了巨大的破坏。"文革"时期一切革命化，高校成了被革命的对象和进行革命的场所；"文革"时期一切政治化，高等教育必须服务政治活动，高校被改造成为进行政治宣传的机构；"文革"时期反对并要打倒权威，包括权威人士和历史上的权威典籍等都被扫进了垃圾堆；"文革"时期反科学、反知识（当然包括人文知识），拥有知识被认为是反动的，并且"知识越多越反动"；"文革"时期主张对一切进行挑战，泯灭人性，等等。在这样的背景下和氛围中，漫说人文素质教育了，就是整个高等教育都处于被破坏或停滞状态。这场史无前例的运动，对整个中华文化和优秀的人文传统等都是一种巨大的破坏。它在人们心灵深处造成的影响和冲击是深刻的、长远的。当然也对我国大学的人文（素质）教育和高等教育的发展产生了深长的负面影响。甚至在"文革"结束后的较长时间内，都会在人们自觉不自觉地境况下不时地显露出这种影响的痕迹。

"文革"结束后，特别是在恢复高考制度的强力推动下，从大批高等院校快速恢复招生，到办学层次的多样化；从新建院校数目急剧增长，到学科和专业设置的丰富化；从不同性质和种类的高等教育机构爆发式涌现，到接受高等教育方式的灵活化；从我国高等教育体系的逐步完善，到大学教育的大众化。我国高等教育迎来了空前的大发展时期。伴随着这种大发展，为了适应新时代的要求、高等教育的发展趋势和我国经济社会快速发展的需要，我国不仅在整体层面上曾先后多次进行了高等院校的合并调整与大学教育理念、内容和方式等方面的改革，而且各大学内部相应地也持续地进行了专业和学科以及教育方式和教学内容等的调整与改革。从本书所关注的人文素质教育的角度来看，在这些调整和改革中，几乎所有的理工类院校都开办有人文社科系科和专业，以及各高等院校越来越多学科化、综合化等，是这个时期我国高等教育开始回归大学本质，开始走向恢复人文（素质）教育重要地位的两大显著成就。最起码这两大成就为后来的大学强化人文素质教育奠定了体制和学科基础。当然，这个时候还没有明确提出人文素质教育的理念，加强大学的人文素质教育还未提上重要日程。这时候我国的高等教育发展的社会基础仍然是恢复国民经济和以经济建设为中心，而这个时候我们所处的世界高等教育也正好处在科学主义教育理念占据统治地位的时代，这就决定了这时候的我国高等教育的调整改革，总体上仍然会重理工轻人文，人文素质教育仍然没有占据其应有的地位，甚至还出现了就连人文社科专业的教育也被纯知识化、科学主义化的倾向。然而，中小学应试教育所导致的所谓"高分低能"现象大量出现，大学科学主义化教育中不时被曝光的诸如"马加爵事件"和上海"博士生投毒事件"等，引起了社会多方面的深刻反思，加上从国外引入的"人本化教育"模式和"科学人文主义"教育观等催化，中小学素质教育和大学人文素质教育逐渐受到了重视。越来越多的人开始研究和探讨相关理论问题，许多中小学和大学都参与到积极的实践探索中来，并最终形成了今天我们看到的国家政府强力推进，举国都在探索和实施人文素质教育的大好局面。

三 新时期我国对大学人文素质教育的强力推进

这种大好局面是从 1993 年 2 月开始的。1993 年 2 月国家才首次确立"素质教育"是中小学教育目标；1994 年，全国教育工作会议提出：基础教育必须从"应试教育"转变到素质教育轨道上来；同年 8 月发布的《中共中央关于进一步加强和改进学校德育工作的若干意见》，第一次正式在中央文件中使用"人文素质教育"一词；1995年，一场以"加强素质教育，增强质量意识"为核心内容的教育思想和观念的讨论在高等教育界展开，由此引发了对高校是否应加强素质教育等问题的探讨。1995年年初，为进一步贯彻党的教育方针，提高大学生的整体素质，原国家教委开始有计划、有组织地在高校开展加强大学生人文素质教育工作。随之，这项工作得到了高等学校的普遍认同和积极响应，并在北京大学、清华大学、华中理工大学等52所高等学校进行试点。1998年教育部提出《关于加强大学生文化素质教育的若干意见》中指出：我们所进行的加强文化素质教育工作，重点指人文素质教育。主要是通过对大学生加强文学、历史、哲学、艺术等人文社会科学方面的教育，同时对文科学生加强自然科学方面的教育，以提高全体大学生的文化品性、审美情趣、人文素养和科学素质。1999年1月，教育部批准在全国普通高等学校建立32个国家大学生文化素质教育基地，并在原本提出的"三注"（注重素质教育、注重创新能力的培养、注意个性发展）的基础上，又提出了"三提高"的要求，即：提高大学生的文化素质，提高全体教师的文化素养，提高大学的文化品位和格调。同年6月，为落实科教兴国战略，党中央和国务院召开了改革开放以来第三次全国教育工作会议，发布了《关于深化教育改革全面推进素质教育的决定》。《决定》以提高国民素质为根本宗旨，以培养学生的创新精神和实践能力为重点，坚持学习科学文化与加强思想修养的统一，坚持学习书本知识与投身社会实践的统一，坚持实现自身价值与服务祖国人民的统一，坚持树立远大理想与进行艰苦奋斗的统一，面向现代化、面向世界、面向未来，全面推进素质教育。至此，人文素质教育的重要性得到了从上至下的广泛的认同。人文素质被看作为素质教育的基础，体现了素质教育的宗旨。加强人文素质教育，不仅是跨世纪教育领域的重点工作，更是党和政府的重要职责，是提高国民素质的必由之路，也是关系社会主义事业兴旺发达和中华民族伟大复兴全局的大事。

在这样的认识的指导下，各大学纷纷开设人文素质教育系列选修课程和增设琴棋书画、唱歌跳舞等教学环节，大大丰富了大学人文文化氛围，增强了各专业学生的人文知识等。但总体来看，这时候的大学人文素质教育，除了一些试点院校搞得比较深入一点以外，整体上还处在开始探索和实践摸索的阶段。就其具体内容和所发挥的功能而言，还是一种像人们所说的那样的低层次的人文素质教育，即"补课"性质的教育。

进入21世纪，我国对人文素质教育的性质和地位的认识进一步被深化。人文素质教育被看作为高等教育的根本任务。2002年10月至11月，教育部高等教育司委托高校文化素质教育指导委员会，组织了14个专家组，对32个国家大学生文化素质教育基地共53所"基地学校"进行了中期检查。检查结果表明，高校文化素质教育思想深入人心，文化素质教育工作取得突出成绩。各高校提出了许多新的教育思想和教育观念，从更深的层面上思考教育价值观、人才观、质量观和教学观，有力地促进了教育思想的转变；人文素质教育逐步落实到学校人才培养的全过程和教育教学诸环节，建立起内容覆盖课堂教学、校园文化和社会实践的文化素质教育体系；一些"基地学校"形成了具有自身特色的文化素质教育课程体系或教育模式，一批精品课程也脱颖而出。2003年，教育部在加强文化素质教育的基础上，启动"大学生全面素质教育工程"，构建以提高学生素质为核心的中国特色社会主义高等教育人才培养体系。2004年3月，国务院批转了教育部《2003—2007年教育振兴行动计划》，确定实施"新世纪素质教育工程"。教育部将加强大学生文化素质教育和基地建设列入《2003—2007年教育振兴行动计划》，以西部地区高校为重点，建立20个左右的国家大学生文化素质教育基地、10个文化素质教育中心网站，重点建设200种文化素质教育教材、200种教辅读物。将人文素质教育纳入学校教学评估体系，促进人文素质教育制度化和规范化建设。

2004年8月6日，《中共中央国务院关于进一步加强和改进大学生思想政治教育的意见》也从党中央层面强调了"大力加强大学生文化素质教育"。2005年3月，教育部、共青团中央要求各有关部门及高校要深入开展校风和学风建设，要在充分挖掘学校历史传统宝贵资源的基础上，结合学校发展战略和规划，根据学校办学思想和理念，大力营造崇尚科学、严谨求实、善于创造、具有时代特征和学校特色的良好校园风气；大力加强人文素质和科学精神教育，积极实施"大学生全面素质教育工程"，把人文素质和科学精神教育融入高校人才培养的全过程，落实到教育教学的各环节；精心组织校园文化活动，开展内容丰富、形式新颖、吸引力强的思想教育、学术科技、文娱体育等校园文化活动，把德育、智育、体育、美育渗透到校园文化活动之中，使大学生在活动中受益；积极开拓校园文化建设的新载体，充分发挥网络等新型媒体及大学生社团等在校园文化建设中的重要作用。

2006 年 8 月 29 日，时任中共中央总书记的胡锦涛在主持政治局第 34 次集体学习时强调："全面实施素质教育，核心是要解决好培养什么人、怎样培养人的重大问题，这应该成为教育工作的主题。" 2006 年，国务院批转的《国家教育事业发展"十一五"规划纲要》明确指出，"十一五"期间，教育事业发展要"以素质教育为主题"。这表明"素质教育已提升为党和国家的重大决策"。加快教育改革，实施素质教育包括人文素质教育已经成为国家意志的体现，已成为全民族的广泛共识，进入到国家推进、重点突破、全面展开的新阶段。这将有力地促进高校素质教育理论与实践方面向纵深方向发展。

《国家中长期教育改革和发展规划纲要（2010—2020 年）》提出高等教育的目标之一是：全面提高高等教育质量，提高人才培养质量，牢固确立人才培养在高校工作中的中心地位，着力培养信念执着、品德优良、知识丰富、本领过硬的高素质人才。由此可见，加强和搞好大学的人文素质教育，既是国家的要求，也是教育改革和发展的要求，是我国高校必须下大力气解决好的发展战略问题。

第四章

大学人文素质教育的思想和理论

人文素质教育实质上是人类个体做人之品质的生成和人格的社会化的一种必经的过程或基本的方式，它事关人类文明的延续、传承与发展。当然，如前所述，人文素质教育的形式和渠道等，可以是多种多样的。学校人文素质教育，特别是大学人文素质教育，是其中最为自觉与规范化的一种形式。在源远流长的人文素质教育的历史演进过程中，随着人们对其认识的不断深化，古今中外的有识之士和学者们给我们留下了并且还正在不断地提供着丰富的思想理论资源。可以说，正是这种自觉，正是这些认识和思想理论成果指导和推动了人文素质教育的历史演进和不断发展。了解和把握这些思想理论资源，对我们进一步推动人文素质教育的创新发展，无疑具有重要的参考价值甚或指导意义。

第一节　国外大学人文教育思想的传承演变

我们所说的人文素质教育在国外叫人文教育。人文教育在西方教育发展史上也曾经是一个源远流长的历史传统。从古希腊罗马时期的各种形式的教育活动，到大致上源于中世纪大学的近代西方高等教育，在其相当长的一个发展时期内，都曾以所谓的人文教育为基本特点。这种人文教育，以探求真理、完善人格为宗旨，强调大学远离喧哗的城市，与时代的变迁保持一定的距离，从而免受功利的影响，思索与探讨人类几千年来积累下来的文化遗产，获得心性的纯洁与智慧的高扬等。

国外有关人文素质教育的理论和实践起步较早，一些知名院校如哈佛大学、牛津大学和剑桥大学等都伴随着其自身的历史发展已经形成了较为完善的实践模式，这也与西方学界在人文素质教育方面的理论探索有着密切的关联。早在古希腊柏拉图和亚里士多德时期，重视教育特别是自由主义的教育理想就已经在亚里士多德的《论政治》当中鲜明的表现出来。此后一些西方学者纷纷针对教育问题展开探索。中世纪时期，著名的经院哲学家托马斯也曾这样谈教育问题，理想的大学应该是个学术思想不受任何束缚的地方，是个能使所有的入学者获得所有的知识和掌握所有的学习工具的地方，而不管这个人的信仰、国籍和贫富如何……大学，指的是一个有关普遍事物知识的团体，① 大学应该体现自由和民主的基本精神。托马斯·莫尔在《乌托邦》一书中也指出：理想的国家首先要以完美的个体为核心。完美特指有美德、品行、能力和健全体魄的理性人，这样的人只有既接受基督教的信仰，又接受古典文化的教育，才能有文化教养和富有创造性，才能实现人的自然性与理性的结合。这一教养和创造性，在卢梭看来就是尊重学生的个体性和本性，只要他处在社会中，不至于被种种欲念或是人的偏见拖进旋涡里面去就行了；只要他能够用他自己的眼睛去看，用他自己的心去想，而且除了他自己的理智以外，不为任何其他权威所控制就行了。② 教育就是要培养人天性的坚强，就是要在复杂的社会中彰显人性善良的本质，方显人的自由。此外，牛津大学校长纽曼在《大学的理想》当中对大学的基本精神和办学理念作出了细致的分析，这些理论研究对西方人文素质教育的不断发展起到良好的理论支撑作用。

重视人文教育的这种传统后来逐渐被至今仍占据统御地位的科学

---

① ［英］托马斯·亨利·赫胥黎：《科学与教育》，人民教育出版社 1990 年版，第 129 页。

② ［法］卢梭：《爱弥儿》，李平沤译，人民教育出版社 2004 年版，第 362 页。

主义教育模式所取代。人文教育由此被挤压、忽视和淡化。"二战"
后，西方世界开始了大力发展科学的浪潮，在这样的科学技术浪潮的
作用下，人文素质教育出现了边缘化和弱化的现象，正如美国学者莱
恩切尼指出的那样，当人文教育置身于专业化原则中的时候，它们就
是使自己的权威性、独特性、目的性荡然尽失，混乱、孤立、分裂、
虚假……毫无意义等勾勒了大学人文学科的特征。① 一些理论研究者
们对这一现象给予了重视和注意。围绕这一问题一些理论研究者纷纷
著书立说表达对这一问题的重视，包括弗莱克斯纳的《大学》、约
翰·麦克派克的《反思与教育》、米歇尔·波斯顿的《中世纪经济与
社会》、理查德·森的《历史、人文与大学》、维布伦的《美国的高
深学问》、李斯曼的《大学文化冲突》、克尔的《高等教育无法逃避
的历史责任》、沃尔夫的《大学的理想》、布洛克的《西方人文主义
传统》、李凯尔特的《自然科学与人文科学》、卡西尔的《人文科学
的逻辑》、皮亚杰的《人文科学方法论》、阿兰·布卢姆的《人文教
育的危机》、赫斯特的《自由教育与知识的性质》、安德森的《世纪
中叶的人文教育》等，这些作品从西方的自由主义教育传统出发，对
大学的理想与责任、大学的基本人文、大学的学科和知识谱系、大学
的人文素质教育等方面作出了深入而系统的研究并提出了许多建设性
的意见，对西方人文素质教育具有一定的纲领性和启发性作用。其中
特别是史学家乔治·萨顿在《科学史和新人文主义》中提出了新文
化观，即新人文主义，将其作为科学主义和人文文化的沟通桥梁，试
图弥合两种文化之间的鸿沟；阿什比的《科技发达时代的大学教育》
一书也认为科学技术、人文知识和社会科学不能彼此相互分离，只有
相互整合才能更好地服务于社会，基于此观点对其所处时代条件下的
科学与人文的分离、重科学而轻人文予以了批评，并提出了解决问题
的相应的主张。此外，现象学大师胡塞尔的《欧洲科学危机和超验现

① 张金福：《大学人文教育与科学教育结合研究》，浙江大学出版社 2006 年版，第
153 页。

象学》一书中直言欧洲科学的危机即是人性的危机，并认为科学观念被实证地简化为纯粹事实的科学。科学的危机表现为科学丧失生活意义，从而要求回归生活世界。①

事实上，随着时间的推移和社会的不断进步与发展，科学主义教育模式本身也越来越显示出其种种不足与弊端。国外当代大学经过对科学主义教育模式之不足和弊端的反思与变革，都比较重视人文（素质）教育，特别是在一些理工科院校中表现得更为突出。比如，在美国理工科大学生的课程中，人文科学课占30%；在日本大学的工科本科生教育中，人文类课程约占总学分的17%；德国理工科大学中的人文课程已占到课程总量的1/4。就具体课程设置而言，尽管国外高校各有不同，但他们的做法非常值得我们借鉴和参考。例如拓宽学生的知识面，养成终身学习、自觉学习的意识；根据学生的兴趣和专业特点，因材施教；学校除专业课外，多开设选修课，除注重显性知识的传授外，采用多种形式催化和锻炼学生的相关隐性素质和能力，等等。再比如，就世界范围来看，1989年联合国教科文组织在北京召开的研讨会上指出，要让青年一代从只关心自我的圈子跳出来，培养他们面对挑战的意志、信心、能力和责任感。1994年在日内瓦召开的教育会议指出，应该"在科学与人文文化之间寻求一种更加合理的平衡"。1998年联合国教科文组织在巴黎总部举办的世界高等教育大会认为，高等教育必须调整结构，培养能够接受21世纪挑战的公民，等等。

此外一些国际组织也表达了对人文素质教育的理解，联合国教科文组织国际教育发展委员会多次召开国际性会议探讨相关问题，并形成了一系列理论成果，认为高等教育应该根据社会和文化目标制定长期的方针，以实现课程与学科之间的衔接，更为重要的实现学科与学科之间的交融。同时将高校的教育职能当中的伦理、文化和社会问题放在突出的位置，将其看作是高等院校服务于社会的重要方面。可见

----

① ［德］胡塞尔：《欧洲科学危机和超验现象学》，张庆熊译，上海译文出版社1988年版，第5—7页。

人文素质教育在国际组织也是非常重视的。总之，加强（大学）人文（素质）教育已经成为当今世界（高等）教育发展的一个突出的时代性主题。

第二节　国外大学人文素质教育的代表性理论

国外在人文教育研究和探索方面所取得的一些理论研究成果，对我们具有重要的启示和借鉴意义。这其中除了我们前面已经提到的"人本化教育"和"科学人文主义教育"等一些教育思想之外，影响较大的还有所谓的 STS 教育和通识教育理论。可以说这两种理论至今仍然是国外特别是西方社会开展此类教育的最为重要的和运用最为普遍的基础理论。

一　STS 教育理论

STS 研究和 STS 教育始于 20 世纪六七十年代西方发达国家。科学技术迅速发展，带来了经济发达、社会繁荣、人们生活幸福，但与科学技术发展有关的重大社会问题（如环境、生态、人口、能源、资源等）也随之不断出现。为了解决这些问题，STS 研究和 STS 教育应运而生。STS 是 science technology society 的缩写，即科学（Science）、技术（Technology）、社会（Society）的研究简称为 STS 研究，它探讨和揭示科学、技术和社会三者之间的复杂关系，研究科学、技术对社会产生的影响。其目的是要改变科学和技术分离，科学、技术和社会脱节的状态，使科学、技术更好地造福人类。STS 教育则是科学教育改革中兴起的一种新的科学教育构想，其宗旨是培养具有科学素质的公民。它要求面向公众，面向全体；强调理解科学、技术和社会三者的关系；重视科学、技术在社会生产、人们生活中的应用；重视科学的价值取向，要求人们在从事任何科学发现、技术发明创造时，都要考虑社会效果，并能为科技发展带来的不良后果承担社会责任。

加拿大学者津曼（Ziman，1984）和罗森塔尔（Rosenthal，1989）的研究表明，STS 科学包括两类社会性课题：一为"科学与社会"，存在于科学学术团体之外（如能量贮存，人口问题或污染问题等）；二为科学的社会性侧面，存在于科学学术团体之内（科学社会学、科学认识论和科学发展史）。斯诺（Snow，1987）认为 STS 的"科学系统"包括三个维度：一是认知维度，包括实验知识、科学假设、科学理论、规律、经验观察以及其中所隐含的价值；二是个人维度，包括科学家个人所持的影响其研究计划和理论主张的社会价值观；三是社会学维度，融合了科学团体价值，科学家之间的相互信任，学术刊物的出版等与科学团体有关的重要方面。

对于 STS 课程教育，澳大利亚 W. 霍尔博士指出，STS 的首要任务是对科学的发现、发明和技术上的变革作出社会性解释，教育内容应包括某门学科在技术上的应用，它主要讲授科学技术对社会的影响，目的是为学生们参加工作做准备。M. 吉布斯、P. 古密特认为，STS 教育的目的有三：一是教育学生批判地审查支配当代思想和公众政策中关于科学与社会关系的预设；二是帮助学生识别这些关系的合理程式，了解科学与社会是如何相互联系和不断进化的；三是作为一种为社会培养人才的方法，帮助学生在运用知识前，先懂得为谁而用，最终要达到什么结果。

总而言之，尽管各国和各大学在实施 STS 教育的具体操作上有所不同，但以下三点应该说是 STS 教育的最显著的特色和独特的价值之所在：首先，在科学教育目标上，由过去片面追求个体认知的发展、知识的掌握转向包括认知、情感、态度在内的公民素养的普遍提高。尽管 STS 教育的目标千差万别，但有一点却是一致的，即所有的 STS 教育项目都扩展了科学教育的目标，突出了个人发展、社会发展与文化的目标。就个体发展目标来说，包括：发展个体的科学素养；提高学生对科技的兴趣与动力；培养学生适应未来的学习能力；培养学生对科技议题的决策能力；发展学生的价值与伦理观念。在此基础上，STS 教育还提倡科学教育的社会与人文理解的目标，包括：扩展学生

对社会的理解；理解社会生活中的合作关系；培养学生的社会责任感
与同情心。由此可见，STS 教育突出了对科学的文化解读、对科学的
社会价值与人生意义的理解。其次，在内容构成上，倾向综合化。学
生所必须和必然面对的现实生活世界是完整的、统一的，而在大学的
专业化教育中学生所进入的科学世界则以分科为特征。为了不致使分
科对本来是完整统一的生活世界造成人为地割裂，以综合化为特征的
STS 教育自然就成为了教育改革和发展的基本价值取向。近年来，诸
如英国、荷兰和美国等一些国家的所实施的较为著名的 STS 项目，大
多以学生所面临的社会问题或生活问题为中心来编排内容，试图通过
这些内容的学习，使学生掌握参与经济生活、政治决策、公众对话等
活动所需的知识、技能与态度。如英国的 SISCON（Science in a social
context）项目，就强调联系学生的生活背景来学习科学与技术，明晰
它们的关系。为此，该项目设置了健康与医学、食物与农业、人口、
能源等一系列专题。在这些专题中，有关经济、环境、健康等问题都
被纳入到学生的视野中，他们从中不仅接受了知识的学习，同时接受
了价值教育。总之，由于生活本身的完整性与多样性，课程就必须综
合化，只有这样，才能使学生获得对世界的综合与多维的理解，也才
能更真实地了解现实世界。最后，在教学方式上，更加注重探究与体
验。如果说科学教育中的探究是立足于物质世界，是为了把握客观事
物的本质与规律，旨在说明，那么，体验则是立足于精神世界，试图
建构的是人与自然、人与社会的意义与价值，旨在理解；如果说探究
旨在求真，那么体验则是在求善，因而探究与体验是构成完整的学习
过程中不可或缺的两个方面。这从 STS 课程所采取的教学方式中，如
课堂讲解、问题讨论、角色扮演、模拟游戏、学生论坛、公众访谈、
社会咨询等，可见一斑。有别于传统的科学教育，STS 重在唤醒主体
的自我意识及情感体验，而不只是把联系学生的生活、贴近学生的生
活仅仅视为理论联系实际的途径与手段。应该说，STS 教育更体现了
科学教育的本质特点，即科学方法、科学态度不是教出来的，而是在
实践中探究与体验出来的。

二 通识教育理论

中文"通识教育"一词由台湾学者根据 general education, liberal education 的思想翻译转换而来。在此之前,有人把 general education 译为"一般教育""普通教育""通才教育",将 liberal education 译作"自由教育""博雅教育"等。西方的通识教育从亚里士多德的"自由人教育",经由纽曼所倡导的"博雅教育",发展到受马修·阿诺德影响而推行的现代大学"通识教育",其内涵和外延都发生了一些变化。通识教育本身源于 19 世纪,当时有不少欧美学者有感于现代大学的学术分科太过专门、知识被严重割裂,于是创造出通识教育,目的是培养学生能独立思考且对不同的学科有所认识,以至能将不同的知识融会贯通,最终目的是培养出完全、完整的人。从 20 世纪开始,通识教育已广泛成为欧美大学的必修科目。

最早把通识教育和大学教育联系在一起的是美国博德因学院的帕卡德(A. S. Packard)教授,他认为应该给青年一种 general education,一种古典的、文学的和科学的尽可能综合的教育,以作为学生进行任何专业学习的准备。1909 年,哈佛大学校长洛厄尔第一次对通识教育与自由教育进行了区分。他认为,传统的自由教育贯穿于本科生教育的全过程,而通识教育主要是作为专业化前期的知识准备。第二次世界大战后,哈佛大学康南特校长领导的委员会发表了《自由社会中的通识教育》,提出通识教育的目的是培养"完整的人",即能有效地思考、清晰地交流、明智地判断和正确地辨别普遍性价值的人。到了 20 世纪 50—70 年代,博克提出通识教育的目的是培养有教养的人。这样的人除了要精通某一知识领域外,还需具有下列品质:思维清晰有效,正确而有批判性,表达准确有力,批判性地了解自然、社会和人文方面的知识,掌握实验、数学分析、历史文献分析等基本研究方法,理解异质文化并能克服偏狭的文化视野,对伦理道德问题能作出智慧的判断和道德的选择等。

通识教育的特点是重在"育"而非"教",因为通识教育没有专业的硬性划分，它提供的选择，是多样化的。而学生们通过多样化的选择，得到了自由的、顺其自然的成长，可以说，通识教育是一种人文教育，它超越功利性与实用性。之所以要以大学问家、大思想家为榜样，是因为他们身上有着独立人格与独立思考的可贵品质，而这正是通识教育的终极追求。因为，教育不是车间里的生产流水线，制造出来的都是同一个模式、同一样的思维。而是开发、挖掘出不同个体身上的潜质与精神气质。通识教育就是要"孕育"出真正的"人"而非"产品"。通识教育与自由教育同义，通识教育的实质就是对自由与人文传统的继承。通识教育是造就具备远大眼光、通融识见、博雅精神和优美情感的人才的高层的文明教育，完备的人性教育是关注人的生活的、道德的、情感的和理智的和谐发展的教育。通识教育是关于人的生活的各个领域的知识和技能的教育，是非专业性的、非职业性的、非功利性的、不直接为职业作准备的知识和能力的教育，其涉及范围宽广全面。

通识教育已是世界各大学普遍接受和重视一种当代大学的教育理念和模式。其主要意义和价值在于，它丰富和发展高等教育的思想和教育方法，它实际上是素质教育最有效的实现方式和"大学精神"的课程实现方式。通识教育代表着教育理念的现代化，它是防止学生偏科的重要方式，是防止因应试教育出现的高分低能现象的有效途径。特别是全球化趋势所带来的多元文化之间的冲突碰撞，迫切需要大学的通识教育。改变高等教育长期实行的专业化教育模式，迫切呼唤大学通识教育的出现。

第三节　国内大学人文素质教育的理论研究

国内理论界对大学人文素质教育方面的研究虽然起步较晚，但在中国这一具有良好人文素质教育底蕴的国度，历史上对此问题的研究也不少见。中国古典的教育模式一直以来都是以人文素质教育见长的，中国古老的以《诗》《书》《礼》《艺》《乐》《春秋》等为核心内容的教材当中，可以发现人文素质教育始终是重要的内容。伴随着近代以来西方科学精神的影响，才在中国出现了重科学的倾向，但人文素质教育的传统也一直在起作用。20 世纪 80 年代末 90 年代初，大学人文素质教育问题逐渐得到人们的空前重视，国内掀起了人文素质教育理论研究的热潮。可以说此次研究热潮研究范围广、内容丰富、思想观点和理论成果层出不穷。概括来看，大体集中在以下两个主要的层面。

一 基础理论层面的研究

第一，对于人文素质教育问题和困境的反思。这一方面研究是在科学精神和科学教育对比人文素质教育普遍占优的条件下，20 世纪 90 年代初期学者们开始对人文素质教育复兴进行了若干的理论探讨，他们普遍认为人文危机首先表现在人文学术活动不景气，人文学术的内在生命力正在枯竭。工具理性泛滥，消费主义甚嚣尘上，人文学术也渐渐失去了给人提供安身立命的终极价值的作用，而不得不应付要它自身实用化的压力。[①] 这一基本问题和困境一方面体现在大学教育当中对人文知识的拒斥，金耀基先生指出：现代大学的知识结构在科学的大力渗透下，越来越变成一种知性的混合体，讲学统不讲人统，大学里面已出现知识排他性倾向，即只有科学才是知识，其他不是知识[②]；另一方面体现为整个社会对人文精神的藐视，涂又光先生在《论人文精神》中也提出了类似的说法：近百年来，可为痛哭可为流涕可为长叹息的是中国人文，尤其是人文精神，被中国人（当然不是全部）批判、糟蹋、凌辱、摧残、横扫，没有与科学同步发展，而是濒临绝灭，沦为垃圾。[③] 这就导致人文精神在当前的条件下和未来的时代建设者那里面临着双重缺失，这对于一个国家和民族来说是危机的表现。改变这一危机的重要方式要依靠教育，杨跃民教授认为专业

---

① 张汝伦等：《人文精神寻思录》，《读书》1994 年第 3 期，第 3—13 页。

② 金耀基：《人文教育在大学中的位序》，《文汇报》2002 年 9 月 29 日第 3 版。

③ 涂又光：《论人文精神》，载《中国大学人文启思录》，华中科技大学出版社 2003 年版，第 319 页。

教育体制束缚了人文教育的空间；人文教育具有明显的知识化、科学化的倾向；以及政治化、意识形态化和工具化的倾向。① 李金奇博士指出在现代学科规训制度下，人文教育所传承的人文文化的形而上学部分（人文精神部分）被限制了，人文知识、人文教育的实践性被遮蔽了，我们所呼唤的理想范型的人文教育在我们的大学校园里难以呈现出来。当下的大学人文教育，尚未突破以学科规训为基本范式的人文知识教育，只是现代学科体系下的文科知识传授。要想改变人文教育的现状，我们必须回归人文知识、人文教育的实践本性，走向实践体验的人文教育，才能真正补好大学人文教育这一课。② 这一探讨方式对我们解决中国当前人文精神缺失的困境提供了良好的启示。

第二，对于人文精神和科学精神关系的研究。人文精神和科学精神之间的关系问题也是高校人文素质教育理念和理论的重要问题之一，更是人文素质教育不断推进的重要理论前提。尽管国内理论界对两种精神之间的作用方式有不同的理解，但他们都认为两种精神能够实现融合，也必须实现融合。正如科学巨匠爱因斯坦所说的那样：科学对于人类认识事物的影响有两种方式。第一种方式是大家熟悉的：科学直接地、并且在更大程度上间接地生产出完全改变人类生活的工具。第二种是教育性质的——它作用于心灵。尽管草率看来，这种方式好像不太明显，但至少同第一种方式一样锐利。③ 科学精神和人文精神在薛天祥教授看来两者具有相互融合的现实基础，因为人文精神当中需要尊重知识的客观性，需要认同从现象当中揭示本质、从普遍当中揭示必然的规律，这与科学的基本精神是一致的。而科学精神作为人类特有的一种文化现象，其中包涵着理性、求真、执着、顽强等人文品格，科学不但求真，更求善，即达到世界的完善化和合理化，

① 杨跃民：《高校人文教育：问题与建议》，《理论探讨》2005 年第 6 期，第 140—142 页。
② 李金奇：《被学科规训限制的大学人文教育》，博士学位论文，华中科技大学，2005 年。
③ 黎先耀：《智慧的星光——诺贝尔自然科学家获奖者文萃》，经济日报出版社 2000年版。

科学也求美，有序和合理就是美的重要体现。在这一点上来说人文精神和科学精神具有内在的一致性。在实践层面上来看，人文精神和科学精神必须要实现融合和统一。作为全国首批大学生人文素质实验基地，清华大学提出科学教育与人文教育融合的具体实例，在降低必修学分，给学生以更大的选择余地的同时，要求理工科学生也必须选修思想文化与身心素质教育课程，此类课程占总学分的25％以上，文科学生也必须修习自然科学课程，并占总学分10％以上，而且学校成立了文学、艺术、历史、哲学、当代中国与世界、法学、经济与管理、环境与伦理等十个课组，要求学生至少从十个课组中选择六个课组的课程，修满学分。[①] 张金福博士也提出人文科学主义教育观的新模式，认为人文精神和科学精神应该相互结合，人文科学主义强调人文教育科学化，科学人文主义强调科学教育人文化以及技术教育人文化。人文教育与科学教育结合的实践模式有渗透模式、融汇模式和通识教育模式。[②] 可见在理论上和实践上融合人文精神和科学精神已经成为理论界研究的共识。

第三，对于人文精神和人文素质的内涵的争论。关于人文精神和人文素质的内涵问题的争论是中国理论界讨论最为集中的问题，其中涉及人文主义、人文学科、人文知识、人文教育等诸多方面的内容。这一问题的探索最早集中体现于1998年召开的人文、社会科学和价值学术座谈会上，在会议上与会的专家学者围绕着人文教育相关问题展开了理论争鸣，一些学者认为人文社会科学具有内涵和外延上相对于自然科学的不清晰性，其为人文教育的推广制造了困难；另一些学者则认为正是因为人文社会科学的这方面特点，才体现出其自身重大的教育作用，更应该在当代和未来结合其新特点和新趋势探索人文素质教育的途径和方法问题。在这次谈论当中，形成了人文教育是成人

---

① 王大中：《正确处理科学教育与人文教育的关系》，《中国特色社会主义研究》2003年版（增刊），第148—151页。

② 张金福：《大学人文教育与科学教育结合研究》，浙江大学出版社2006年版，第153页。

的教育，其实质是人性教育，核心是涵养人文精神，其核心学科是文、史、哲、艺等人文类学科的对于人文教育的初步理解。此后一系列论坛的举办推进了这一工作的展开：2003 年在东南大学举行的人文教育高层论坛、2005 年在清华大学举行的纪念文化素质教育开展十周年暨全国文化素质教育工作会议、2006 年在西安交通大学举行的文化素质教育与政治思想教育相结合专题研讨会、2007 年在重庆大学举行的文化素质教育与全面素质教育专题研讨会、2008 年在哈尔滨工程大学举行的文化素质与通识教育关系专题研讨会、2009 年在东南大学举行的文化素质教育暨中国高校人文素质教育研究精品课程建设与教学改革专题研讨会、2010 年在南开大学举行的科学素质教育与人文素质教育的交融高层论坛等活动推进了对这一问题的研究。一些专家学者纷纷致力这一领域和问题的研究，其中最具代表性的是著名教育家杨叔子教授，他曾经多次撰文对人文素质教育相关问题展开理论探讨，在谈到教育时，杨叔子教授指出："教育的根本是育人。首先要教会做人，立德树人，并使人全面发展。所以，教育是育人而非制器，即教育的对象是人，而非物。人有丰富情感，有复杂思想，有精神境界，活生生；物无感情，无思想，无境界，死呆呆。教育所用的方法是育而非制，是按人成长的规律去育，因材施教，而非不管实际情况的主观意愿去制，按图办事。育出的应是有人性、有灵性，而且是有高尚精神的人性与有原创能力的灵性的人才，而非毫无正直的人味与毫无原创能力的精巧机器。这就是说，我们应该教育人，即以文化开发出与发展好那天赋的人性与灵性，教会受教育者既会做人、有德，又会做事、有才。"[①] 因此他认为人文素质教育是高等教育结合中国实际的一种现实创造。刘献君教授也从发展角度提出不同的经济形态在科学和教育上有不同的要求和表现，提出了当前时代条件下全面培养人的综合素质的时代要求；张岂之提出了高等院校

---

① 张金福：《大学人文教育与科学教育结合研究》，浙江大学出版社 2006 年版，第153 页。

的人文教育的道德自觉、理性自觉和文化自觉及其三者之间如何统一的问题。由人文精神讨论引起的这场大讨论，其范围之广、时间之久、涉及问题之多和深，在中国高等教育发展史上，都是罕见的。至今围绕这一主题的探讨还远未结束。

二　应用层面的研究

除了上述三大基本理论层面的研究、探索和争论之外，有关人文素质教育的应用性层面的研究更是热烈，探讨角度更为丰富，文献资料更多，这具体表现在以下几个方面。

第一，对实施人文素质教育途径的研究。

开展人文素质教育的关键在于寻求有效的实施途径。不少论者对当前高校人文素质教育的现状作了调研，抓住教育的本质问题进行剖析，指出了存在的问题，并积极探索解决的方法和改进的途径。任海燕的《浅谈大学生人文素质教育的改进》[1] 指出，高校人文素质教育存在的问题主要为：教师教学态度不认真，对学生产生负面影响；考核方式过于宽松，学生重视不够；课程结构、授课时间安排和课堂组织不够合理；教学内容浓度不够、理论与实践结合不够，教学方法陈旧，不能吸引学生。文章归纳出的这四个症结后，据此对改进大学人文素质教育的途径进行了有益的研究和探索。龚爱蓉的《高校实施人文素质教育的途径与方法》[2]、蒋旋新的《高校人文素质教育背景、现状及发展对策的研究》[3]、王克的《理工科大学人文素质教育探索》[4]、黄悦的《校园文化建设与理工科大学人文素质教育》[5] 等文

---

[1] 任海燕：《浅谈大学生人文素质教育的改进》，《科技情报开发与经济》2007 年第 27 期。

[2] 龚爱蓉：《高校实施人文素质教育的途径与方法》，《安徽工业大学学报》（社会科学版）2004 年第 3 期。

[3] 蒋旋新：《高校人文素质教育背景、现状及发展对策的研究》，《教育探索》2007 年第 11 期。

[4] 王克：《理工科大学人文素质教育探索》，《高教探索》2004 年第 1 期。

[5] 黄悦：《校园文化建设与理工科大学人文素质教育》，《重庆教育学院学报》2005 年第 1 期。

章，都针对各自诊断出的人文素质教育的症结，提出了有一定参考价值的改进的思路或举措。概而言之，这类文章探讨的途径可集中表述为：一是树立人文素质教育的新理念；二是全面提高师资队伍的人文素养；三是构建大学人文素质教育课程的新体系；四是建立科学的人文素质教育管理及评价体系；五是营造良好的人文素质教育氛围（主要体现为校园文化建设）。

　　第二，对人文素质教育模式、课程设置与课程体系建设及课程改革的研究。

　　教育模式、课程设置与课程体系建设、课程改革等方面是实施教育的核心工程。围绕这些核心工程问题，学者们展开了热烈的探索与讨论。余海虹在《高校人文素质教育模式探索》① 中提出四个层次的人文素质教育模式：人文知识的普及教育、人文知识的深入教育、举办人文讲座和开展读书活动、营建内涵丰富的校园文化。前两点主要针对课堂教学内容而言，后两点主要就课外延展方式而论。该文较早探讨了人文素质教育的教学模式问题。而《陕西广播电视大学人文素质教育面面观》② 一文，则以陕西广播电视大学为典型案例，阐述了该校施行人文素质教育的发展轨迹，是由被动到主动，再由主动到自觉的一般规律，走出了一条积极施行人文素质教育的光明道路；《构建高校人文素质教育体系研究》③《人文素质教育课程体系构建原则性理念探析》④《高校人文素质教育课程体系建设研究》⑤ 等文，或从人文素质教育课程与社会需求之间的关系、人文素质教育课程与高校整体课程体系之间的关系两个方面，或对人文素质教育课程体系构建

---

① 余海虹：《高校人文素质教育模式探索》，《思想教育研究》1999 年第 5 期。

② 月人、孙晖：《陕西广播电视大学人文素质教育面面观》，《陕西广播电视大学学报》2006 年第 1 期。

③ 姜海燕：《构建高校人文素质教育体系研究》，《思想教育研究》2007 年第 12 期。

④ 余国政：《人文素质教育课程体系构建原则性理念探析》，《黄石理工学院学报》（人文社科版）2007 年第 3 期。

⑤ 贾甚杰：《高校人文素质教育课程体系建设研究》，《教育与职业》2007 年第 21 期。

的原则、主要措施、实施途径以及评价体系的完善等进行了有益的探讨，旨在为人文素质教育课程体系的构建提供一种全新的思路。而《中国高校通识课程设置现状研究》① 和《高职院校人文教育课程设置的研究》② 则涉及具体的人文课程设置问题，前者以我国首批进入"985 工程"建设的 9 所名牌大学文化素质课程设置为样本，后者以高职院校的人文课程设置为研究对象，都在微观上对高校人文课程设置的科学性与合理性作出积极的论证与探讨。

此外，部分高校教师则在具体的课程改革中进行着如何渗透人文素质教育的思考，如《大学人文素质教育大有可为——以外国文学教学为个案》③ 一文，阐述了在外国文学教学中有效进行人文素质教育的教学实践；《现代汉语改革与大学人文素质教育》④，则详尽地论述了在现代汉语课堂教学中有效渗透人文教育的成功尝试；《高职高专大学语文的改革势在必行》⑤《高职语文教学改革实施方法研究》⑥ 等文章，提出改革创新是高职院校语文教学焕发生机的唯一出路，高职院校语文教学的改革应采取教学内容多元化、教学方法动态化、教学手段现代化、教学活动多样化、教学评估科学化等方法。这些以个案为基础的研究成果，为实施人文素质教育的具体课程教学提供着可圈可点的经验。

第三，对人文素质教育评价体系与评价机制的研究。

教育评价体系与评价机制是教育过程的一个重要环节，既是检验教育工作成效的有力举措，也是衡量它的尺度。但这方面的研究总的说来还比较弱一些，有少数文章作出了可贵的探索。董平的《对改革

---

① 李会春：《中国高校通识课程设置现状研究》，《复旦教育论坛》2007 年第 4 期。

② 伍育琦：《高职院校人文教育课程设置的研究》，《职业教育研究》2007 年第 3 期。

③ 刘来丁、杨黎米：《大学人文素质教育大有可为——以外国文学教学为个案》，《四川省情》2003 年第 11 期。

④ 吴传飞：《现代汉语改革与大学人文素质教育》，《湖南文理学院学报》2004 年第 4 期。

⑤ 燕艳：《高职高专大学语文的改革势在必行》，《职业教育研究》2005 年第 8 期。

⑥ 简尚高：《高职语文教学改革实施方法研究》，《湖州职业技术学院学报》2007 年第 2 期。

大学人文素质教育评价体系和评价机制的思考》① 指出："在我国，对大学教学质量的评价，一般比较注重硬指标，甚至有时会过于夸大硬指标的作用。""评估大学办学质量，主要看生源质量、生师比、师资队伍、学科建设、科研成果、藏书量、实验实训条件、建筑面积等多项硬指标，以及思想道德建设等软指标。人文教育和素质教育在大学教育评价中常见的缺位、错位、越位等现象，反映了评价工作的严重滞后。"因此，要进一步推进高校人文素质教育，深化人文素质教育改革，构建科学的评价体系与评价机制是相当必要的。该文认为：把握好知行统一的评价主体、评价对象、评价内容、评价方法和评价机制，实现几方面的内在统一，就能够反映出评价的整体性、动态性和过程性，发挥好评价在人文素质教育中的导向、反馈、管理、服务和强化等功能。厉建刚的《动态评价在高职学生人文素质评价中的应用》② 指出，人文素质教育的评价体系涵盖着教育条件、教育过程、教育效果等方面的内容，是一个动态的、复杂的系统工程；对高校人文素质教育评价的目标、内涵、评价体系及具体实施方案进行了初步探讨，围绕"评价内容、评价方式、评价主体"三维度，设计了一套较为合理并富有高职特色的高职学生人文素质教育评价体系，对普通高校也具有参考价值。

还有些论文针对理工科大学、医科大学或一些特定的专业的人文素质教育特点，进行教育评价及其体系的研究。如《关于工程应用型本科院校大学生人文素质教育评价的思考》③ 一文，对构建工程应用型本科院校大学生人文素质教育的评价体系的必要性、可行性以及评价的原则、内容、方法等方面进行了论述；《理工科大学生人文素质

---

① 董平：《对改革大学人文素质教育评价体系和评价机制的思考》，《前沿》2007 年第 6 期。

② 厉建刚：《动态评价在高职学生人文素质评价中的应用》，《高教论坛》2007 年第 3 期。

③ 王晓红：《关于工程应用型本科院校大学生人文素质教育评价的思考》，《中国电力教育》2003 年第 3—4 期。

教育评价体系研究》① 提出了构建由制度建设系统、课程建设系统、学术活动系统、师资建设系统、课外活动系统、环境建设系统等六个系统组成的评价指标体系，以期能对理工科大学人文素质教育进行相对客观的评价。文章虽是以理工科学院或其他职业专业院校为研究切入点，其探讨的教育评价问题却富有普遍意义。

第四，对国外大学人文素质教育经验和启示的研究。

除了对国内高校人文素质教育的方方面面进行研究外，还有一些论者，从东西方一些文明发达国家那里寻找人文素质教育的闪光点，引介为我们的他山之石。陈雅芳在其《追赶国际趋势，改革高校课程体系》② 一文中指出：英国学者认为"现代世界理科和文科的裂缝必然用人文科学来黏合"。21 世纪的新文化，以融合化、网络化为特点，必然会促进"科学"与"人文"的融合，各国高校的课程改革方向也朝着人文文化迈进。加大人文课程分量，重视人文社会科学教育，实现科学文化与人文文化的融合，成为世界高校课程改革的一大特点。有资料显示，在美国的大学课程设置中，人文社会科学课程的学分约占 13%—25%，日本的占 28%，韩国的占 30%。这些数据在很大程度上反映了以上国家高校对人文素质教育的重视程度。《国外理工科大学人文社会科学课程设置的发展趋势》③ 一文，则介绍和分析了俄罗斯、美国、日本、英国等国家的一些理工科大学人文社会科学教育课程设置的特征及其发展趋势，即课程内容综合化、课程性质职业化、课程取向融合化、课程结构弹性化和课程形式多样化。另有《美国理工科大学人文素质教育的特色及其启示》④《美国大学人文教

① 于立东：《理工科大学生人文素质教育评价体系研究》，《黑龙江高教研究》2007年第 5 期。
② 陈雅芳：《追赶国际趋势，改革高校课程体系》，《中国高等教育》2002 年第 21期。
③ 胡弼成：《国外理工科大学人文社会科学课程设置的发展趋势》，《广西大学学报》（哲学社会科学版）1999 年第 10 期。
④ 万凤华：《美国理工科大学人文素质教育的特色及其启示》，《南京工业大学学报》（社会科学版）2005 年第 4 期。

育课程评述与启示》① 等，主要引介了美国一些大学的人文素质教育的成功经验，并从中归纳几点启示，以期为我国改革大学人文素质教育提供一定的借鉴经验。

除以上四个主要方面外，还有一些研究明确地指出：近年来，我国大学表面上似乎是提倡人文精神了，但实质上却走进了人文教育的误区，即现在的"人文教育"自身并没有摆脱对功利的追求。这些研究者从制度层面和文化层面归结出病因，并进一步对重塑大学人文素质的价值取向作出理性思考。例如尉天骄的《高校人文素质教育中的三个认识误区》② 就根据时代的变迁与当代大学生的特点，指出了目前高校人文素质教育的实践和理论研究中存在的三个认识误区：其一，过分强调就业，轻视人文素质教育的价值；其二，夸大了大学生人文素质的危机；其三，过于低估大学生人文知识的现状。应当说，这种分析与评判也不乏中肯之处。

总的来说，这些年这些研究著述积极探索高校人文素质教育的普遍规律，深入研究人文素质教育的理论与实践，总结出了宝贵的经验，也对某些实质问题作了有益的探讨，指出的存在问题也具有广泛的代表性而具有普遍意义，具有一定的理论价值。但是，我们也应该看到，这些研究还是很初步的，还未形成一些真正得到普遍认同与遵行的系统性的理论成果，像国外 STS 教育和通识教育那样的有影响的理论学说还无从谈起。我们认为，这里至少有两个严重的缺陷，需要我们在今后的相关研究中必须首先加以克服和解决。一个是，应该看到，人文素质教育是一个复杂的系统工程，从教育规划、培养目标、师资建设、课程体系的架构、教学课程的设置、教学改革、教育教学途径与方式、教学管理、质量监控、评价体系与机制、育人环境的等，环环相扣，不能脱节。因此，系统化的研究和关于人文素质教育

---

① 王滨：《美国大学人文教育课程评述与启示》，《辽东学院学报》（社会科学版）2007 年第 1 期。
② 尉天骄：《高校人文素质教育中的三个认识误区》，《河海大学学报》（哲学社会科学版）2007 年第 2 期。

体系性的理论构建，既是这类研究进一步深化的方向，也是人文素质教育实践的急迫需求。另一个是，所有当前的研究事实上都是建立在传统的简单性理念与思维的基础上的。这是造成我们在相关理论研究上难以取得重大突破和进展的最深层次的原因。更新理念，改变传统线性思维方式，是我们有可能在这方面的研究和理论构建中，取得重大突破的必经之路。

第四节　近年来国内大学人文素质教育备受 关注的深层缘由

简单梳理一下国内近年来为什么会空前集中地关注大学人文素质教育的基本缘由，既是对上一节所述国内大学人文素质教育研究现状的背景资料的补充，也有利于我们进一步明确我国大学人文素质教育理论研究的具体努力方向和需要达到的水准等。应该说造成和引发此次大学人文素质教育研究热潮的缘由是复杂的多方面的，但抛开一系列更为具体的缘由不说，最根本的缘由起码有如下几个。

第一，这首先与我们时代的精神有着紧密的联系。我们所处的世纪是变化和发展的时代，人类文明以日新月异的频率和速度向前发展，无数的新鲜事物充斥着人的头脑，这样的时代为人的发展创造了重要的条件。马克思、恩格斯曾经设想的人们自己的社会行动的规律，这些一直作为异己的、支配着人们的自然规律而同人们相对立的规律，那时就将被人们熟练地运用，因而将听从人们的支配。人们自身的社会结合一直是作为自然界和历史强加于他们的东西而同他们是相对立的，现在则变成他们自己的自由行动了。至今一直统治着历史的客观异己力量，现在处于人们自己的控制之下了。……这是人类从必然王国进入自由王国的飞跃。[①] 在某种程度上已经得到了一定程度的实现。在中国，近些年社会的飞速发展为人的自由发展创造了条

---

① 《马克思恩格斯选集》第 3 卷，人民出版社 1995 年版，第 633—634 页。

件，在市场经济的条件下，人们日益摆脱以往群体生活的束缚，自由的个性日益得到解放，这就表现为新时代的人们具有越来越鲜明的个性、民主自由意识和主动性、自觉性。他们相信自身所具有的创造能力，不迷信权威、不迷信教条，相信自身的社会实践，创新精神和批判精神空前发展，在此精神的鼓舞和推动下，创新精神不断得以凸现，又在客观上推动了时代的发展和进步。在这样的时代条件下，一方面对高校的人才培养提出了新的挑战，高校需要培养的是具备较高素质的、能够适应不断发展变化时代条件的、具有较强的专业基础的专门性人才；另一方面新的时代条件也对未来培养人才的人文素质提出了新的要求，即应具有深厚的人文素质和文化气质、独立思考和自由探讨的能力、较强的批判意识和创新意识、踏实刻苦的完成各种研究的基本精神。这一点早在《关于加强大学生文化素质教育的若干意见》中就有了明确要求，加强文化素质教育，有利于使大学生通过文化知识的学习、文化环境的熏陶、文化活动和社会实践的锻炼，以及人文精神的感染，升华人格，提高境界，振奋精神，激发爱国主义情感，成为四有人才；有利于大学生开阔视野，活跃思维，激发创新灵感，为他们在校学好专业以及今后的发展奠定坚实的文化基础和深厚的人文底蕴；有利于培养基础扎实、知识面宽、能力强、素质高的人才。因此，加强文化素质教育，从更深的层面和更综合的角度体现德、智、体全面发展的要求，是新形势下全面贯彻党的教育方针的重要举措。① 这些时代对高校人才培养所提出的现实要求，需要对人文素质教育进行系统而深入的探讨和思考。

第二，人文素质教育的相关探讨也与中国的教育模式改革有着密切的关联。回顾中国几千年来的教育发展历程的基本线索就是：从以古典文化为基础的古典人文教学到近代以来的科学教育逐渐兴起乃至科学教育一枝独秀的发展过程。在这一过程当中科学教育和人文教育

---

① 高等教育司：《关于加强大学生文化素质教育的若干意见》，1998 年第 2 号，1998 年 4 月 10 日。

此消彼长，形成了两者之间的一种相互冲突的关系。在中国漫长的古代社会当中古典人文教育独领风骚，而在此后的科学教育逐渐发展的过程中，古典人文教育却逐渐没落，淹没在以科学为中心的学校教育当中。如何实现科学教育与人文教育两者的优势互补是中国教育所面临的突出问题，解决这一问题的机遇国人已经失去两次：第一次是近代的开端，中国在一片发展科学技术的时代声音的潮流当中由昌盛走向衰落；第二次是"二战"后世界普遍思考如何复兴人文素质教育的潮流当中，中国却以重理工轻人文为教育模式。在21世纪的今天，人文精神与科学精神在教育领域当中的优势互补已经日益被人们所认知，两者之间寻求平衡已经成为时代发展的新取向。在新的时代更加成熟的现代人，应该寻求人文教育与科学教育两者之间的平衡和互补，这就为人文素质教育的复兴提供了重要的契机。

第三，这当然还与中国高校人文素质教育的现状有一定的关联。中国高等教育经历了一个多世纪的发展，在规模上、办学质量上、培养理念和方式上都取得了突出的成绩，一些知名院校也能够屹立于世界文化之林当中。但与此同时，中国高校的人文素质教育起步则较晚，从20世纪90年代起才开始了初步探索，此前都是以专门性人才培养为基本目标的。因此二十多年的理论和实践探索较之于发达国家的高等院校几百年的经验积累来说仍然显得较为薄弱。这一方面与人文素质教育在过程和效果层面上的评价标准和尺度具有不确定性，难以实现全面和完整的评价有关，更为重要的在于人们对人文素质教育的重视程度仍然不够：一些院校将人文素质教育课程作为专业教育课程的调剂和补充，在师资配备、财力支持和课程设置等方面投入较少、自由度较大，导致人文素质教育课程成为可有可无的次要课程；一些院校虽然开设了一些人文素质教育课程，但却把人文素质教育仅仅局限在课堂知识性学习的范围之内，没有及时将知识转化为素质和精神，使得学生们在课堂学习所得到的知识没有真正获得内心的认同，随着课程学习的结束知识被遗忘，素养也没有得以系统的形成；还有一些院校只在课程学习方面重视人文素质教育课程，却没有将课程学习式的显性人文素质教育与包括学校文化建设等在内的隐性人文素质教育方式提上日程，也使人文素质教育流于表面，限于形式，从而没有真正达到学生内心认同和自觉践行的目的。如何在现有高校人文素质教育存在问题的基础之上，探索人文素质教育进一步发展的新路径和新方式也成为重要的理论和实践问题。

第五章

我国大学人文素质教育的现状

当前，我国大学普遍重视并积极实施人文素质教育，不仅是对党和政府高度重视此项事业的相关精神的贯彻落实，更有上一章所说的缘于经济发展后人文关怀兴起的现实原因和教育体系自我改革和自我完善的内在动因。前者可以说是植根于一种"文化自觉"的意识，后者则属于更为紧迫的对教育状况及前景的忧思。现代化进程作为不可抗拒的世界性潮流，深刻地影响着人们的生活与心灵，也不可避免地泛起一层层崇尚物欲和金钱的沉渣，造就一批批不缺钱但缺失精神支柱的"单面人"，形成日益严重的社会问题，使得有识之士疾呼精神回归与人文复兴。从教育自身角度来看，重视人文素质教育，在某种意义上正是在对单纯的科技理性教育反思的基础上开展起来的。通过对过分突出单纯知识传授的教育方式的弊端的反思，人们逐步认识到"成人"教育的重要性，认识到人文素质在学生成长为"完整的人"的过程中的重要地位。由此，倡导物质文明与精神文明一起抓，推动科学与人文的相互融合，把追求经济发展、生活富足与关注生命价值、生活意义结合起来，克服只注重其中一个方面而造成不完整的人的状态，培养既能用工具理性做事，又会用价值理性做人的现代社会的建设者、现代文明的创造者，已成为当代教育的价值追求和基本发展趋势。

高等学校作为培养现代化人才的摇篮，大学生作为人类文明的传承者和建设者，肩负着传承和推动人类文明进步的重要的历史使命。

如何加强大学生人文素质教育，是摆在教育部门和教育工作者面前的
一个重要课题，是谋求高校长远发展和长足进步的关键环节之一。在
我国，加强大学生人文素质教育，更被看作是全面贯彻党的教育方
针、践行科学发展观、培养适应中国特色社会主义现代化建设需要的
高素质劳动者的必然要求。在党和政府高度重视，积极倡导和强力推
动下，近些年来我国大学生人文素质教育，正在走向普遍强化和不断
深化发展的态势之中。但是，与此同时也还存在这样那样的不足，并
且越来越触碰到一些需要进行重大变革的更深层次的问题。科学客观
地、实事求是地分析我国大学人文素质教育的现状，找出其中存在
的、影响其向纵深发展的症结和问题，针对其形成的具体原因，面向
未来谋划和加强我国大学人文素质教育的有效路径和措施等，是当前
该领域必须首先从理论研究上加以解决的重要课题，也是本书的立著
意图所在。

第一节　我国大学人文素质教育的
总体情况和基本特点

我国大学人文素质教育的总的特征，是在教育行政管理部门的强
力推动和统一指导下开展的。正如前面曾经提到的，1995 年原国家
教委开始有计划、有组织地在 52 所高等学校开展加强大学生文化素
质教育试点工作，成立了"加强高等学校文化素质教育试点工作协作
组"，并先后于 1995 年、1996 年、1998 年和 2005 年召开了四次工作
会议，对相关工作进行研讨和部署。其间，1998 年教育部高教司颁
布了《关于加强大学生文化素质教育的若干意见》，并于同年成立了
教育部高等学校文化素质教育指导委员会。2003 年，教育部将加强
文化素质教育工作纳入《2003—2007 年振兴教育行动计划》，2005
年明确提出并开始积极推动文化素质教育的普及工作……经过多年来
的积极探索、变革发展和实践沉淀，可以说我国大学的人文素质教育
走出的是一条具有自己特色的较为稳定的同质化发展道路。这种特色

大致上可以概括为，顶层引领、统一部署、逐步推进，以及施教内容偏重思想政治和意识形态、教育方式侧重知识的传授与考核等。其中，既有值得我们加以总结和进一步推广的成功的经验和做法，也存在和暴露出了一些必须认真反思和急需创新改进的方面与问题。其具体状况比较集中地表现在教学内容安排和课程设置以及教育方式方法的选择与师资队伍的建设等几个方面。

一　教学内容安排

教育部高教司《关于加强大学生文化素质教育的若干意见》指出："大学生的基本素质包括思想道德素质、文化素质、专业素质和身体心理素质，其中文化素质是基础。我们所进行的加强文化素质教育工作，重点指人文素质教育。主要是通过对大学生加强文学、历史、哲学、艺术等人文社会科学方面的教育，同时对文科学生加强自然科学方面的教育，以提高全体大学生的文化品位、审美情趣、人文素养和科学素质。"多年来，各高校根据这样的统一要求积极探索实践，不断修订培养计划和教学方案，增设了许多人文社科方面的课程，使得大学生人文素质教育得到了明显的加强，并逐渐形成了全国同质化很高的一套教学内容安排和课程设置体系。

在教学内容安排方面，我国大学的人文素质教育特别强调和突出思想政治教育的核心地位。在人文素质教育教学内容体系中，世界观、人生观教育；国情、时政教育；爱国主义、集体主义和社会主义核心价值观教育等，占据了绝对主导地位。虽然多年来在主管部门和一些仁人志士不断强调和持续呼吁下，人们已经认识到了不能把人文素质教育等同于思想政治教育，并且针对大学生中不断暴露出来的一些现象和问题，采用缺啥补啥的方法，补充安排了诸如心理疏导、法律知识讲解、文学艺术赏析乃至社会走访调研等一些更宽层面的教学内容，但这些内容的教学不仅基本上处于从属地位和应景性状态，而且开展得也并不普遍。换句话说，这些内容的教学在各高校开展的是不平衡的，即使是同一所高校内部，这些补充性的内容要么只关照到了部分有相关兴趣爱好的学生，要么就是针对少数所谓的"问题学生"而专设的，等等。

　　总之，以思想政治素质为主的教育内容的单一性及其所呈现出的较强的意识形态化倾向，是我国大学人文素质教育的突出特点之一。这种特点的教育，无疑具有与我国国情和社会制度紧密联系在一起，并集中强化和突出大学生具体人格培养中的特定价值取向等优点，但是，它也显然窄化了人文素质教育的丰富内容。加上从小学到中学再到大学对这些内容的重复性的千篇一律的单向灌输，也在某种程度上造成了学生对这些教学内容的淡漠甚至逆反心理。因此，我国大学目前的人文素质教育不仅其现有内容的教学效果难以令人满意，而且这样的教学内容安排从根本上说，还远不能承担起人文素质教育培养完整的人、塑造学生健全人格的历史使命。

二　课程设置

　　在课程设置方面，与上述内容安排相对应，目前我国大学人文素质教育所采取的并非通常意义上的那种循序渐进的系列化的课程设置模式，而是一种"主干"加"补充"的模块组合模式。其中，必修课为"主干"，主要包括马克思主义原理概论、思想道德修养与法律基础、中国近现代史纲要、毛泽东思想概论、邓小平理论和"三个代表"思想概论、当代世界政治与经济、国防教育和大学体育等课程；选修课为"补充"，一般设置一些文理交叉的知识性限选课程和诸如教育、心理、社会、文化以及美学、艺术和宗教等学校有条件开出的常识性任选课程。其中课程门数数量极大的但占学校要求学生获得学分比重极小的任选课，基本上可以分为三种类型：一类是针对一些热点问题和特殊现象临时开设的课程；一类是出于教师的特长和部分学生特殊爱好开设的兴趣性课程；还有就是针对"问题学生"和学生中不时暴露出来的问题开设的补救性课程。近年来这类"缺啥补啥"的补救性课程呈现出任意累加甚至泛滥的趋势。

　　总之，这种可以任意添加课程门数的模块化课程设置模式，是我国大学人文素质教育的又一个显著的特点。这种特点的课程构建模式，虽然具有内容丰富多彩、知识面面俱到，甚至可以灵活调整和不断与时俱进地加以丰富等优点，但大学生人文素质教育究竟应该重点培养学生哪些方面的人文素养？主要应该设置哪些课程？这些课程如何组合才能形成真正的合力共同塑造大学生的完善人格？这些在课程设置中最能体现学校和教育者科学思考与教育意图的基本问题也由此变得模糊不清和令人难以捉摸。加上这些课程都采取的是课堂讲授的方式，造成了大学课程门数的不断膨胀，学生穷以应付，老师蜻蜓点水，讲不透学不好，甚至严重挤压专业课程学时，不仅人文素质得不到相应的提高，专业学习质量和整个人才培养质量也受到了一定程度的影响。

三　教育方式方法的选择

受制于现有大学办学体制机制和教育理念与教学条件等的影响和限制，尽管各高校多年来积极探索，努力创新，创设了各种各样的加强和深化大学生人文素质教育的方式方法，例如，组织相关内容的暑期社会实践活动、开办各具特色的人文讲坛、普及所谓非传统的相关内容的电子化教学、建设案例研讨和情景模拟实验室以及人文素质教育研究基地等。但总的来看，到目前为止，把主要资源和精力集中在显性知识的单向传授或灌输方面，仍然是当前大学人文素质教育采取的主要方式方法。这是我国大学人文素质教育的第三个显著特点。这样的特点不仅表现在上述多种方式方法的具体实施过程中，更集中地体现在被当作人文素质教育主渠道的课堂教学的过程中。在这里有必要进一步说明的是，正像目前大学课堂教学虽然广泛采用了现代化教学手段，一定程度上增强了相关知识讲授方式的灵活性，但并未改变知识的单向传授或灌输过程一样，其实，上述那些方式方法在具体实施过程中也并不像它们的名称给人的联想那样，而是作为课堂讲授的某种延伸，作为知识的单向传授或灌输的具体操作方式来设置的。

总之，我国大学人文素质教育以传统的课堂讲授为主，学生处于被动接受地位；过多的注重显性人文知识的传授，忽视学生自我内化能力的提升；缺乏与实际生活联系，只停留在课堂上、书本中，缺乏对学生社会实践能力的培养；更有一些高校甚至把人文底蕴和人文素养作为一种技巧训练，缺乏对人文精神的塑造，等等。这是我国高等学校大学生人文素质教育在方式方法选择上的基本状态。正是针对这种现状，有学者发出了警示和呼吁："大学人文教育不仅应该从内容上加以改进，还要从形式上加以改进，让教学形式本身就是'人文'的。大学人文素质教育应该摆脱传统的师道尊严等级制的教学方式，要建立一种类似于西方柏拉图对话录那样的对话式教学。教师要把自己当作一个知识和思想的助产士，而不是强调自己是道德楷模、知识源泉。我相信大学人文教育水平的提高只能来自两方面：大学生人文作品阅读量的积累，人文思想观念的成型与个性化，所以我们的大学教育应该围绕这两方面做文章，而不是舍本求末。"①

四　师资队伍的建设

为了加强大学生人文素质教育，更确切地说，为了满足上述内容和课程的教学要求，目前我国大学一般都组建有一支可谓数量较大、专兼混合并且以承担或完成相关课程的课堂讲授任务为主的人文素质教师队伍。这是我国大学人文素质教育的第四个基本特点。具体说来，在这支队伍中，专任教师还是以讲授马克思主义理论和思想政治课的教师为主。他们除了重点对大学生进行意识形态和思想政治方面的教育以外，其中部分教师一般也会根据自己的特长，不定期地开设一些人文素质教育的选修课等。另外，部分高校在诸如音乐、艺术、体育和一些学校感兴趣的特殊才能教育方面也设有专任教师，但数量很少。兼任教师一般可分为以下几类：一是由院系层面的辅导员、班

① 葛红兵：《论人文精神的实质——兼及大学人文教育问题》，《杭州师范学院学报》2003 年第 2 期。

主任和主管学生的党支部或党总支负责人等组成。这是我国高校兼职从事大学生人文素质教育的数量最大的一支队伍。他们除了自己负责的具体事务和行政管理工作外，通常也会兼任一些时事政策与思想政治教育类的课程的讲授任务。由于这支队伍中的辅导员和班主任等往往是由刚上岗的年轻专业教师兼任的，几乎半年或一年左右就会离开这些工作岗位，所以这也是一支流动性很大的极不稳定的队伍。同时，这支队伍自身的人文知识和人文素质也参差不齐，教学能力急需充实与提高；二是由学校层面的校领导和校团委、学生处等方面的领导干部组成。这是一支因应相关事件、组织相关活动和召开相关会议等临时性和针对性极强的从事人文素质教育的队伍。他们一般只有在针对相关事件和应对相关活动、会议的讲话中穿插一些人文素质教育的内容，或者就人文素质的某个问题或某些层面作专题报告，从而构成学校人文素质教育整体的一个组成部分。

总之，可以看得出来，与前述教育方式方法和教学内容安排及课程设置相对应，我国大学人文素质教育的师资队伍，主要是通过学校现有师资资源的挖潜整合与临时性组合而形成的。这支队伍的主要任务是满足以意识形态和思想政治教育为主的人文社科类课程的课堂教学任务。特别需要指出的是，这支队伍中看似有数量较大的兼任教师，但兼任教师在从事人文素质教育的时候，往往并没有将此类工作与自己擅长的领导工作、管理工作、专业教育工作等结合起来，他们并不是在深入挖掘领导和管理工作以及专业教育内容本身的人文价值与社会意义的基础上，来开展管理育人、教学育人工作的，而是另外兼做或短时内放弃本职工作，去完成表面看来似乎是独立的人文素质理论知识或相关课程的传授与讲授工作。换句话说，他们并不是把自己所从事的工作和对学生进行人文素质教育看作是一个过程的两个方面，而是把它们看作是相互分离的两种独立的工作分别来进行的。这就自然地形成了所谓的我国大学普遍存在的人文素质教育和专业教育两张皮的现象。

第二节　我国大学人文素质教育
存在的主要问题

　　除了上一节我们着重谈到的几个方面之外，根据我们对全国百十余所不同性质、不同类型和不同办学层次的高校的调查了解，特别是对一些早期进入教育部试点名单院校的走访调研情况来看，从整体上说，我国大学经过这些年的探索与实践，在人文素质教育重要性的认识、人文社科类课程的开设、教育环节和教学方式的多样化开发、师资队伍与教育资源的培养整合以及不断改进和提高教学质量、构建富有我国特色的人文素质教育体系等方面都取得了长足的进展，为我国大学人文素质教育向更深更高层次发展迈进积累丰富的经验，奠定了良好的基础。然而，调研中我们也发现，已经引起人们高度关注的是，随着我国大学人文素质教育继续向纵深发展，越来越触碰到一些现有教育方式和具体举措，无法有效应对的和解决的新的、深层次的问题，而且，当人们面对这些问题深思熟虑之后，却越来越清楚地发现，原来这些新的、深层次的问题其实恰恰是深埋在我们已经走过的路程和正在实施的教育方式自身中的缺陷与不足，只不过是随着时间的推移逐渐显露了出来和变得迫切需要解决而已。抛开一些更为具体或细小的问题不说，就大的方面来看，以下几个问题是当前我国大学人文素质教育中存在的较为普遍的和比较突出的问题。

一　定位不清问题

　　面对不同的受教育者，人文素质教育的内容、方式和具体目标的选择与设定，无疑应该有所区别。那么，面对大学生的大学人文素质教育与中小学的人文素质教育区别在哪里？大学人文素质教育着重解决的是大学生人文素质中的什么层次和哪个方面的问题？大学人文素质教育最终应当达到什么样的目的、取得什么样的效果？这些问题正是开展大学人文素质教育必须首先厘清的基本定位问题。但是，通观我国的人文素质教育现状，目前我国人文素质教育采用的却是高度统一的教育模式。不仅在大学生人文素质教育中不同专业、不同层次和年级的学生的教育内容与方式完全雷同，甚至除了知识量给予的多寡之外，即使是与中小学相比，大学生的人文素质教育也难以谈得上有什么实质性的区别。针对大学生心理生理特点、人格发育阶段以及其作为不同领域专业人才成长要求等，究竟应该确立什么样的人文素质教育目标？选择什么样的教育内容？采用什么样的具体教育方式？这些关乎大学生人文素质教育必须首先明确的定位问题，非但理论研究上严重缺乏，实践上也普遍被忽视。定位不清所导致的从小学到大学笼而统之的老套的固定模式的人文素质教育，既不具有具体针对性，也失去了专业亲和性，很难激发大学生人文素质学习和修养的兴趣与自觉性。这样的教育给予的越多，越会造成受教育者的认知疲劳和逆反心理，严重消解了大学生人文素质教育的实际效果。

二 重教轻育问题

人的素质本质上主要的是一个自我养成的问题。人文素质教育重在育不在教，以育领教才是大学生人文素质教育获得成效的根本途径。大学生人文素质教育的重点，已经不能再像中小学那样侧重传授给学生相关的人文知识，以便使其了解做人的常识，学习和体会做人的道理等。大学生已经是成人了，并且他们即将成为拥有一定专业专长的专门人才。他们不仅心智上已经成熟，能够独立判断是非曲直和自主地控制自己的言行，而且大学期间他们的主要任务是专业学习，他们的成长包括人文素质的养成必将和应当主要以所学专业为依托。因此，大学的人文素质教育归根结底是要紧密结合大学生所学专业，培育他们如何自觉自主地做一个对社会有用的人格完整的人，如何做一个对社会负责的全面发展的人。以育为重点，就要以大学生为中心，充分尊重他们的主体地位。教师的责任在于结合相关知识的传授，引领和帮助他们感悟人生的价值、理解所学专业的社会意义和自己的责任、逐步养成优秀的人文素质和具有个性的心理品质，塑造完善的人格。然而，我国大学生人文素质教育却过分偏重教师的教，偏重单纯的课堂理论知识传授，在以学生为中心的人文素质自我养成方面很少下功夫，缺乏有效的培育方式。这种重教轻育的倾向，使得各高校在所谓的强化人文素质教育中，不断增加人文课程门类，甚至会针对大学生中不时暴露出来的一些问题和现象，采用"缺啥补啥"的办法，极为随意地增设相关的教育内容，不仅使预设的人文素质教学体系遭到了冲击和破坏，而且严重地挤占和压缩了包括专业课程在内的各门课程的学时。结果便是，门门课蜻蜓点水，讲不深、讲不透，学生难有预期受益，专业学习和人文素质教育双双效果不佳。

三　素质教育知识化问题

人文素质具有丰富的内涵，是一个复杂的系统。人文知识只是这个系统的一个方面的内容，是其构成要素之一。其中人文知识又可分为显性的和隐性的两种，与显性人文知识重在传授和理解不同，隐性人文知识必须通过实际训练和内心体认方可获得。即使是从总体上来看，人文知识的获得与人文素质的养成也并非是完全的正相关关系或可还原的线性关系。个体人文素质的高低与其拥有的人文知识量的多寡是不能画等号的，一个人了解和懂得一定的人文知识并不等于他就具有相应的人文素质。可是，目前我国大学生人文素质教育似乎完全不顾或忽视了这种丰富性和复杂性，非但一味地追求知识传授，将素质教育知识化，而且更多地偏重于显性知识的片面性传授与学生对它的掌握程度的所谓标准化考核，等等。结果本应该渠道多样化、内容多彩化、方式方法灵活多变的人文素质教育，变成了干瘪的课堂显性知识讲授和理论考试过程。学生的注意力和精力都被引导到对理论考试卷面成绩的关注与追求上来了，冲淡了自身人文素质的修养和提升。高分低能，甚至知法犯法和各种撕破大学生应有的人文素质底线的恶性事件的不断发生，成了当前伴随不断强化大学生人文素质教育过程中令人惊愕的和难以摆脱的"魔咒"。虽然近些年人们已经注意到了这个问题，正在积极探索和纷纷采取一些举措想克服和解决这样的问题。但是，除了出现啥问题解决啥问题、缺少什么知识就补充什么知识的惯常的建议和做法以外，难见有突破传统的革新性、变革性的理论支持和实践举措。这说明传统的简单性教育理念，已经成为阻碍我国大学人文素质教育向更高层次发展的内在障碍和主要症结。（关于简单性教育理念和与其对应的复杂性教育理念的具体内涵及其相互关系等论述，见后面的相关章节。）我们有必要更新教育理念，谋求新的突破与发展。

四 专业学习与人文素质教育两张皮的问题

每一个学生个体的人文素质都是一个富有个性特点的自组织系统。这个系统的具体结构状态与特定的个人成长过程和包括中小学、大学在内的整个学程教育的具体状况有关，是其个人修养和家庭、社会影响以及学校教育等多重因素共同作用的结果。大学是培养高级专门人才的机构。不同专业的系统教育会使大学生形成互不相同的知识结构和各具特点的心智模式。这直接决定不同专业大学生对人文素质教育信息资源的选择取向和理解能力，决定他们对这些资源的体认程度和内化方式。因此，大学生人文素质教育必须紧紧围绕培养高级专门人才来展开，要在深入挖掘他们所学专业本身的人文价值和社会意义的基础上，针对其特定的知识结构和心智模式，选择富有特色和专业亲和性的教育内容与方式。唯有如此，才能够真正达到既教书又育人的目的，才能使这些富有特色的人文素质教育内容和学生所学专业知识融合在一起，并最终内化为这些专业人才的内在的精神支柱和人格情怀。这才是大学人文素质教育不同于中小学的独特的层次与角度和独有的目的与目标。但目前我国大学的人文素质教育和专业教育完全是两套体系，人文素质教师和专业教师相互分家，人文素质培养和专业学习知识界域互相分割，造成了严重的专业学习和人文素质教育两张皮的现象，从教育教学体制上制约着我国大学生人文素质教育的有效性。在这方面国外的通识教育和博雅教育等，特别是国外大学专业人才培养中的所谓 STS 教育模式，是值得我们参考和借鉴的。

　　以上所列四个方面的问题，虽然不能涵盖当前我国大学人文素质教育中存在的所有具体问题，但它们无疑是普遍的、突出的和最基本的。换句话说，这四个问题正是导致和引发我国大学人文素质教育中其他更多更具体的问题的基础或根源。因此，抓住了这些基本问题，就意味着我们找到了解决当前我国大学人文素质教育中所存在的问题的关键所在。就这四个问题相互之间的关系来看，它们又是紧密联系在一起的一个整体。定位不清是导致重教轻育的重要原因，重教轻育必然走向素质教育知识化，而素质教育知识化就会自然形成专业学习与人文素质教育两张皮的现象。所以，这些问题不可能分别加以单独地解决，必须谋划整体性的解决之道。为此，我们还得进一步分析造成这些问题的原因，以便确保我们谋划的解决之道具有针对性和富有有成效。

第三节　我国大学人文素质教育 存在问题的原因分析

　　当前我国大学人文素质教育存在问题的原因是多方面的，它们的具体作用机理也是极其复杂的。这其中既有客观条件方面的原因，又有主观认识方面的原因；既有时代潮流的牵引，又有具体国情等的要求；既有教育系统自身的体制机制和教育理念等的限制，又有来自家庭和社会各方面的影响，等等。而这些原因对我国大学人文素质教育的具体制约和影响作用，有些是直接的，有些是间接的；有些问题有其确定的相对应的原因，有些问题则无法找到这样的直接对应的原因，它们可能是多种原因共同作用的结果；因此，有些问题和原因之间存在可还原性的线性关系，而有些问题和原因之间则呈现出不可还原的复杂性的关系，等等。这种状况表明，既然我国大学人文素质教育存在问题的原因是多方面的和复杂的，那么我们据此将要谋划的这些问题的解决之道和具体举措，也应该是多方面的和复杂性的。换句话说，这种状况给我们的重要启示就是，必须超越传统的简单性教育理念，树立复杂性教育理念，运用当代复杂性理论的原理和方法重新审视大学人文素质教育问题，以便获得解决问题的有效路径与方法，推动我国大学人文素质教育的健康发展。当然，这些已经是后话了，我们在下一章将对这种必要性进行具体分析和阐述，这里我们先回到本节要讨论的问题上来。就上一节所指出的我国大学人文素质教育存在的几个问题而言，造成这些问题的原因虽然也是复杂的多方面的，但概括起来主要集中在以下几个方面：

一　认识方面的原因

在对大学人文素质教育问题的认识上，抛开那些表面现象和一些似是而非的假象，仔细分析和客观冷静地说，无论是大学还是我国社会，无论是教育者还是受教育者方面，都还存在着许多不足甚至是误区。其中主要的表现有：

首先，就是事实上对大学人文素质教育的重要性及其在大学教育中的地位的认识，还是远远不够的。也许我们到处都能看到或听到人们口头上都在强调大学人文素质教育的重要性，也许在许多文献和论著中人们对人文素质在大学教育中的地位的理论论述也是深刻的充分的，但根据我们对为数众多的大学的走访调查情况来看，实际上绝大部分大学在具体的教育实践中并没有把人文素质教育放在相应的重要地位，也是一个明摆着的事实。人文素质教育在这些大学的教育实践中多为应对管理部门要求的政策性应景行为，或者充其量也不过是对占据统治地位的科学主义教育的一种点缀和补充性的举措。事实上这种局面甚至不仅是校方自觉不自觉的行为，也被绝大多数大学生所认同和自愿接受。可见，这是一种仍然深藏在人们心底不便明说的对人文素质教育的轻视或忽视，比之那些口头上说的云云，这更能真实地反映人们对这个问题的认识情况。这是造成我国大学人文素质教育所存在的一切问题的最深层次的、最初的，或者说是第一个层次的认识方面的原因。

其次，就是对大学人文素质教育的特性的认识还不到位甚至缺乏认识。若说对大学人文素质教育的重要性及其地位，只是在实践上还远未加以落实，但在理论认识上还是清楚的充分的，那么相比之下，对大学人文素质教育之特性就不仅是在实践上没有体现出来，在人们的思想认识和理论探索方面也是不到位的甚至是缺乏的。我们曾通过多种平台上进行检索和查找，竟然在当前已经汗牛充栋的人文素质教育研究文献中很难发现这方面的研究和成果。正如我们前面所说，与中小学相比较，针对大学生心理生理特点、人格发育阶段以及其作为不同领域专业人才成长要求等，究竟应该确立什么样的人文素质教育目标？选择什么样的教育内容？采用什么样的具体教育方式？这些关乎大学生人文素质教育必须首先明确的定位问题，非但理论研究上严重缺乏，实践上也普遍被忽视。这不仅是造成我国大学人文素质教育存在定位不清问题的直接原因，也是引发和造成其他更多的问题的又一个认识层面的重要原因。

再次，就是对人文素质的内容和实质的认识的片面性或者说还存在误区。人文素质的内容是多方面的，比如人文知识涵养、人文精神状态、人文行为能力以及人文情怀和人文思维与方法等。但理论是一回事，实践又是另一回事。在我国大学人文素质教育实践中，人们往往自觉不自觉地或莫名其妙地就会忘却其他内容，而集中或专注于单纯的人文知识的传授。虽然人们口头上不会承认人文知识就等于人文素质，但似乎在人们的潜意识中有一种心照不宣的信念，这种信念坚信：人文素质来源于人文知识，只要传授给学生相关的人文知识，就一定会使学生拥有较高的人文素质。与这种认识相关联，人们对人文素质的实质的理解也就出现了偏颇或误区：把人文素质不看作是在人的实践活动和社会生活中逐步养成的内在的综合性的人格特质或潜能，而误认为是一种在相应知识的积累上形成的可考核测量的显性的学习成果或事实。这种片面性的认识和认识误区，无疑是我国大学人文素质教育存在的素质教育知识化和重教轻育等问题的直接原因。

最后，就是对人文素质的养成过程及其机理的认识不清楚、不充分和处在落后状态。个体的人文素质的养成，是一个伴随着人的一生逐渐发展和不断变化的过程。而在这个动态发展和变化过程中，个体的具体的人文素质状况的形成机理也是极其复杂的。我国大学人文素质教育中普遍存在的、持续重复着的"缺啥补啥"和开设了什么课程、补了哪方面的知识就期望和相信会立竿见影地解决什么问题，并通过当期的测验考核来加以验证的做法表明：人们对人文素质养成的过程性、动态性、变化性等的认识是不清楚的或不充分的，对个体人文素质养成机理的复杂性缺乏认识，乃至于整个教育观念还处在传统的可谓简单性教育观念的落后状态。与这种落后的传统的简单性教育观念建立在可还原原理基础上的线性思维方式不同，更为先进的新的复杂性教育理念认为，个体的人文素质的养成机理表现为一种不可还原的非线性的生成过程。因此，我们必须树立新的复杂性教育理念来改变这种落后状态。这种认识上的不清楚、不充分和落后状态，是我国大学人文素质教育在已有的基础上难以取得重大突破与进展的根本性的认识障碍与原因。

二　教育系统或大学自身方面的原因

当前我国大学人文素质教育中存在的问题，除了属于主观方面的认识原因以外，还有许多客观方面的现实原因。这些客观现实原因对我国大学人文素质教育形成了某些控制、制约甚至是抑制作用，致使其一再陷入和持续处于所存在的问题中无法突破。这些客观现实原因主要有：

第一，就是我国大学教育管理体制机制还不够科学灵活。大学依法办学、办学自主权等还远没有完全落实，行政管理部门对此干预太多，甚至就连教学环节的设立、专业和课程设置及其内容的调整，在某种程度上大学都无权依据自身情况和市场需求灵活处置。一切都要听从上级的要求，按上级的统一部署来开展来实施，并且要接受相应的监督与考核，等等。这方面问题和情况，目前大家议论的不少，理论界的探讨也比较多，有关部门正在着手推进相关的改革和新的体制机制的建设，所以，在此我们就不展开来具体阐述了。但是，需要指出的是，这种长期以来客观存在着的现实状况，无疑是我国大学人文素质教育一直难以摆脱死板的统一性和同质化发展格局，走向自主灵活和多样化发展道路的主要原因。

第二，就是大学自身的办学条件和经费等方面的制约。大学人文素质教育需要相应的条件保障和经费支持。虽说我国大学近些年的办学条件整体上普遍得到了较大的改善，办学经费也不断得到大幅度地增加，但是人文素质教育经费在其中所占的比重少的几乎可以忽略不计，人文素质教育的各种软硬方面的条件与其他科目的教育根本无法放在同一尺度上相比较。即使不去比较，单就人文素质教育经费的绝对数量和其所拥有的教育教学软硬件条件而言，这些经费和条件也仅仅能够或者说勉强可以维持上级要求开设的人文社会科类课程的课堂教学而已。在我们的调查中我们还发现，为数不少的大学没有条件和能力去做或难以做到诸如组织学生校外实践锻炼和深入社会走访体验等。这样的条件限制和经费的缺乏，必然会造成大家一提加强和改善人文素质教育，就只能围绕课堂教学打转转、做文章，无法在开辟其他必要的教学教育途径和环节上，特别是在大学生人文素质的自我体验和实践养成等不同于显性知识传授的隐性教育环节上，作出更加全面的能够将其推向纵深发展的实践探索。这一直以来就是制约我国大学人文素质教育质量和水平的一道至今未能逾越的坎。

第三，就是大学校园的人文氛围的缺失和师资力量的不足。名师出高徒，环境氛围的熏陶胜过言语说教，这些都无疑是教育行业中的常规定则。优秀的师资是大学人文素质教育的具体实施者，是大学生人文素质养成的关键引领者；浓厚的校园人文文化氛围是大学生人文素质的全天候的哺育基地，是将大学生所学人文知识内化为人文素质的孵化器。离开了优秀师资的引导和校园人文氛围的熏陶，单纯的课堂人文知识教育就会流于形式。当前我国大学校园，特别是新建扩建的校园，在贪图地大楼大、追求奢华甚至远离人文文化中心区域等方面，远比潜心进行校园文化建设和校园人文氛围的营造等，更为突出更受追捧。处在这样的校园之中，你会发现和体会到：在满目都已经十分现代、豪华的景象或表面现象中，到处都弥漫着所谓的工具理性的价值观和崇尚科技主义的色彩，传统的优秀的东西、体现大学本质和精神的东西、围绕着人本身的东西，一句话：那些负载着和能够营造大学人文氛围的东西，显得极其弱势和另类。而在师资方面，目前我国大学不仅普遍缺少能够高质量地进行人文素质课堂教育和知识传授的专业教师，更严重的是，没有和缺乏能够开展课堂以外各个环节和形式的人文素质教育的师资力量。加上事实上在人文社科和专业课教师中都还一直存在的重教书轻育人的现象或倾向，当前我国大学人文素质教育的师资力量，实际上无论是其总量还是结构以及自身素质和执教水平等，都是不足的甚至是严重缺乏的。这正是我国大学人文素质教育整体效果不能令人满意和课堂教学的实效性广遭诟病的重要原因。

三 当今时代与我国社会环境方面的原因

大学的教育活动总是处在特定的时代背景下和具体的社会环境之中的。大学不能够也不可能独善其身，它不仅会受到时代潮流和社会环境的制约与影响，而且它也必须主动适应和满足时代与环境的要求。我国大学人文素质教育所存在的问题与这样的时代和环境的影响与制约不无关系，其中最主要的有以下几点：

一是时代潮流的牵引和冲击。形成于知识大爆炸和科学技术突飞猛进基础上的当今知识化、网络化、虚拟化等时代潮流，对社会的各个方面和人们的学习生活等，都产生了深刻的影响，甚至形成了巨大的冲击。就其对我国大学人文素质教育的影响和冲击来看，主要表现在两个层面。其一是各种科技知识和应用技术等的日新月异和突飞猛进，将人们的物质生活和精神生活等一切都推向科技化。科学技术对社会和人们生活的这种前所未有的统御状态，几乎占据和牵引了社会的主要资源和人们的一切注意力，社会的人文层面、人们的人文素质等，被这种强大的势头边缘化、冷淡化甚至湮没于无形。其二是网络化和虚拟化等对那些曾经被认为是天经地义的和传统上优秀的东西形成了严重的挑战。良莠不齐的网络资源对人们思想和心灵的影响，虚拟世界对人们的情感和智慧的冲击，自由开放的交往方式对人们的生活和行为改变等等，不仅使那些曾经被认为是天经地义的和传统上优秀的东西不再能够适应和无法解释人们遇到的新现象、面临的新问题，层出不穷的这些新现象新问题甚至已经撕破了传统道德底线，逾越了已有的法律界限，改变了一些所谓的永恒的人文价值观。如此剧烈的时代潮流的牵引和冲击，必然会使得仍然坚守着传统的我国大学人文素质教育漏洞百出，不足频现。改变传统，与时俱进，是必然的选择和出路。

二是现代科学主义教育模式的统御和挤压。众所周知，以完全崇尚科学技术，侧重学生科学技术能力培养为特点的现代科学主义教育模式，至今仍然是大学教育占统治地位的主导性模式。我国大学从"文革"的破坏中恢复和后来的大规模的建设，学习和运用的就是这种模式。这使得当今的我国大学在教育方式和内容等几乎各个方面，都与中国历史上注重自我修炼和侧重人文素质教育的传统截然不同，单纯的科学主义教育倾向，比国外有过之而无不及。无论国外还是我国，当今强调人文素质教育正是源于对科学主义教育排挤和忽视人文教育弊端的反思和矫正。只不过在科学主义教育模式还占据统治地位的今天，它仍然是统御和挤压我国大学人文素质教育发展的主要因素。当前我国大学人文素质教育中存在的素质教育知识化和人文素质教育与专业学习两张皮等问题，都与这种统御和挤压具有直接关系。

三是我国社会环境的制约和影响。我国大学近二三十年来所强调和推行的人文素质教育活动，正值我国社会处在改革开放和转型发展的大变革时期。这个时期的我国社会环境是极其复杂的和多变的。各种思潮的相互碰撞，新旧体制的更替，社会结构与生活方式的转变等等，一方面有利于反思和创新；另一方面又还没有和不能够一下子走上全新的轨道。这种状况反映到大学的人文素质教育上来，就是虽然人文素质教育的呼吁很强烈，实践探索积极主动，但还尚未走上令人满意和富有成效的发展轨道。这种仍然需要进一步发展的人文素质教育，自然会存在许多问题与不足，此其一；其二，这个时期我国社会发展的核心问题主要是发展经济，以经济建设为中心。这就从根本上决定了作为支持我国社会经济发展力量的大学教育，必须侧重科学技术教育，重点培养懂科学和掌握一定技术的建设人才。这反过来无疑又会强化大学的科学主义教育，进一步巩固这种教育模式的统治地位。与其相对的新兴的人文素质教育，只有在对其进行有效的改造变革的基础上，使人文教育和科学教育达到有机地统一，才能真正使人文素质教育恢复其应有的地位，使我国大学教育迈入科学健康发展的轨道。然而这一切当前还仅仅是个开始，还处在初期的探索阶段。因此，我国大学人文素质教育还存在有待改进的不足与问题，乃属于一种难以避免的发展中的自然现象；其三，毋庸讳言，在追求经济效益的价值观和一些思想观念的影响下，功利主义价值取向成为一种弥漫在当前我国社会各个层面的人们用以评价一切的标尺。急功近利，讲求（经济）效益，贪图"实用"，甚至不惜弄虚作假，巧取剽窃，争名夺利等，不可否认，都已经较为严重的浸染了大学这片所谓的净土，侵袭了人们的心灵。在这样的状态下人文素质教育及其所倡导的非功利主义的价值观，必然举步维艰，其发展过程受到来自各方面的干扰和掣肘在所难免。

以上种种说明，对我国大学人文素质教育进行创新变革，已经十分迫切。这不仅是一个时代性的课题，更是一个重要的转折点，即一个面向未来发展的转折点。

第六章

我国大学人文素质教育
面临的创新任务

　　如果从 20 世纪 90 年代算起，我国大学人文素质教育也有二十多年的历史了。二十多年来，如何富有成效地开展人文素质教育，始终是我国大学人文素质教育理论研究的重点和实践操作的核心问题。特别是当人们从理论上反思和总结我国大学人文素质教育现状的时候，或者是当人们面对实践中不断出现的非预期现象和新问题而不得不重新审视现行教育方式的科学性和有效性的时候，对这个问题的讨论和探索往往就会表现得异常集中和热烈。人们大都会针对自己所发现的当前我国大学人文素质教育中存在的这样或那样的不足、缺陷和问题等，给出一些相应的改进之策或解决之道。从现有的理论研究文献和我们实地走访调研的情况来看，总的来说，大家对当前我国大学人文素质教育的实际状况还是不满意的。进一步加强我国大学人文素质教育是大家共同的强烈的呼声。但在究竟应当如何加强我国大学的人文素质教育的问题上，提出的具体对策又是五花八门的，莫衷一是。究其原因，这当然与人们对我国大学人文素质教育存在问题的性质的认识有关。

　　我们认为，尽管人们所指出的我国大学人文素质教育存在的问题多种多样，但如果不是停留在表面上看问题，不去事无巨细地就事论事的话，其实可以将其归为这样几类：一是发展阶段的局限性必然带来的水平不高的问题，即由于我国大学人文素质教育还处于较低的发展阶段，才经历了从无到有的初级阶段，还未能实现从弱到强的跨越，由此带来了方方面面的不能令人满意的状态和问题等；二是教育理念的落后引发的发展困境问题，即因为我国大学人文素质教育所秉持的是传统的简单性教育理念，这种教育理念坚持以线性思维方式和还原论的方法看待、处理作为复杂系统的大学人文素质教育问题，结果造成了许多发展中的困难和问题；三是教育模式的片面性造成的效果不佳的问题，即我国现行的大学人文素质教育模式，过于倚重课堂显性知识传授，突出相关理论知识的获取与考核，未能把重点放在学生自身人文素养养成上，由此产生了教育效果方面的种种遭人诟病的现象和问题。毫无疑问，在我们做了这样的归类之后，就不难看出，这些问题并非像表面上显示的那样，都是一些通过修修补补就能够解决的小问题，而是一些必须通过某种深刻的变革才能够解决的大问题。并且，在以后的分析中我们还将会看到，这些问题不但同时并存于当前的我国大学人文素质教育之中，而且还相互关联、内在地联系在一起，是某种系统性的问题的具体表现。因此，从本质上讲，我们必须谋求从整体上对其进行变革与创新。唯有如此才是解决当前我国大学人文素质教育存在的种种问题，将其推向新的发展阶段的根本出路。换句话说，当前我国大学人文素质教育所面临的乃是一个整体性的创新发展问题。

第一节　推动我国大学人文素质
教育转型升级

创新我国大学人文素质教育是手段，由此推动我国大学人文素质教育迈入新的发展阶段是结果，是目标。取得这样的结果，实现这个目标，即通过转型升级推动我国大学人文素质教育迈入新的发展阶段，就是当前我国大学人文素质教育面临的基本创新任务。

那么，我国大学人文素质教育目前究竟处于一个什么样的发展阶段呢？又应该把它推向一个怎样的新的发展阶段呢？或者说转型升级，从哪里转向哪里？升级到什么级别？事物的发展总是从无到有，从弱到强。我国大学人文素质教育经过近二十多年将近三十年的发展，从试点到全面推开，主要解决的就是从无到有的问题。这可以看作是我国大学人文素质教育已经走过的第一个发展阶段，即初创阶段。目前，它正处在由初创阶段迈向全面完善教育体系、提升教育质量，实现从弱到强的新发展阶段。因此，转型升级也就是从现在的初创阶段向这个新的发展阶段。

为了使我国大学人文素质教育迈入这种新的发展阶段，人们已经作出了许多努力。例如，增设更多的人文类课程以拓展学生的知识面、采用多媒体教学手段以改变似乎效果不佳的传统的授课方式、加强考试考核以检验学生对相关知识的掌握情况并督促其认真学习等。但是，这些努力似乎不但总是达不到预期的效果，反而会带来更多的问题。诸如由于课程门数太多，总学时有限，每门课只能少讲，门门课蜻蜓点水，讲不深讲不透；过分依赖多媒体课件造成的教师与学生之间缺乏交流以及所谓的高分低能现象，等等。我们认为，之所以会事与愿违，就在于我们所采取的这些措施或做法并不对症。大家都以为人文知识的传授是我们的弱项，都在如何加强人文知识的传授方面想办法。其实，无论是所开课程的数量，还是相关理论知识的课堂讲授质量（讲授质量高不等于教学效果好！）等，都非但不是我们的弱项，反而恰恰是当前我国大学人文素质教育中的强项。甚至可以不客气地说，我国大学人文素质教育除了拥有丰富的思想文化资源，和从中央到地方一体化推进的体制优势外，就当前的状态来看，也就只有课堂知识传授这一个方面可以称得上是强项的了，事实上多年来各大学在人文素质教育方面重点抓的、付出精力最多的、拥有可拿得出的具体成果的，也就是这个方面了。因此，要想使我国大学人文素质教育实现从弱到强的跨越，必须首先厘清它到底弱在哪里？只有明确了它所存在的真正的弱项，我们才能够确定具体的突破路径，找到有针对性的改进措施。依据我们的调查来看，当前我国大学人文素质教育的真正弱项在于人们对人文素质教育事实上仍然重视不够、人文知识传授不全面和人文素质教育的内容与方式不完整三个主要的方面。

一　当前我国大学人文素质教育的弱项及其具体表现

第一，人们对人文素质教育事实上重视不够。实事求是地讲，人们对大学人文素质教育的重视程度仍然是远远不够的。这里所说的人们，既包括校方，也包括学生和部分教师，甚至一些家长和社会人士也在其中。也就是说，骨子里不够重视大学人文素质教育，至今还是一种普遍现象。这种不够重视的具体表现也是多方面的。例如，许多大学和为数不少的学校领导，还不能够而且事实上也没有，从大学的本质与使命以及人才培养规格和高等教育的健康发展等本应有的战略高度，来看待和对待人文素质教育问题。在这些大学的发展战略中，几乎找不到人文素质教育的内容，更不可能将其放在显要地位了。再例如，许多学生不重视人文类课程的学习，不肯把更多的精力用在相关知识的融会贯通上。一些专业课教师和家长以及社会人士也认定并不断地向学生灌输这样的观念：大学生关键是要学好专业课程，这是所谓的主课，而包括人文类课程在内的其他课程是辅课，只要能考试及格就似乎完成任务了。甚至一些人文类课程的教师也觉得自己上的是辅课，既得不到学校的重视，也得不到学生的喜欢，所以自己也不必太认真等。所以，对人文素质教育重视不够和人文素质教育远未获得其应有的地位，今天仍然是我们不应该回避的我国大学人文素质教育中存在的根本性的问题。这个问题也正是造成我国大学人文素质教育还处在较弱的发展状态的基本根源之一。

第二，人文知识传授不全面。这具体表现在以下三点。一是偏重讲授意识形态和思想政治方面的知识，而对诸如文、史、哲、艺等这些传统的典型性的人文知识的传授不够甚至缺乏。对学生政治信念的重视，多过于对范围更广的人文素质的培养等；二是误把讲授人文知识的课程和研究人文知识的理论当作人文知识甚至人文素质本身。例如，把艺术学理论误当作艺术本身以及把拥有艺术学知识误当作具有艺术素质等。甚至传授给学生的往往是课程体系，而不是这个体系所阐述的知识，培养的往往是学生对理论概念的记忆，而不是人文素质等；三是重显性知识轻隐性知识。目前我国大学传授给学生的人文知识，几乎都是所谓的显性知识。这样的知识学习和掌握得再多再好，也只是人文知识中的一个部分而已，还缺少另一部分即隐性的人文知识。其实，相比而言，隐性知识比之显性知识更接近于人文素质本身，更有利于人文素质的养成。不应该避讳或否认，这样的教育除了具有鲜明的意识形态和政治倾向的个性特点或特色以外，它显然是一种残缺不全的教育。它不仅不是真正的、典型的人文素质教育，甚至不是完整意义上的人文知识教育！这也正是人们为什么会总以为人文知识的课堂传授是我国大学人文素质教育的弱项，从而采取我们前面提到的增设课程等做法，但又难以取得预期效果的症结所在。

第三，人文素质教育的内容与方式不完整。人文素质是一种由许多层面的内容所构成的综合性的整体性的个体心理品格。人文知识或人文认知、人文精神与人文情怀、人文行为以及人文价值观、人文思维、人文方法等，都是人文素质不可或缺的重要组成部分。人文知识或人文认知只是其中的一个层面。我国大学人文素质教育的内容几乎全都是，或者说主要集中在人文知识传授这一个层面。这样的教育内容安排，即使是人文知识传授这一个层面不存在任何问题、做得很好，也是一种过于简单化和窄化了的片面性的人文素质教育。这种片面的内容不完整的教育，自然就会造成在人文素质培养的方式上，只重视课堂讲授，甚至一味地开设更多的人文类课程，而少有或者忽视其他更为丰富多彩的教育和自我教育方式。例如，让学生作为主体，深入社会、参加社会活动等，以便在这些实践性过程中使他们得到上述其他方面的人文素质的体认内化和锻炼养成等。当然，近几年人们已经注意到并开始设法改变这种教育内容和方式的不完整性，例如，许多大学都建立了相关的教育基地、组建了一些实训实验室和组织学生假期进行不同形式的社会实践活动等。但是，总的来说，做得还很不够，主要偏重关于课堂知识传授的总体状况并未得到实质性的改观。依据我们的调查情况，公允地说，这些新开辟的教育方式在形式上是很不错的，但由于重教轻育思想的影响，实际上人们往往也按照课堂讲授的模式来对待这些形式的教育活动，即把它们看作是一些新开设的课程来处理。人们把这类课程叫作"实践课"，把它作为任课教师必须负责计划、运行和控制与完成好的教学任务，而不是以学生为主体的自我体验和实践锻炼活动。结果，无论老师还是学生，都为了应对或应付这类课程的考核要求，都偏重于注重那些显性的、形式上的东西，使得这些本来别有其独特功能的教育方式往往会流于形式，或者又同样落入只重视显性知识传授，忽视隐形素质体验培养的窠臼或模式里去了。

二 我国大学人文素质教育由弱到强发展的关键在创新教育模式

以上三个方面的弱项最终造成的总的结果就是，当前我国大学人文素质教育的效果不显著，不能令人满意。那么，出路在哪里呢？究竟应当如何推动我国大学人文素质教育从弱到强迈入新的发展阶段呢？我们认为，这三大弱项的根源是深刻的，是我们现行的教育方式本身所固有的本质性的缺陷造成的；这三大弱项的涵盖面是广泛的，它几乎关涉到了大学人文素质教育的方方面面，是这些方面存在的各种各样具体问题的集中反映；这三大弱项相互之间又是内在地关联在一起的，它们相互依存又互相制约形成一个整体，是同一个教育模式的内在缺陷的三个方面的具体表现。毫无疑问，解决这种本质性、全局性和整体性的问题的基本途径或根本出路就是模式创新。换句话说，如果囿于现行的教育方式，只在其内部打转转，试图通过对一些具体环节和层面的局部改进或修修补补等解决问题，是不可能取得预期成效的。唯有模式创新才能够从根本上解决我国大学人文素质教育存在的这些问题，才能够从全局上使我国大学人文素质教育的方方面面同时得到改观，才能够从整体上将我国大学人文素质教育做大做强，将其推向新的发展阶段。

具体说来，这里所说的模式创新首先涉及的就是思想观念的创新。思想观念的创新属于主观方面的即认识层面的创新，包括对大学本质的重新认识和大学教育目标的完整定位，以及完整的人、合格的人才等的科学界定等几个主要方面。这方面的创新除了要重点解决大学人文素质教育的地位和人们对它还不够重视的问题之外，还要为教育模式的创新奠定思想基础，提供观念或理论层面的依据。而在此基础上所要进行的教育模式的创新则属于客观方面的即实践层面的创新，主要是指构建包括显性人文知识和隐性人文知识在内的，集人文认知、人文情怀、人文精神、人文思维和人文方法等综合素质的培养为一体的大学人文素质教育新体系，以取代现行的以偏重显性知识课堂传授为特点的不完整的片面的教育模式。这方面的创新不仅仅涉及观念的改变问题，更涉及教育方式的转换、教育途径的拓展、更多教育环节的开发和强有力的教育经费与其他资源支持等一系列现实层面的问题。可以想象，在实际运作中一定会困难重重，而且需要一定的时间，不可能一蹴而就。但是，唯有如此，才能够使我国大学人文素质教育真正实现从弱到强的跨越，迈入新的发展阶段。至于具体如何进行这些方面的创新运作，我们在后面的章节中再来讨论。

第二节　破解我国大学生人文素质教育发展困境

　　推动我国大学人文素质教育实现从弱到强的转变，迈入新的发展阶段，是当前我国大学人文素质教育面临的基本的或总的创新任务。而依据我国大学人文素质教育的具体情况来看，有效破解其所遇到的发展困境和全面提升教育教学效果，则是完成这个总任务的两个关键抓手。本节我们先来讨论破解我国大学人文素质教育发展困境的问题，全面提升其教育教学效果的问题下节再讨论。

　　上一节开始的时候我们就提到，为了实现我国大学人文素质教育从弱到强的转变，人们作出了种种努力，但结果往往事与愿违。我们这里所说的发展困境，就是指我国大学人文素质教育所遇到的这种自身无法克服的困难。我们认为，这种困难或说困境，乃是我国大学现行的人文素质教育方式本身固有的，即由这种教育方式内在的缺陷所造成的。而这种内在缺陷的实质就在于我们所秉持的简单性教育理念与人文素质教育本身所具有的复杂性本质的不相匹配。所以，所谓我国大学人文素质教育的发展困境，实质上就是简单性教育理念的实践困境。因此，我们有必要对这种简单性教育理念的局限性及其实践困境的具体表现等有所了解和掌握，以便能够寻找到有效破解这种困境的突破口和具体措施。

一　简单性教育理念及其危害性

简单性教育理念是一种基于简单性思维方式的教育教学观念。简单性思维方式是与复杂性思维方式相比较而言的。复杂性思维方式是当代复杂性问题研究中所形成的复杂性理论、复杂性科学等所倡导的一种非线性的思维方式。（关于这种思维方式和复杂性理论、复杂性科学等，我们在后面有专门的章节对其进行具体的介绍和论述。）而所谓的简单性思维方式，则是指从牛顿到爱因斯坦，乃至整个近现代科学传统所秉持的简单性思维原则，即科学体系演绎构筑中所遵循的简单性原理：钟爱线性系统、追求线性规律、通过线性方程对事实做最简单经济和完全的描述，使系统只可能在允许的情况下选择最直接路径的科学追求等，一句话，即牛顿开创的把简单性作为一种科学信念和指导原则置于众法则之首的科学传统中所形成的一种思维方式。

这种思维方式遵从的是一种被莫兰称为由分离的、还原的和抽象的原则统一起来的"简单化范式"。"分离"指由笛卡儿总结的主客二分并由此衍生出的一系列二元论哲学，诸如现象与本质、有序与无序、偶然与必然等。"还原"指将所分离出的二元性进行线性撕裂与静态切割，排除整体、现象、无序、偶然等，还原、简化为本质、必然以及线性等"若干独立的决定论的事件序列的相会"。"抽象"指将所还原的对象"舍弃它与它的环境的联系和相互交流，把它插入一个抽象概念化的区域，推崇一切可计算的和可形式化的特征"。此三者的三位一体成就了一个完美的简单性范式，其"理想曾是在现象的表面的复杂性后面发现一个完美的秩序，而这一秩序便规定了宇宙这部永恒的机器的规律"①。这种简单思维成为一种基本的科学信念与方法论原则，贯彻在科学研究的各个领域。从古代哲学到近代科学一直遵从的就是这种思维范式。

教育领域中的情况也是如此，从古至今简单性思维一直是笼罩着各种形式、各个等级的教育和教育的方方面面的基本思维范式。受此驱动，人们笃信教学现象背后必然存在着教学得以发生并必须诉诸的永恒的、去情景化的固定化方法、普遍式规律以及必然性本质。当前我国大学人文素质教育所秉持的就是这种思维范式。这种思维范式正是导致我国大学人文素质教育囿于传统教育理念，难以形成实现新跨越、迈入新阶段必需的思想基础或观念导向。我们把这种传统教育理念就称为简单性教育理念。

这种教育理念指导下的人类教育实践发展的历史事实表明，简单性教育理念的现实危害性至少表现在以下几个方面：（1）还原思维。这种思维将普适性的模式、固定化方法以及程序性操作方式奉为圭臬，肢解与破坏了教学的整体性、丰富性、涌现性、情境性以及动态性，在所还原出的模式、方法以及程序的规约与压迫下，教师与学生的反思精神和批判意识被剥离与剔除，最终丧失了教与学的智慧性和创造力。（2）线性思维。这种思维认为教学系统内诸因素的变化毋庸置疑地满足 X ＋ Y 的叠加原理，认为教学即一种线性的因果性事件，坚持其所还原出的模式、方法和程序具有难以辩驳的合理性以及合法性。（3）时间的可逆性。这种思维赋予教学以先验性、恒定性、绝对性的固定化、真理化旨趣，消解与隔离了教学的生成性逻辑以及时间之矢的否定，即："一旦知道了初始条件，我们既可以推算出所有的后继状态，也可以推演出先前的状态。"②（4）他组织。这种思维将鲜

---

① ［法］埃德加·莫兰：《复杂性思想导论》，陈一壮译，华东师范大学出版社 2008 年版，第 6、32、31、33 页。

② ［比利时］伊利亚·普利高津：《确定性的终结：时间、混沌与新自然法则》，湛敏译，上海科技教育出版社 2005 年版，第 46 页。

活、丰富的教学中的一切都排除在教学方法之外，即"只能依靠外界的特定指令来推动组织和向有序的演化，从而被动地从无序走到有序"①。在固定、理性教学模式或方法的旗号下，必然导致教学的模式化、生产化以及流程化。此外，简单性思维还蕴含着将学科知识当作确定的、静态的、分割化、间接的实体来传递、掌握以及占有，进而使课堂教学逐渐沦落、异化为对公共知识传递的技术性灌输、程序性控制以及操作式压迫等。

二　简单性教育理念的实践困境

我们之所以把简单性教育理念看作是我国大学人文素质教育发展困境的症结所在，就是因为它严重地扭曲了大学人文素质教育乃至整个教育的本质，致使我国大学人文素质教育裹足不前，无法科学应对大学人文素质教育本身所固有的复杂性带来的种种挑战。特别是当其越过初步建立阶段进入由弱到强的进一步提升发展阶段的时候，这种简单性教育理念的局限性和弊端更加显露无余，已经成为我国大学人文素质教育发展过程中，必须通过深刻的观念变革才能迈过的一道坎。否则，如果我们不能够与时俱进地顺利地迈过这道坎，我国大学人文素质教育就必然会在原有的水平上打转转，或者说陷入低水平重复的境地。

就当前我国大学人文素质教育的具体情况来看，简单性教育理念的实践困境主要表现在缺啥补啥的具体操作困境和难以取得预期效果的整体实践困境等两个层面。

所谓缺啥补啥，指的是长期以来在我国大学人文素质教育，特别是课堂教学活动中普遍存在的一种课程设置方式。这种课程设置方式的基本操作方法就是，随时根据大学生群体中出现的一些现象或暴露出来的各种问题，"对症下药"式地增设讲授相关知识的人文类课程。只不过这种"对症下药"，并不是像中医在整体辨证施治基础上

---

① 吴彤：《自组织方法论研究》，清华大学出版社 2001 年版。

的对症下药，而是犹如西医中的那种头痛医头脚痛医脚的直接性处理方式。显而易见，这种课程设置方式采用的正是传统的线性思维方式和还原论方法，秉持的就是我们所说的简单性教育理念。可问题在于，当前我国大学人文素质教育中的种种事实表明，这种缺啥补啥的课程设置方式，已经走到了尽头，陷入了难以为继的困境。首先，从质的方面来看，尽管人们拥有各种各样的理由去这么做，但是，随时甚至亦可说是随意加设相关课程，不仅使得本应该具有其基本构成的大学人文素质教育的课程体系，一再招致破坏，变成一个没有和无法释放其系统性功能的大箩筐，而且这种做法也使得单纯的人文知识的教与学几乎占据了教师和学生在这方面可投入的全部精力与时间，使得本来应该包含多种内容、诸多环节和丰富多彩的形式的人文素质教育呈现出课堂显性知识传授一个层面独大的局面，陷入片面发展的境地。最终影响到我国人文素质教育的整体效果和质量。其次，再从量的方面来看，课程数目的增加，必然会造成课时的总体膨胀。在总课时有限的大学教学体制下，唯一的解决办法就是这些年来各大学都倡导的所谓的"少讲精讲"，亦即压缩每门课的课时，包括连带挤压非人文类的基础课和专业课课时。可这样一来，口号上的"少讲精讲"，事实上就变成了门门课蜻蜓点水，讲不深也讲不透的局面。不仅人文素质教育的效果，甚至整个大学教育的效果都受到影响。这就是当前我国大学人文素质教育所遇到的缺啥补啥的具体操作困境。

　　所谓难以取得预期效果的整体实践困境，指的就是这些年来我们在大学人文素质教育上尽管作出了种种努力，不断地采取像上述缺啥补啥那种看上去似乎很有针对性的举措，但总是无法取得令人满意的效果，甚至常常是做啥啥不成，处处碰壁，似乎陷入了某种整体性的事与愿违的状态或局面。譬如说，我们一直以来从上到下不断号召加强大学人文素质教育，甚至一次次作出过令人鼓舞的所谓顶层设计，然后以行政命令的方式全国一体推行。但结果却是，口号喊得很响，各大学也会在形式上纷纷采取一些被要求的举措，可在人们的骨子里，大学人文素质教育至今未能取得应有的地位和得到真正的普遍的重视，无疑还是一个不争的事实；又譬如说，我们已经大量地开设，甚至如上所述不断地增设相关课程，力求增加学生的人文知识，增强其人文认知水平和能力等，但结果却是，由于课程门数太多，相互挤压和争夺学时，最终造成学生既不可能也没有学到和掌握什么人文知识，也影响了专业知识等的学习和掌握，整个教育教学效果难以令人满意，甚至令人担忧；再又譬如说，我们曾下大力气采用多种措施和推广使用现代化教学手段等来提高教师的教学质量，期望名师出高徒。但结果却是，名师评出了不少，教师的讲课水平也似乎有所提高，可本应该是师生互动、交流的教学相长的课堂变成教师单方面展示自己才能的舞台，教学效果，特别是学生学习效果却被忽略了，甚至逐渐在下降，乃至出现了教师的讲课水平和学生的学习成效呈反比的"怪现象"。以及还譬如说，我们也曾认识到了学生不是被动的教育对象，而是教育的主体之一，甚至在教学过程中占据所谓矛盾主要方面的地位，所以我们就自然而然地加强了对学生学习过程和学习成绩的考核考试，甚至把它做到了所谓能够量化的标准化程度，但结果却是，已经广遭诟病的"高分低能"现象的不断发生。当然，我们还能列举更多这样的事实。但这些列举虽不完全，却足以表明指导我们这一切行为的正是传统的简单性教育理念。这种理念使得我们毫无例外地把学生的能力与学习成绩、教师的教与学生的学以及人文知识与人文素质、设计理想与教育实践等这些存在有典型性复杂关系的问题或教育环节、层面等，统统加以简单化的对待与处理。正是这种清一色地用简单化的方法对待与处理复杂性问题的做法，才使得我国大学人文素质教育出现了多层面的、系统性的发展困境，犹如陷入一种举步维艰的境地。我们不得不说，这是我国大学人文素质教育当前所奉行的简单性教育模式本身的局限或必然的结果。这就是当前我国大学人文素质教育所遇到的难以取得预期效果的整体实践困境。

三　破解我国大学人文素质教育实践困境的出路在更新教育理念

更新教育理念，用现代复杂性科学方法改造和创新大学人文素质教育方式，基于复杂性思维方式和教育理念来破解我国大学人文素质教育发展困境，是将我国大学人文素质教育推向新的发展阶段的必然选择。

20世纪以来自然科学领域取得了一系列革命性突破，如耗散结构理论探索了远离平衡态系统的非线性相互作用的自组织特性、协同学研究了系统从一种组态向另一种组态转化过程中各组分协同作用的规律性、分形论探讨了多样化与统一性的非线性关系问题、混沌学探寻了在非线性关系中将决定性与非决定性统一起来等研究。这使得传统根深蒂固的简单性思维遭遇了自其确立以来最为猛烈的质疑和深刻的批判，普利高津便喊出了"结束现实世界简单性原则"的著名口号。

与作为其思想根源的简单性思维本身一样，简单性教育理念也同样受到了复杂性科学所倡导的复杂性思维及其所催生的复杂性教育理念的严重挑战。与简单性思维不同，复杂科学是对一系列思维旨趣与方法论原则的抽象与概括，如：非还原性、耗散结构、混沌、非线性、涌现、回报递增、自组织、生成、开放系统、不可逆性、不确定性等。在这场复杂性的思维方式变革中，树立新的复杂性教育理念，基于复杂性思维对教育领域中的简单性思维所遗漏、丢弃的品质进行重新省思和检视，为教育活动脱离简单性思维的窠臼提供方法论的契机及可能等，已经成为人们的基本理论共识和实践探索的主流趋势。

第三节　提升我国大学人文素质教育教学效果

全面提升我国大学人文素质教育教学效果，既是我们实施大学人文素质教育的目标，又将成为我国大学人文素质教育迈入新发展阶段的重要标志。当然，这个目标的实现绝非仅仅是学校教学一个层面所能担负起的职能或职责，必须靠教育全系统的多方联动和体系性的构建与推动，才能最终完成。但是别的相关层面的因素都是外因，内因还是学校教学本身。换句话说，在全面提升我国大学人文素质教育教学效果的问题上，学校教学的改进虽不是唯一的推动要素，但是最主要的、最直接的和最后起作用的因素。因此，有关教育全系统所关涉的其他层面的推动要素，我们将在别的章节中进行适当的阐释和论述，这里先就学校教学操作层面如何提升我国大学人文素质教育教学质量进行集中讨论。

通过解决学校教学操作层面的问题，推动我国大学人文素质教育教学质量的提升，前提是必须首先厘清我国大学人文素质教育在具体的教学操作活动中，究竟存在有哪些造成其效果不佳的问题和原因。唯有如此，我们才能够找到有针对性的解决办法和措施，才有望达到预期的效果。

一 当前我国大学人文素质教学操作层面存在的具体问题

第一，办学理念世俗化与人才培养模式的功利化。近二十多年来，我国高等教育发展迅速，高等院校的数量不断增加，各个学校的办学规模也普遍扩大，不少学校甚至超常规扩展与发展，表面上呈现出一派急剧增长与热火朝天的景象。然而，在这种繁荣表象的背后也埋藏着隐忧。别的不说，仅就在这种繁荣过程中自觉不自觉地形成的事实上的办学理念和人才培养模式来看，高校在适应国家向市场经济体制过渡的过程中，为了生存、发展、提升竞争力，仅靠政府和有关部门的投入远远不够，于是千方百计谋求办学效益，致使许多高校的办学理念走入过分世俗化的歧途。紧扣市场需求，大搞热门专业建设，竭力打出自己的品牌和特色，想方设法争夺生源，盲目扩招，并将备受社会关注的毕业生就业率作为对外宣传、吸引教育对象、评价教育成果的重要指标等，这些非常流行的，看上去似乎很有道理，但实际上已经偏离的大学本质的的做法和理念，已经成为我国高校事实上的办学指导思想。在此种办学指导思想的影响下，必然导致其推行极端功利性的人才培养模式，一味重视专业知识与技能的传授和实践训练在理工、财经类院校尤为突出，人文素质教育的关注度与投入力度都严重不足，这是导致一些高校人文素质教育收效甚微的最根本的也是最直接的操作层面的原因。

第二，学科结构不合理与课程体系的不完善。随着高校规模的扩大和改革的深入，不少院校逐渐实现了从单科性专门类学院向多学科综合型大学的过渡，这其中必然涉及合理安排学科结构的问题。可令人遗憾的是，较为普遍的现象是人文学科在大部分高校并未受到应有的，或者说真正的重视。表面上大家似乎都开设有这类专业和学科，但往往都出于单纯追求门类齐全或办学成本相对较低等考虑，在学校各学科中也往往处于从属地位，在资金投入、专业建设、硬件配置、师资培养等方面都与其他学科存在较大差距。在一些领导、教师和学生内心中，学这些东西有什么用？并不是一种疑问，而是心照不宣的评价和结论。由于大家所遵循的是这样的仅仅从"用"的功利角度设定的标准，因此，像文学、哲学、历史这样似乎并不能直接给学生以谋生的技能的人文学科，学生在选课上就缺乏热情，或者仅关注能否弥补学分的不足，学生对人文学科课程价值的漠视也暴露出人文学科的尴尬处境，这必然不利于人文素质教育的广泛开展。此外，在专业化趋势不断加强的背景下，各种所谓有"用"的学科专业类课程在高校课程体系中居主导地位，自然被学校当局设定为必修课，占有绝大多数课时。而素质教育类课程只能与其他公共课和大量预设的选修课争夺课时，其结果往往是被一再压缩甚至取消。除个别院校和专业外，绝大部分院校，甚至在一些偏重文科的财经类院校就连《大学语文》也只能屈居选修课之列，更别提其他人文素质教育课程了。也有部分高校虽然开设了不少人文社会科学方面的课程，但仅将定位放在拓宽学生知识面上，能在普及人文知识的同时以深厚的人文内涵直击学生心灵，提升其文化品位，促进其精神成人的课程少之又少。而课程贫乏、课时欠缺、内涵不够、加上学分不高，自然难以引起广大学生的学习兴趣。因此，学科结构不合理与课程体系不完善是制约高校人文素质教育质量的重要因素。

第三，教材陈旧与教学方法的落后。由于在我国高校中目前开设的人文素质教育课程总体上以选修课为主，课程名称与课时常变化不定，任课教师的讲授也显得十分随意，加之经费拮据、缺乏动力，在教材的配套及编写上严重滞后。有些课程根本没有专门教材，学生只是记录教师的讲义或课件内容。有些课程虽配备教材，但因为不重视，学生一般不愿购买选修课的教材。而且一些教材内容体系落后，粗制滥造，难以适应现代人文素质教育的需要，也不符合学校特点与学生的实际水平。除了教材因素外，教学方法陈旧，教学手段单一等问题也影响着人文素质教育课程的实际效果。以文学类课程为例，长期以来，此类课程一直沿用传统的教学模式，教师是唯一的教学主体，学生只是被动听讲、做笔记，师生间缺乏积极的互动。内容以介绍文学史及不同阶段的代表作家作品为主，讲授文学史通常按时间顺序对一些重大文学事件或重要文学思潮及流派进行机械盘点，而作为教学重点的经典作品解读则形成了固定的"老三段"，即分为作家简介、思想内容、艺术特色几部分。不难看出，这保留着明显的应试教育的痕迹。学生在这种课堂上获得的知识也许在考试过后很快即被忘却，又何谈文学素养的提升与文化品位的提高呢？所以，如果不对教学方法和手段进行革新，人文素质教育课程深层的人文精神特质将会失落，这既不利于激发学生的学习热情，也无助于此类课程本身的发展。在教学方法上，另外一个令人担忧的普遍性现象是，为了吸引学生学科和听课，一些教师一方面哗众取宠、甚至采用媚俗低级的方式取悦学生；另一方面有用多种方法降低学习要求与考核标准，在一阵热闹中让学生高兴通过课程考核，完成所谓的课程学习之后，什么也没有留下，未见得学生有任何收获和成长，浪费学生课时，使学生收获归于零！

第四，教师职业倦怠与素质的不足。不可否认，大学人文教师在推进高校人文素质教育的过程中扮演着重要的角色，在这些年来的我国大学人文素质教育的初步发展方面，付出了艰辛的努力，作出了重要的贡献。但不可否认的是，不少高校由于人文学科发展相对薄弱，导致师资力量不足，教师队伍建设落后，人文教师的素质提升受到制约。特别是在这个信息时代，教师的权威受到前所未有的挑战，如果不注重知识的有效更新，不注重教育教学观念和方法的转变与创新，是无法适应快速发展的客观形势和不断变化的学生主观需求的。令人担忧和不可接受的是，譬如读书和写作本该是人文教师提高学养的两件重要的事，然而，因为陷于职业倦怠，缺乏内修的动力和创新的激情，一些人文教师疏离了读书和学习，既不关心本学科的前沿成果、学术动态，也不愿下功夫研究教育理论著作，满足于课堂上的照本宣科、枯燥重复。而最能体现人文教师综合素质的写作也被染上了浓浓的功利色彩，教师们投入大量时间、精力写作的论文主要是为了完成晋升职称的硬性指标。其实，要讲好人文素质教育课程并不容易，除了学识之外，也要求教师具备丰富的阅历、深刻的思想与高尚的道德品质。一些大学人文教师的教学水平不尽如人意，恐怕也与他们缺乏进修培训、社会实践和人文考察有关。此外，对生存的压力与物质利益的诱惑，也使得一些教师忽视了自我的灵魂充实与精神成长，丧失了本该坚守的道德与价值底线，逃离了本应承担的育人责任，而教师人文精神的失落，势必影响到大学生的成长。

第五，学生学习怠惰与校园人文环境的缺失。目前，我国大学教育正处于由精英教育向大众教育的过渡阶段，社会对大学生的需求与期待也开始发生重大变化。在就业形势日益严峻、竞争不断加剧的情况下，相当一部分学生和家长把上大学及其投入视为一种对未来的投资，预期能得到相应的回报。而上大学，拿文凭，为将来找工作增加学历砝码或学一门专业，掌握一定的专业知识和技能以便找到适合的好工作也成了大多数人选择大学教育的主要动机。从报考就业率高的知名院校到选择就业前景好的热门专业，再到选修实用性强的课程，考取各种专业技术资格证书，都反映出他们对待大学教育的功利化倾向。也就是说，大学在某些人心目中已成为学生"购买"文凭和训练他们找工作的职能机构，掌握多种知识、技能则被误认为拥有了所谓综合素质。据一些调研数据显示，学生将大量时间花在学习外语、计算机或考研、考公务员和考取各类资格证书上，甚至对专业课采取敷衍态度，更别提人文素质教育课了。由此造成的没动力、无兴趣、懒作为等学生学习怠惰现象充斥着大学校园。在现在的一些大学中，无论是专业知识方面还是人文知识方面，真正排除单纯的功利化倾向和意图，为了提升自身素质本身的教与学，都成为罕见的、极其奇缺的现象。其实，大学阶段不仅是学生们求知和掌握谋生技能的时期，也是其心理成长、心智成熟、人格形成、价值观确立即精神成人的重要时期，而忽视了学生这方面的需求将带来一系列问题。比如一些大学生在升入大学得到难得的自由时光后一心找乐子，失去了前进的目标和动力，还有一些学生学习只是为了应付考试，不明白如何进行人生规划，不清楚自己要成为什么样的人，为家庭、社会、国家应尽什么责任，不知道为什么而活。造成上述茫然与困惑的主要原因就是人文素质教育的不足。

　　大学生的大部分时间是在校园里度过的，校园人文环境的好坏直接关系到人文素质教育的效果。在一定程度上说，上大学，其实是就是要受到大学文化的熏陶。大学校园人文环境的潜移默化，在大学生人文素质的养成中具有特殊的重要的意义和不可或缺的地位。当然，目前大学中建设校园文化也似乎叫得很响。但必须指出的是，校园文化事实上有其十分厚重的内涵和深刻的意义，决不可以理解为举办几个课余活动、树立一些漂亮招牌而已。需要加以彻底改变的是这样一些问题：今天的大学校园已不再是宁静圣洁的象牙之塔，商业大潮的袭染，世俗风气的浸染，使得大学师生都表现出一种浮躁的状态，安贫乐道、耐得寂寞、为学术献身已渐被对名利、物质、享乐的追逐与崇拜所取代。校园里多了大楼，却少了大师，大学城拔地而起，但厚重的历史感与文化氛围却不见了。教师与学生的关系也日益疏离，大学与大学的面目正在迅速趋同，失去了真正有价值的能凝聚人心的独特传统与人文魅力。这些问题得不到解决，校园人文环境就无从谈起。

二　全面提升我国大学人文素质教育教学效果的抓手是重构教学体系

　　上述当前我国大学人文素质教育教学操作层面存在的问题和原因

表明，要全面提升我国大学人文素质教育教学效果，在教学操作层面上，我们至少得一揽子解决：追求所谓的办学效益所导致的办学理念和人才培养模式的世俗化和功利化问题；实用化倾向所导致的学科结构与课程体系的不合理和不完善问题；人文素质课地位不高所导致的教材缺乏和粗制滥造与教学方法简单、落后和陈旧问题；人文学科薄弱所导致的师资队伍不足和素质得不到提高的恶性循环问题，以及大学精神失落所导致的学生学习动机与行为的趋利性、商业化、学习怠惰和校园人文环境严重缺乏问题。显而易见，仅仅这里所列的五个方面的问题（当然实际上现实中存在的问题远不止这五个），我们就可以毫不夸张地说，我们面临的是一个涉及社会、学校、教师、家长和学生等众多主体互相关联与制约的一个极其复杂的问题，一个需要大家共同联动去解决的系统性问题。这样的问题不能指望对现有体系的修修补补来解决，它是一个要求对相关的教学体系进行全面性再造的问题。换句话说，从这些问题的性质和它们必然朝向的解决方向上来看，这些问题并不是一些可以对其进行诸如强化、补充或完善的所谓的现有体系的自我发展的问题，而是一些必须加以修正、剔除、改变和从本质上进行转换或加以扭转的误区性或歧途性的问题。一句话，是一些必须从根本上加以创新和变革的问题。解决这样的问题，有赖于我们真正从内心深处高度重视人文素质教育，将其提升到彰显大学之内在本质的战略性地位上来加以认识和实施。这是我们进行这样的创新与变革的必备前提。在这样的前提下，我们当然还需要做许多深入细致的工作，经过长期不懈的努力，才能够真正全面提升我国大学人文素质教育教学效果。如果把这些工作和努力汇集成一句话，那就是：摒弃功利化价值取向，回归教育之初衷和本质，树立当代复杂性教育理念，全面更新我们的大学人文素质教育教学体系，乃是我们在这样的创新与变革中真正有所进展和取得预期成效的关键所在，是我们由此来推动我国大学人文素质教育教学效果全面提升必须牢牢抓住的"牛鼻子"。

第七章

复杂性：我国大学人文素质
教育创新的路径选择

  我国大学人文素质教育的现状和面临的创新任务表明，当前制约和造成我国大学人文素质教育难以突破发展困境和全面提升教育教学质量迈入新阶段的根本原因就是，简单性教育理念导致的由简单性思维所构建的简单性教育模式。所以，超越简单性，走出一条从简单性到复杂性的变革之路，是我国大学人文素质教育创新的必然的路径选择。

  所谓从简单性到复杂性，就是指在积极探索和确认大学人文素质教育教学的复杂性本质的基础上，超越传统的对大学人文素质教育的简单性认识、简单性理念和简单性思维，摒弃由此产生的一系列不适当的和无效的做法，树立复杂性教育理念，基于复杂性视角重新审视和处理大学人文素质教育问题，重构大学人文素质教育教学新体系。为了叙述方便，以下我们将把这种创新路径简称为"复杂性路径"。我国大学人文素质教育复杂性路径创新的必然性至少可以从以下几个角度加以理解和说明。

第一节　我国大学人文素质教育复杂性
路径创新的必要性

  如前所述，我国大学人文素质教育虽然起步较晚，但在党和政府的强力推动下，在各方面和各高校的积极探索与实践中，得到了快速发展，取得了长足的进步，并且已经形成了一套内容丰富和富有特色的教育教学体系或模式。只不过这种特色和模式的教育，由于其效果难以如愿和在实践中问题不断，目前正面临着破解发展困境、全面提升教育教学质量、推动我国大学人文素质教育迈入新阶段等三大创新任务。现在的问题是，面向未来，我们究竟应当如何去完成这些创新任务？这是当前我国大学人文素质教育实践和理论研究必须给出明确回答的时代性的核心议题。围绕这个核心议题，近年来人们进行了并且还正在进行着热烈的探索和讨论，特别是在创新路径选择和具体操作方式方法与策略等方面，形成了多种多样的思路、观点和建议。然而，毕竟探索讨论的热烈是一回事，实际应用及其效果又是另一回事。实事求是地说，令人遗憾的是这些探索和讨论的成果，一方面由于其基本上都将复杂性教育过程简单化，可行性不强，很少有和能够被运用到具体的教育教学实践活动中的事例；另一方面，即使有少量的运用，也因为其多属于在原有的简单性圈子内打转转的修修补补性质的举措，非但效果不佳，甚至往往会出现事与愿违的结果，即欲盖弥彰，越修补问题和漏洞越多。这样的现实迫使人们继续探索和寻找创新我国大学人文素质教育的有效路径与方式方法。这正是我国大学人文素质教育研究的热度多年来经久不衰的直接动因之一。

我们认为，相比具体的操作方式方法而言，首先要解决的是路径问题，只有路径明确了，才可以研拟具体的操作方式与方法，只有路径正确了，才能确保所采用的具体方式方法取得预期的效果。我国大学人文素质教育创新的路径选择，必须根源于我们所面临的任务，必须针对这些任务的生成原因和符合完成这些任务应当实现的目标的要求。正如上一章我们所指出的那样，当我们深入和仔细地去分析这些任务生成的原因和完成这些创新任务必须实现的具体目标的时候，一切的一切都指向了简单性和复杂性，即我们所面临的创新任务生成的原因，归根结底症结就在简单性，是简单性教育理念、思维和模式带来的这些必须创新的任务。而完成这些创新任务必须实现的具体目标，总括地说其实质或说其本质要求就是追求复杂性，唯有复杂性，即复杂性教育理念、思维和模式，方能真正有效地解决我们所面临的问题，确保我们顺利完成任务，达到预期的目标。

首先，就我国大学人文素质教育面临的三大创新任务之生成原因来看。基于传统线性思维和还原论方法构建起来的现行的我国大学人文素质教育教学模式，是一种以课堂显性知识单向传授为主要特征的简单性教育模式。囿于这种模式，无论我们多么勤奋和努力，不管我们怎么去充实和完善它的方方面面，都不可能有跨越式的发展或取得实质性的跃升。因为，实事求是地说，现行的我国大学人文素质教育模式整体上已经形成，其主要方面已经做到了极致，不会再有根本性的大的突破，也不需要再有什么实质性的补充，否则就是画蛇添足。然而，这种模式本身所固有的局限性也在实践中逐渐地和越来越严重地显露出来了，一切试图通过这种模式自己去克服或超越自身所固有的本质上的局限性的做法，都是不合逻辑的和注定不可能有什么成效的。我国大学人文素质教育遇到的发展困境，本质上就是简单性教育理念的困境，是由简单性教育理念所导致的结果。这种教育理念事实上歪曲了教育的本质，忽视了大学人文素质教育的复杂性，使我们在实践中付出的不少努力和采取的许多措施，要么无效，要么陷入种种误区和偏差，甚至变本加厉使得原有的问题更加突出和严重。我国大学人文素质教育教学成效不佳，难以取得令人满意的预期效果，其根本原因就在于现行的基于简单性教育理念所构建的教育教学体系不完善。而这种不完善并非通常所谓一个体系自身发育和发展意义上的不完善，而是这个体系本身所固有的本质上的片面性和局限性所导致的不合理性意义上的不完善，即这个体系本身存在问题，体系自身有缺陷。所以，问题的关键是要突破这个体系，去寻找和建构比之更完善的体系，而不是对这个体系自身加以修补和完善。

因为，当前我国大学人文素质教育存在的所有问题的症结和根本原因，就在于简单性，即简单性的教育模式、简单性的教育理念和简单性的教育教学体系所致。因此，摒弃或超越简单性，改变简单性教育模式，更新简单性教育理念，重构大学人文素质教育教学体系，就是推动我国大学人文素质教育迈入新的发展阶段、突破我国大学人文素质教育困境和全面提升我国大学人文素质教育教学效果的根本出路。而要走上这一条新的发展之路，采用或探索建构与简单性模式相对应的复杂型模式、复杂性理念和复杂性体系等，就是我们自然的和不二的选择。

其次，从完成上述三大创新任务必须实现的具体目标来看。如前所述，改变简单性教育模式，更新简单性教育理念，重构大学人文素质教育教学体系，就是我们完成上述三大创新任务必须实现的具体目标。因为，这些具体目标都是与三大创新任务相对应的，所以，与我们所说的推动我国大学人文素质教育迈入新阶段是总任务，破解发展困境和全面提升教育教学质量是两个关键抓手一样，相应地，改变简单性教育模式是总目标，更新简单性教育理念和重构大学人文素质教育教学体系则是两个具体的支撑性目标。那么，我们究竟应当怎么去或必须通过什么路径来更新简单性教育理念，重构大学人文素质教育教学体系，从而最终改变现行的简单性教育模式呢？毫无疑问，不仅单从逻辑上说，实现这样的目标实际上就是要树立复杂性教育理念，基于复杂性视角重新审视和处理大学人文素质教育问题，重构大学人文素质教育教学新体系，而且，逻辑和历史往往是统一的，正如黑格尔所说，合理的就是现实的。因为，事实上近年来基于复杂性视角探讨改变简单性教育模式，更新简单性教育理念，重构大学教育教学体系的正好是教育创新研究的焦点和热点问题与领域，相关研究文献已经汗牛充栋。虽然，这些研究和文献还多属于从一般意义上探讨教育变革与创新问题的，还不是直接针对大学人文素质教育的，但是，这些研究都不约而同地把批判的矛头和突破的窗口集中在了"简单性"和"复杂性"，要求采用复杂性路径创新变革传统的简单性教育体系与模式，此其一；其二，在这些研究和文献中，不乏一些很有见地的、对我们探讨我国大学人文素质教育创新问题极具借鉴意义、启发价值甚或指导作用者，对此，我们将在后面的章节中专门引述讨论。

这里我们想强调的是，依据这些文献或研究成果，可以毫不夸张地说，确认教育教学的复杂性本质、要求基于复杂性理念和思维方式创新教育教学体系，深入探索挖掘复杂性教育模式所具有的巨大创新价值和可能带来的重大突破等，不仅已经是教育界的共识，而且必将成为新时代人类教育活动和教学方式创新发展的主流和根本趋势。我国大学人文素质教育，作为人类教育教学活动的组成部分或一种具体形式，必须融入这样的基于复杂性路径的创新潮流中去，来研拟和构建自己的新体系、新模式，否则就是不合时宜的，就难有新建树。更何况人文素质教育事实上要远比那些侧重于知识或技能传授的教育项目和形式更为复杂。如果说"教育是人类社会所特有的更新再生系统，可能是人世间复杂问题之最"（叶澜教授语），那么人文素质教育就是这个"复杂问题之最"中的"之最"。因此，选择复杂性路径去实现我国大学人文素质教育创新的具体目标，就是我们没有任何理由漠视或回避的必然路径选择。甚至可以说，舍此别无他途。

第二节　我国大学人文素质教育复杂性路径创新的重要性

我国大学人文素质教育选择复杂性路径创新，不仅是十分必要的，而且具有相当重要的价值。这种重要性至少体现在如下两个层面。

第一，复杂性路径是我国大学人文素质教育解难脱困之路。教育与人类改造自然的生产活动不同，其对象既是客体又是主体。教育是一种由施教者和受教者两类主体所组成的双主体互动的过程。在现实的具体教育实践活动中，这两类主体不但数量是众多的，并且其中的任何一个主体的个性与具体情况又都是不同的。这就必然使得教育活动过程具有极其复杂的性质，其中存在有和随时会生成多种多样的、多个层面的和不同性质的主客体关系和主体间的关系。可以说，科学地处理和解决教育双主体所带来的一系列极其复杂的关系问题，从来就是教育之核心问题，也是长期以来一直都难以解决好的教育之最困难的问题。人类教育发展变革的历史，一定意义上说，就是探求这个问题答案的历史。大学人文素质教育作为教育的一种具体形式或组成部分，同样存在有和面临着这样的核心问题和困难问题。所不同的是，因为素质与知识和技能等不一样，其本质上重自我修养和生成，而不能单纯依靠他人传授和直接接受来解决问题。因此，这样的核心问题或困难问题，在大学人文素质教育中远比在教育之其他项目或形式中表现得更加突出罢了。

选择复杂性路径的缘由和本意，就是针对或瞄准这样的问题去的。跳出传统上一直以来将包括大学人文素质教育在内的教育活动和过程，简化为可还原的线性过程的简单化倾向与误区，依据教育原本固有的复杂性本质，确认、探索和正确对待与科学处理教育和大学人文素质教育的复杂性问题，为我们解决或至少是探索解决教育和大学人文素质教育中最困难的双主体之复杂性关系问题，提供了完全值得期待的机会和应该去积极努力的方向。如果我们能够由此做到，恰当地确认和坚守施教者与受教者两类主体各自的角色和地位，构建起能够将这两类主体之间可能及应当存在的和必然会不断生成的，诸如传与受、教与学和指引与养成、帮助与自觉等各种复杂关系融为一体的处在动态演进中的复杂性教育体系或系统。那么，复杂性路径就将成为一条能够使我国大学人文素质教育解难脱困之路，或者至少可以说是走向科学处理教育和大学人文素质教育双主体关系的一条有望取得重大突破的新路径。

第二，复杂性路径是我国大学人文素质教育归本还真之路。正如法国哲学家巴什拉所说：没有简单的事物，只有被简化的事物。教育和大学人文素质教育本身原本也并不是简单的事物，这在今天看来已经是一个不争的事实。然而，另一个我们不可否认的事实是，长期以来它也一直被人们经由所谓的理性抽象之后，加以简单化的认知、理解和对待。尽管应当说，将这样的复杂性事物简单化，实质上是对其本质和本真的误解与扭曲，然而从辩证的角度来看，这种简化也许是人类认识和实践发展过程中的必然现象和必经的阶段。没有这个阶段，我们也不可能一下子就像今天这样达到对教育和大学人文素质教育的复杂性本质的确认和把握。但这也只是问题的一个方面，问题的另一个方面是，这种简化还曾经造成我们的教育和大学人文素质教育走过了一条艰难的和曲折的发展道路。抛开其他的如阶级的、社会历史的缘由不说，例如欧洲中世纪的教育之所以会走入排斥人性和科学的神学教育、今天在世界范围内之所以有忽视人本身或价值理性的科学主义或工具理性教育的出现和盛行，都毫无疑问与这种简化存在有必然联系，正是这种简化的必然结果。实事求是地说，这种忽视人本身或价值理性的科学主义或工具理性教育，时至今日仍然在大行其道和占据着统御性的地位表明，要克服或改变这种简化以回归教育和大学人文素质教育之本质和本真，是多么的不容易啊，在这方面我们还任重道远。所幸的是，今天的人们已经或正在逐渐地认识到，这种简化并不是科学的或并非是完全科学的，教育和大学人文素质教育，不仅是简单的，更是复杂的，而且是简单的和复杂的的有机统一。这才是教育和大学人文素质教育的本质。此外，就教育和大学人文素质教育的初衷和根本目的来说，教育的本真在育人，在促进人本身的成长和发展，而不是培养和打造用于任何什么别的目标和目的的工具。开展大学人文素质教育的本来的真正的用意和意义，正是为了纠正和克服教育实践中存在的工具理性教育的偏差和误区，为了更好地坚守教育和大学人文素质教育的本真，即其本来的价值和价值取向与追求。

因此，我们需要和应当回归教育和大学人文素质教育之本质或本真，这是真理的呼唤，也是时代的要求，是传统的简单性教育长期发展的必然结果，是教育和大学人文素质教育未来发展的根本趋向。换句话说，只有变革传统的简单性教育模式为复杂性教育系统，才无愧这个时代，才是对人类教育之历史成就的真正的传接承继和创新发展。因为，和一切历史的发展一样，无论是教育还是大学人文素质教育的历史发展，同样遵循着不断否定和超越自我的历史逻辑与内在规律。复杂性路径是教育和大学人文素质教育的历史发展赋予我们的时代性责任，它为我们从根本上改变当前科学主义或工具理性教育模式占统御地位的局面，克服、纠正和跳出这种模式的教育所导致的偏差、片面性和误区，避免这些现象和问题的再出现等，提供了极其重要的思想理念基础和方法论上的指导。如果我们能够在这样的思想理念的基础上，本着以人为本的育人原则与精神，深入探索和把握教育和大学人文素质教育的复杂性本质及其具体的内在生成机理和动态发展机制等，构建起将简单性与复杂性有机地融为一体，依据这个有机体所包含的诸如确定性与不确定性、线性与非线性以及整体性、自组织性、涌现性等特征特质，去构建教育和大学人文素质教育之复杂性教育教学体系或实践运行系统，那么，复杂性路径就将成为从根本上扭转现行的科学主义教育局面，有效纠正和克服其片面性和种种误区，回归教育和大学人文素质教育本质与本真的一条回归之路，一条能够适应时代要求与确保教育和大学人文素质教育从此步入健康发展轨道的归本还真之路。

第三节　我国大学人文素质教育复杂性
路径创新的可行性

除了上述必要性和重要性外，我国大学人文素质教育复杂性路径创新，已经不仅仅是某种理论上的可能性或什么单纯的理想了。无论从理论上来说，还是从实践上来看，都已经具备了完全的可行性，已经是我们必须着手解决的现实课题。

首先，就理论可行性来说。复杂性研究虽然历史还不长，但进展神速。目前不但复杂性科学已经在许多领域，包括在与我们讨论的主题有关的诸如组织复杂性、社会活动系统的复杂性、管理复杂性和认知与意识等的复杂性等领域，取得了一系列显著的成就，创立了众多的相应的复杂性科学，并且一般意义或更广层面的复杂性理论也层出不穷，包括在哲学层面和方法论角度等都有重大突破。乃至有人用"复杂性丛林"来指称它。这些科学和理论，为我们探索大学人文素质教育的复杂性，基于复杂性路径创新我国大学人文素质教育，提供了足够的和坚实的学理基础与一般方法论的指导。

也就是在这样的科学理论基础上和一般方法论的指导下，伴随着复杂性研究浪潮，人们进一步在教育和教育所包含与关涉到的方方面面的复杂性的研究中，也取得了不少很有建树的和极具借鉴意义与启发价值的成果，诸如，埃德加·莫兰的未来教育之七个方面或七种基本知识说，我国学者的教育复杂性研究的两个路径或方向说、教育选择说和教育复杂性研究必须注重的四个视角说等。这些关于教育复杂性问题的直接研究和成果，在上述一般意义上的复杂性科学和复杂性理论所提供的理论支撑和方法论指导的基础上，又给我们探讨大学人文素质教育复杂性这样的具体问题，给我们从复杂性路径研拟创新我国大学人文素质教育的具体方式方法等，进一步提供了可以直接引申或推广应用的相关结论和非常贴近的范例与经验。关于我们这里所提到的这些复杂性科学与理论和教育复杂性研究的具体成果，以及它们对复杂性路径创新我国大学人文素质教育的具体价值和指导意义，我们将在后面的章节中进行专门的叙述和讨论，这里不再做进一步的阐释。这里我们更加关心的是，研究大学人文素质教育的复杂性，探索复杂性路径创新我国大学人文素质教育方式方法，正是这些一般意义上的复杂性研究和教育复杂性研究所催生的具体研究课题，所提出的迫切需求。换句话说，复杂性路径创新我国大学人文素质教育的一般理论基础和基本的方法论都已经具备，并且还拥有了所需要的可资借鉴的教育复杂性研究的范例与经验等。加之我们在前面已经多处提到的，相较于简单性而言，复杂性才是教育和大学人文素质教育的本质，从复杂性路径创新我国大学人文素质教育，实质上也完全符合大学人文素质教育的内在性质和本质要求。因此，我国大学人文素质教育复杂性路径创新的理论可行性已经完全具备。

其次，就实践可行性来看。大学人文素质教育虽然称为大学人文素质教育，但从具体的实践过程来看，不仅是大学的事，也关涉社会各个方面。大学人文素质教育实践，必然是一个大学与社会诸多层面处在密切的相互关联和互相作用中的一个开放性的复杂性的系统工程。实施大学人文素质教育，不但需要有相应的组织机构、相关的教育教学资源、具体的实施环境和恰当的方式方法等，还需要同时从高校和社会两个层面发力，要注重在互补与互通中充分发挥高校与社会两种教育资源的优势，并且要协调好这两个层面的关系。

从学校自身层面来看。设置相应的教育项目和教学内容，构建多种形式的大学人文素质教育形式，采用多样化的教育教学手段，开发课堂教学之外的能够与之互相促进的教育教学方式和渠道，整合各种包括社会资源在内的教育资源，等等，从多重角度全面构建大学人文素质教育的复杂性系统，以适应其复杂性本质要求，实现其育人的目的，这无疑都是高等院校责无旁贷的职责和责任，此其一；其二，近几十年来，我国教育体制的改革和大学办学自主权的不断增强，已经和正在为高等院校积极地履行这些职责、担负起这些责任，扫除了一系列的体制障碍，并提供了相应的制度保障。虽说相关的体制障碍还未消除干净，相应的制度保障还有待进一步加强，但是，各高校主动因应大学人文素质教育发展的急迫需求，自主采取必要的方式和措施，从复杂性路径创新我国大学人文素质教育，已经没有任何体制或制度障碍。至于在具体的实践探索过程中还可能遇到的这样那样的一些困难，这在所难免。但这恰恰是我们在这样的实践探索中应当不断地去加以克服和解决的具体问题，而不能成为不去进行这样的积极探索或放弃这种实践探索的理由和借口。总之，从学校自身层面来看，我国大学人文素质教育复杂性路径创新的实践可行性完全具备，不存在任何问题。

事实上，近些年来不少高校都已经在积极地进行着这方面的实践探索。下面引述的是一所大学的具体做法：

设置人文机构。该校认为，组建一个独立的人文素质教育教研机构，具体领导并承担全校的人文素质教育活动，是切实开展好人文素质教育的基本组织保证。所以，设立了不隶属于任何二级教学和行政单位的专职而独立的大学生人文素质教育中心。它是一个由人文学科教师组成的专职教学研究团队，在校级领导班子成员的直接领导下工作并对其负责，组织开展全校人文素质教育活动。

营造人文环境。积极挖掘并充分发挥自身的人文素质教育资源，应在具有独特教育功能的教育环境中进行。一方面，以人文景观、校训、网站等有形载体，全面营造实施人文素质教育的舆论氛围，以实现通过人文素质教育真正提升大学生人文素质的终极目的；另一方面，利用内部的标志性建筑、纪念碑、校史展览馆、校训、校歌、校园网等共同构筑的校园有形环境，蕴含着本校的发展历程和专业特色，潜藏着深厚而无可替代的文化积淀，为实施大学生人文素质教育营造最为直接、最有说服力的人文环境。通过这些努力，使置身其中的莘莘学子能够用心感受母校的人文氛围、提高自身的人文素养，进而在潜移默化的隐性教育中将积极高雅的人文环境所包含的人文意蕴等，逐渐内化为学生自己的人文精神，并行成人文情怀、付诸自觉的行动。

传播人文理念。立足民族传统人文文化，与时俱进，利用一切可资利用的机缘或机会，采用讲解或讨论等多种形式等传播人文理念。例如，顺应当下儒学升温的新形势，通过组织讲授儒学经典，汲取中国传统文化之精华，进一步弘扬以"仁义"为核心的人文精神。以此来助力提升大学生对中华民族优良传统的认识，丰富其人文知识和人文精神，提高对民族传统美德的认知和理解，自觉把握为人处世的行为准则。通过学生对这些理念的深刻认识理解和他们不拘一格的互动讨论等，使青年学生能够冷静地思考问题，懂得任何问题的解决都应按照"仁"的要求"反求诸己"，遵循"义"的路径，在实践过程中努力规范自身。"仁义"的熏陶将会使青年学生明白珍惜现实生活和自强不息的重要意义，从而树立积极的人生观和价值观。这种通过讲授儒学经典进行人文理念的传播方式，通过和学生互动讨论等理解内化相关知识与理念的做法，能够迎合大学生对主流文化的崇尚与认知，势必对大学生人文素质的培养产生积极影响。

开展人文活动。通过对经典诗文、书画、影视、戏曲等公共艺术的欣赏，陶冶审美情趣和人文情怀，通过参与高雅的艺术活动，培养合作意识和人文精神。即一方面通过艺术教育，帮助学生形成健康向上的审美情趣和审美观点，正确评价各种不同思想倾向的艺术作品，鉴别艺术作品中各种事物的美好与丑恶、高尚与低级、文明与野蛮，让人们在艺术享受中陶冶情操、愉悦身心，推动形成知荣辱、讲正气、促和谐的良好社会氛围，从而在与人的交往、与自然的交往、与社会的交往过程中，自觉或不自觉地趋于和谐；另一方面，在参与和进行各种艺术活动的实践过程中，培养学生的合作态度和团队精神，促进和谐群体关系的形成。很多艺术形式（如合唱、合奏、艺术设计等）都要求参与者的集体配合、共同协作，才能产生良好的效果。所以，在这个过程中，学生对于合作态度、协调能力能获得感性的体验和有效的训练。

依据我们的调查了解，这个案例还是具有典型性和代表性的，这样的做法是我国高校目前较为一致的和普遍的做法。也就是说，从实践层面积极探索复杂性路径创新我国大学人文素质教育问题，已经是一种普遍的趋向。虽然这样的探索在体现大学人文素质教育复杂性问题上，还显得很粗浅，还是刚刚开始的一些初步努力，但已经在改变单纯的课堂教育教学的不足与片面性上，发挥了和正在逐步显示出其积极的作用。这既增强了我们从复杂性路径创新我国大学人文素质教育的信心，也为我们进一步深入进行这样的实践探索积累了经验。

再从学校和社会的联动方面来看。如上所说，大学人文素质教育实践是一个开放性的复杂系统工程。具体开展或实施大学人文素质教育，离不开大学与社会诸多层面的相互关联和互相作用。学校处在社会环境之中，必然会受到社会各个方面的影响。这意味着社会对大学人文素质教育所发挥的作用或产生的影响，是一种客观事实或自然现象，它的影响或作用本身是不会主动偏向哪个方向的。如果要控制和利用这些影响，使其朝向有利于大学人文素质教育方面发挥具体作用，关键在学校方面。可喜的是，近年来一些大学在这方面也正在进行着积极的探索。依据我们的调查了解，目前这些大学的具体做法主要集中在这样几个方面：

一是充分利用高校所在地的社会教育资源。众所周知，高校主要集中在各省的中心城市，这些城市一般都会拥有丰富的人文景观、文化场馆等，因地制宜并充分利用这些公益性文化设施，可以为实施大学生人文素质教育提供一流的社会教育资源。为了使当地的人文场馆、教育基地成为常态性的人文教育资源，以实现与高校人文教育资源的优势互补，这些大学一方面注重对当地社会教育资源的功能性问题、即本身所固有的教育属性进行科学准确的定位，以便明确其所要发挥出的教育功能的具体针对性；另一方面着力研究解决高校人文素质教育与外部社会教育资源有效对接的问题，既充分考虑到当地社会教育资源的特定思想内涵，又注意结合高校自身制定的人文素质教育总体规划，力求使二者的科学对接真正做到有计划、有措施、有实效。具体的相关计划、措施等，各高校自然各有分别。即使我们无法在这里一一列举这些内容，也可以肯定地说，这些探索性的举措都或多或少地取得了一些积极的成效。

二是建立与大学生社会实践单位、毕业生用人单位的经常性互通机制。在高校人文素质教育专门机构的精心策划与组织下，有计划地动员和组织在校大学生参加社会实践与社会公益活动，使他们在社会实践中锻炼自己，获得丰富的自我体验与感受，增强适应社会的能力，并从中不断寻找大学人文素质教育新的切入点行之有效的方式方法等。此外，许多高校还主动走向毕业生用人单位，明察暗访本校毕业生在社会用人单位中在诸如敬业、合作、创新、抗挫折等方面的表现，依据用人单位反馈回来的社会评价，不断改进与完善人文素质教育的内容和方式等。这些做法在使大学人文素质教育真正做到有的放矢、注重实效和大学生人文素质的自我修养等方面，都已经和正在发挥着令人可喜的作用与效果。

三是不定期的引进相关教育资源，融进学校人文素质教育的不同环节中。这种形式比之上述两种形式而言，目前在我国大学中应用的更加普遍。因为它的人文素质教育效果已经得到了各个学校和广大学生的共同认可。在这方面较为常见的具体做法有：引进企业和其他社会机构的相关人才做兼职教师或导师、邀请有关专家学者相关学术报告、和社会有关方面联合在校内举办相关先进事迹报告会等。需要指出的是，这种方式的人文素质教育活动，并不局限在学校层面，校内各院系、各专业和班级、各种社团和组织等，都办有大大小小甚至不拘形式的形形色色或丰富多彩的讲坛、论坛、沙龙和群组等。可以说，这是目前我国大学人文素质教育各种形式中，收效最好的一种。

　　大学人文素质教育是一个事关高校人才培养质量、高等教育核心竞争力与国家综合国力的根本问题，实施好大学人文素质教育，不仅是大学教育的本质要求，也是一个最具社会效益和国家利益的系统工程，高校自身与时俱进，基于复杂性路径不断创新大学人文素质教育的方式方法，构建大学生、高校与全社会的通力联动的教育教学体系或系统，虽然任务繁重，或者说任重道远，但这样做不仅在实践可行性上没有任何问题，而且这正是我国大学人文素质教育的主要短板，是我们必须下大力气切实解决的关键性课题。上述一些大学在这方面所进行的探索与做法，同样极大地增强了我们从复杂性路径创新我国大学人文素质教育的信心，并为我们提供可资借鉴的经验和进一步努力的正确方向。这不但是一条实践上完全可行的路径，而且是一条有望取得重大突破的创新路径，一条摆在我们面前的创新我国大学人文素质教育的必然选择的路径。

第八章

从简单性到复杂性：
复杂性路径的由来

既然复杂性路径是我国大学人文素质教育创新的必然选择，那么，我们就有必要进一步深入了解和阐明这条复杂性路径的具体内涵内容及其由来和发展趋势等，以便从中寻找、透视和梳理它对我国大学人文素质教育创新的具体价值和要求，并据此来研拟创新我国大学人文素质教育的方式与方法等。

复杂性和简单性是人们用以指称或表达客观事物或某种存在系统的基本性征的两个相对应的概念，是人类改造世界和认识世界过程中依次形成的两种既有联系，又相互区别甚至对立的思维模式或世界观。从它们实际发生发展的历史来看，简单性思维曾经是长期统御我们的一种传统的思维模式与世界观，而复杂性思维则是新近才出现的一种具有世界观意义的理论信念和科学思维方法。如前所述，所谓的复杂性路径，简要地说就是树立复杂性教育理念，基于复杂性视角重新审视和处理大学人文素质教育问题，重构大学人文素质教育教学新体系。复杂性路径的更为具体和深刻的内容，则必须通过我们后面对复杂性科学和复杂性理论研究等的陈述介绍来阐明，来认识。本章我们先简要回顾一下这两种世界观的历史演变。这对我们深刻理解和把握这种思维方式或世界观的转变的原因、本质和意义，及其对我们研究大学人文素质教育的具体启示和价值等，都具有重要意义。关于这两种世界观的历史演变，我曾在《简单性、复杂性、复杂科学和世界

观——一个哲学史的视角》(《系统科学学报》2010 年第 3 期) 一文
中作过专门论述。这里我们就引用此文先来对此问题作叙述介绍。

第一节　简单性世界观的产生、延续与困惑

我们所在的这个世界是怎样的? 这是有理性的、能动的人类始终
拥有的和不得不拥有的兴趣指向。因为, 对这个问题的探究、认识和
把握, 或者说正是围绕这个问题形成的观点和看法构成了我们的世界
观, 进而从根本上决定我们的活动方式和创造行为。

那么, 世界及其万事万物的基本属性是简单的还是复杂的, 抑或
既是简单的又是复杂的? 围绕着这些问题的探索, 人类理性走过了一
条曲折发展的道路, 经历了思维方式的重大变革。几百年甚至几千年
来我们拥有的简单性世界观, 虽然指引我们创造了迄今所有的人类辉
煌和文明, 但它一直伴随有理性的困惑。黑格尔的辩证法曾经以思辨
的方式超越过这种困惑, 但由于没有相应的科学作支撑使其囿于神秘
的唯心主义形式之中, 未曾得到应有的重视和真正地理解。直到复杂
性研究浪潮的到来, 特别是复杂科学的兴起, 才催生了新的复杂性世
界观, 不仅为我们拨开了云雾, 解除了长期的困惑, 开拓了新的视
野, 而且也为我们探索如人文素质教育等具体的复杂性问题, 提供了
全新的理念和行为指导。

古代人类在惊异、敬畏和享受身在其中的这个世界的简单活动、
直接观察和实际体验中, 逐渐注意和认识到这个世界呈现给理性的奇
妙性状: 异质的东西可以转化, 一能够变多, 多中有一, 等等。世界
对理性的这种直接呈现, 激发了人类探求究竟的志向, 同时也奠定了
古代人类找寻和论证世界之"始基""根源""元素"和"原因"的
理论取向与信念。人们由此发现并深信这个世界是由一些简单的构件
所组成的, 世界万物的丰富性和多样性有共同的原始根据, 这种原始
东西的分解、组合及其以某种方式演化便构成了整个世界。至于这种
原始的东西是什么则成为人类理性漫长的探索过程, 并且一直是有争

议的。例如古希腊讲"水、火、土、气"以及"四根、种子、原子和虚空、数、理念";古印度有"风、火、水、土"说;中国古代主张阴阳五行(金、木、水、火、土)以及气一元论等。但无论如何,相信我们所在的这个世界是简单性的,可以而且必须采用还原论的方法解释事物把握其本质的思想便由此逐渐形成了,并一直延续到几十年前还是我们深信不疑的共同信念。随着历史进程的推移,简单性信念所拥有的越来越多的人类逐渐把握到的事实依据,使其不断得到强化,乃至于成为我们进行一切活动,包括理论研究和科学探索在内的根本的世界观。这种世界观反过来又指导我们取得了迄今所拥有的辉煌的历史成就。

然而,在人们据此来解释整个世界并指导自己行为的漫长过程中,却总是伴随着更多的问题,它们一再给我们的理性出难题,似乎在提醒着我们这个世界并非仅仅是简单的,它可能要比我们理解和想象得更为复杂!在简单性世界观的坚守和挑战的漫长进程中,记载了人类成长及其理性、情感和意志活动的全部丰富内容。古希腊的哲人们用那些所谓的终极元素描述和解释世界的时候,就曾遇到了"有"怎么能变"无","无"怎么会生"有"的本质性的理论难题。为了克服这种困难,维护我们的信念,古希腊哲人们或者借助神秘的力量,如毕达哥拉斯神圣的"数、和谐"和苏格拉底与柏拉图的"阴影王国和理念的分有"等,或者找寻更多的原因加以解释,如米利都派、恩培多克勒等的"浓稀、爱恨"等;或者设想和假定这些元素本身具有某种特性,如赫拉克利特的火的"活性"、阿娜克萨格拉的种子预成说中的"潜在性"、德谟克利特原子重量造成的"运动性"等。[1] 作为古希腊哲学的集大成者亚里士多德认为,这种类似于为了计算却嫌数目太少,再附加更多数目的做法,既不符合逻辑,又使得问题更加混乱了!他在总结前人观点的基础上认为,构成事物的基本原因有"形式因、质料因、动力因和目的因"等"四因",一个完整

---

① [美] 梯利:《西方哲学史》,葛力译,商务印书馆1995年版,第32—38页。

的事物是由这四种原因造成的。但同样的简单性信念和世界观，使他最终把四因归为形式因并回到了神秘的"第一推动"①。问题依旧没有解决，挑战依然存在。但应该说这不仅仅是亚里士多德的个人问题，是成长中的人类理性的不完善的记载，是简单性世界观本身的局限（这当然是后话了）！

欧洲中世纪基督教神学世界观在延续着简单性信念的同时，依然保留着和摆脱不了这种理性的困惑。神秘的基督教将这种信念变成了一种虔诚的信仰，从而将从来就有的上述理性的困惑消弭在对上帝的虔敬之中。但理性似乎是不死的，在上帝从无中创造有，将一变为多的创世说的前提下，唯名论和实在论关于一般与个别的关系的持续不断地讨论和争议，最终还是动摇了以简单性信念的信仰为基础的神学世界观。

近代欧洲人在反对神性提倡理性的"文艺复兴"的涤荡中将自己从神学信仰中解放出来，获得解放的自由理性开始对包括理性自身在内的我们所在的这个世界全面的理性审视和探索。这种审视和探索沿着简单性世界观的路在哲学和科学两个层面上都取得了巨大进展。科学方面，以牛顿力学为代表，再一次确证了和奠定了整个近代科学的简单性信念基础和还原论研究范式，科学领域不断涌现的成果和理论构筑起迄今为止我们所拥有的内容最丰富、体系最庞大的所谓近代分析科学的大厦。在反对神性弘扬理性的思想大解放中成功实现转型的哲学研究，受到科学成就的鼓舞，以科学认识为基础，在以理性为主题穷究理性之能力与限度的讨论中，将简单性世界观和还原论方法分别以唯理论和经验论的形式推到了极致。例如笛卡儿开创的唯理论传统从简单明了清楚的观念基点推论整个世界的结构、抽绎理性和知识的全部内容；而培根开山的经验论传统则将复杂的事物解构还原为简单性的存在，唯有达到所谓事物的某

---

① ［古希腊］亚里士多德：《形而上学》，吴寿彭译，商务印书馆1959年版，第65—70页。

种起始性的原点和知识组元的简单观念，方可得到理性的最终确认、理解与满足。于是，从科学实验研究到哲学理论研究，简单性世界观牢固地确立了它的全面统治地位，成为理性探索的一种标准的取向和固定的传统。

第二节　辩证法思想对简单性世界观的思辨超越

上述传统虽然也毫无例外地在德国古典哲学中得到了延续。但在德国古典哲学延续传统的特殊的形式中，明显地包含了与简单性世界观完全不同的辩证法思想，这种思想本质上已经超越了简单性世界观，只是由于这种思想在当时还得不到与之相应的更高形态的科学基础的支持，所以它被保存在了纯粹的思辨之中，并在此后的较长时期无法得到以简单世界观为基础的主流观念的认同和真正理解。德国古典哲学一开始，康德就在拷问我们的认识能力到底有多大？他所谓的批判哲学得出结论说，我们能够认识的世界是那个属于我们的世界，即打上人的烙印、经由人的认识形式规范了的世界。我们把握到的世界（现象）与世界本身（物自体）是不同的，因此有限理性达不到无限彼岸。康德显然还不能够理解已知与未知、有限与无限、部分与整体、现象与本质等的关系，并且将它们完全割裂了开来，得出了物自体不可知的结论。[①]

康德哲学是对欧洲近代哲学的总结，康德所揭示的这种两极的对立，事实上一直就是简单性世界观内在困惑的症结所在，康德哲学的局限是简单性世界观本身的有限性的自觉显示。康德揭露了问题的本质，但他局限于简单性世界观的传统，不能够和没有解决问题。黑格尔作为德国古典哲学乃至整个西方哲学的集大成者，在其特有的形式（指其唯心主义体系）中，用纯粹思辨的方式对这个问题的解决作出

---

① ［德］康德：《纯粹理性批判》，邓晓芒译，人民出版社2004年版，第98—105页。

了超越时代的贡献（指其辩证法思想）。

这种贡献突出地表现在三个方面：第一，黑格尔指出，两极对立并非什么谬误，它恰恰是事物、认识和整个世界的内在的辩证本性或本质之所在。有限中包含着无限，无限展开为有限，整体包含着部分，部分之外无整体，现象是本质的，本质显示为现象，未知的对象以有限的形式被认知，有限的已知中包含着无限的对象本身，等等，一切都是辩证的。所以事物、认识和整个世界并非仅仅是简单的，同时更是复杂的。康德的错误在于把理智认识对象的有限形式误认为理性本身的有限性，进而将有限的已知（现象）和它已经部分地达到的对无限对象（物自体）的本质的把握割裂开来，误以为理性和对象处在无法逾越的彼此两岸。康德不懂得比之简单性世界观已经掌握到的这个世界的简单性更为深入、内在的对立面辩证地统一的复杂性本质。

第二，黑格尔认为，无限的世界将自身演化并展现为多样性的有限的存在形式，理性通过有限的方式逐步逼近和把握对象的丰富性及其本质。记载着人类理性成长过程的整个哲学史，从古希腊以来所有的哲学思想和体系，无一不是理性以这种方式逼近和逐次把握对象所形成的不同程度的认识或对对象的一定方式的把握，犹如盲人摸象一样。诸如水、火、土、气、种子、原子以及存在、理念、数、上帝、实体、绝对精神等，这些主张每一个都是成长着的理性所曾经拥有的特定的世界观。譬如，以量的世界观观之，世界就是一个数量的世界；以质的世界观观之，世界万物便都是有着自身质的规定的存在物；以实体的世界观观之，则世界是由实体构成的，等等，此其一。其二，这些历史性发生的世界观存在着内在的逻辑演进性，它们记载着理性成长过程中的一切收获物，是理性的逻辑在历史中的展开，即所谓的历史与逻辑的统一。① 在黑格尔哲学中有序排列和逐次推演的百十多个有固定位置的逻辑概念，分别对应着哲学史上依次出现的不

---

① ［德］黑格尔：《哲学史讲演录》，贺麟译，商务印书馆1996年版，第30—42页。

同的世界观及其哲学体系或理论。他用这种辩证的逻辑总结和表达了理性把握世界的历史发展进程，阐述了自己的世界观。这种世界观主张将世界看作是一种演化和发展的过程，而不是某种由原始的基元所组成的可还原的集合体。在他看来，问题的本质不在于先有鸡还是先有蛋，鸡和蛋都是从演化和发展中生发或涌现出来的具体存在物。这种思想实质上类似于今天的复杂性思想。但在当时和后来的长时期内，因为受简单性世界观的统御，较少或者未曾得到人们的认同和真正理解。

第三，黑格尔用正、反、合"三一体"的逻辑结构形式系统地阐述了这种辩证的世界观。全部黑格尔哲学就是由不同层次的、逻辑上逐次递进又层层相属的众多的"三一体"所构成的一个庞大的体系，十分类似于当代系统理论中的子系统、母系统一直到复杂的巨系统的思想。在《逻辑学》大大小小的"三一体"的纯粹思辨演绎中，黑格尔将它们分成存在、本质和概念三个层次，并于这三个层次的逻辑推演中分别阐述了质量互变、对立统一和否定之否定等辩证法的三大规律。他认为，在存在领域或者说从存在的意义上观之，世界表现为万事万物由量变到质变所形成的前后相继的无限的序列。从客观上讲它造成的结果是处在相互联系中的一个个具体的有限的存在物的交替出现和生生灭灭。从主观上讲我们由此所达到的还仅仅是对世界直接呈现出来的现象的一种表层认识和把握；在本质领域或者说从本质的意义上观之，世界到处都是两两相互映射的对立面的统一。从客观上讲世界及其万事万物都内在地包含着不同的和对立的东西，都是一种矛盾体，并且由此便造成了他们的骚动不安和运动变化。从主观上讲我们由此便深入到了对世界及其万事万物的内在的本质的认识和把握；在概念领域或者说从概念的意义上观之，世界整体上是一种由低级到高级不断地自我扬弃的发展过程。从客观上讲世界及其万事万物并非是固定不变的，而是以否定之否定的形式螺旋式上升或曲折性前进的过程，表面上似乎一直有回复，但实质上是不可还原的。从主观上讲我们由此才能够实现对世界及其万事万物的整体性的认识和把握。① 总之，变化中的多样性的存在形式，相互依存互相作用中的矛盾本质，不断演化发展更新中的整体性过程，这一切都表明，世界并非像有限理智所理解的那样仅仅是简单性的。由此可见，黑格尔的辩证的世界观事实上是一种已经超越了简单性世界观的复杂性思想。毫无疑问，诸如他所说的多样性、变化性、矛盾性、过程性、整体性、发展性等，都是世界复杂性的具体规定或表现。可惜的是，这些思想直到新近才被复杂科学所确证，才得到复杂性理论研究的重新确认与重视。

第三节　复杂科学催生和确证的复杂性世界观

20 世纪中叶，特别是七八十年代以来，从牛顿到爱因斯坦，乃至整个近现代科学传统所秉持的简单性原则，科学体系演绎构筑中的简单性原理，即钟爱线性系统、追求线性规律、通过线性方程对事实做最简单经济和完全的描述，使系统只可能在允许的情况下选择最直接路径的科学追求等，一句话，即牛顿开创的把简单性作为一种科学信念和指导原则置于众法则之首的科学传统，② 在大量涌现的一系列非线性科学的研究和对复杂性的普遍大量的探索与确证中，逐渐暴露了其世界观上的局限性和对事实解释能力的不足与指导我们行为的有限性。在大量的被科学越来越多地揭示出来的和我们不得不面对的复杂性事实面前，人们开始了重树世界观、探索复杂性的浪潮。

复杂性问题首先是作为科学研究对象历史地发生的，并在诸多领域的一批科学家的努力下得到科学揭示的。现代系统研究开创的系统运动提出了探索复杂性的科学任务，并奠定了诸如系统、信息、反馈、组织、自组织和对还原论方法的质疑与超越等一系列概念和方法论基础，成为通向复杂性研究的阶梯。到 20 世纪末，科学主战场物

---

① ［德］黑格尔：《逻辑学》，梁志学译，人民出版社 2004 年版，第 68—88 页。

② 杨中楷、刘永振：《从简单性到复杂性》，《系统辩证学学报》2002 年第 4 期。

理、化学、生物、经济、生态、地理、环境、气象、神经等科学前沿和基础性领域对复杂性的明确关注与探讨，表明在世纪之交复杂性研究作为一种科学主流已经初成气候并处在迅速的发展中。① 目前，复杂性研究已不只是某个学科层次的现象，从工程技术到技术科学、基础科学再到科学通向哲学的桥梁等，每个层次上都已经和正在做着大量的工作，呈现出一种繁荣的局面，成为现代科学一种全新的动向和潮流。复杂性研究不仅已经超越科学范畴，遍及与我们的生活相关的各个领域和理论研究的所有层次，而且学派林立、观点纷呈、新见迭出，著作大量问世、文献加速增长，乃至于有人称之为"复杂性丛林"。② 探索复杂性的浪潮快速成为当前的一种具有世界规模的科学思潮和文化运动的事实表明，伴随着人类科学从以往四百多年所呈现的以简单性世界观为基础的所谓传统科学的历史形态，跃升为复杂科学的新的历史形态，一直以来支撑科学研究和引导我们行为的简单性的理性信念也随之动摇或者说被超越了。复杂科学已经和正在催生着一种不同于长期统御我们的简单性世界观的新的复杂性世界观。正像简单性世界观曾经指引着我们从野蛮走向文明，发育了传统科学，支撑起了工业社会和机械文明一样，复杂性世界观已经和正在引导着我们探索复杂性，构建复杂科学大厦，支撑我们进一步走向新的更高的信息社会和生态文明。总而言之，确认世界并非仅仅是简单的而是复杂的，通过探索复杂性来更新和跃升我们对世界本质属性的认识和把握，确证和构建新的复杂性世界观，已经和必将成为科学研究和理论探讨的主流。至于复杂性世界观指引下的科学和哲学的具体成果与形式，则还是一个值得期待有辉煌成就和灿烂睿智的令人兴奋的正在开拓的领域。

就复杂性研究的科学层面来说，目前基本上正在围绕着作为科学研究对象的复杂性的三个来源进行着富有成效的探索。这些来源分别

---

① 刘劲杨：《穿越复杂性丛林——复杂性研究的四种理论基点及其哲学反思》，《中国人民大学学报》2004 年第 5 期。

② 苗东升：《复杂性研究的现状与展望》，《系统辩证学学报》2001 年第 4 期。

是：第一，客观世界本来存在的不能用还原论方法解决的复杂问题，如微观和超微观复杂性、宏观和宇观复杂性以及生命起源和意识本质的复杂性等问题；第二，社会进步和科技发展必须面对的不断涌现的诸如环境保护、信息网络，以及更多的客观对象不断打上人的印记日趋复杂化而现有科学又无法解决的问题等；第三，科学以及科学研究方法本身的复杂性和复杂化问题。这些研究遍及包括自然科学、工程技术和社会、经济与人文科学在内的众多领域和各个层次，已经取得了一系列成果和奠基性的突破，甚至在一些方面进展神速。这其中常被提起的代表性的学派和人物有：欧洲的普利高津为首的布鲁塞尔学派、以协同学为旗帜的哈肯学派以及艾根的超循环理论和英国的杰克逊等人在应用科学层面的研究等；美国的众多世界级科学家参与的圣塔菲研究所、沃菲尔德为代表的结构基础学派等；中国钱学森学派的开放的复杂巨系统理论等。然而总体上来说，复杂性研究的科学进展除了已经令人信服地表明它是一个极其活跃的学科群，是一种新的成长中的科学形态之外，应当说目前所呈现出来的令人耳目一新的丰硕成果，还仅仅是起步。它的未来将随着复杂科学理论的急速涌现再次从根本上改变我们的生活方式和整个世界。

从复杂性研究的哲学探讨来看，虽然哲学探讨还无疑落后于复杂科学的进展，但也已经至少在以下几个方面为我们构建新复杂性世界观理论体系作出了积累和奠定了基础。第一，复杂科学催生和引发的复杂性理论的普遍探索，已经和正在深刻地改变着我们的世界观。超越循环论、线性方法和简单性信念，树立新的复杂性世界观，不仅得到复杂科学的不断确证，也较为普遍地被哲学家们所认同。哲学的新任务在于将这种世界观系统化和理论化。第二，复杂性研究从一开始就一反传统科学严守科学界限的品格，早已打通和架起了从科学到哲学的通路。或者说，出于复杂性问题的本性和复杂性研究自身的需要，复杂性研究中的科学与哲学的融合早已经是一个不争的事实。许多复杂性科学理论本身就具有浓重的哲学研究属性，几乎所有的复杂科学的研究都具有一定的哲学意味。例如圣塔菲研究所就被公认为代表着一种新的态度、一种看问题的新角度和一种全新的世界观。换句话说，复杂性的科学研究已经和必将继续为我们构建新的复杂性世界观基础上的哲学理论，奠定了和提供着坚实而又丰富的理论基础与思想元素。这需要哲学作出系统化理论化的概括与总结。第三，从人类理性成长的历史，即人类在与身在其中的这个世界打交道中的认识的演化发展过程来看，如前所述，面对简单性世界观下的理性的困惑，德国古典哲学特别是黑格尔哲学，曾经以思辨的方式发展出了所谓理性的辩证法，较为系统地讨论和论述了世界的复杂性问题。但关于世界复杂性研究的这种思辨哲学形式，除了其还明显地留有循环论的整体痕迹极其神秘的唯心主义局限性之外，它只不过是对我们今天探讨复杂性有启发借鉴意义的一种已经过去的特殊的历史形式。面对新的科学思潮必须有新的哲学思考和理论。在今天和未来的复杂科学的基础上，构建新的复杂性世界观哲学理论，需要有能够深刻反映和全面体现复杂科学成果的创造性、创新性的哲学理论形式。第四，复杂性研究的兴起不仅给科学哲学以及诸如文化哲学等更多层面的哲学研究带来了转折点和机遇，对我们关心辩证唯物主义命运的人来说，它同样是辩证唯物主义哲学发展的新机遇。普利高津在探索复杂性中就曾得出结论说：我们需要一个更加辩证的自然观，[1] 这对我们极有启发。我们的宇宙观、物质观、时空观、社会历史观，以及我们对运动、规律、意识、科学等的理解和本体论、认识论、价值论、方法论等，都必然会随之发生重大变化，都应该有新的发展和创新。第五，复杂性世界观基础上的哲学理论本身，必然和应该具有复杂性的品格。最起码它的形式将会是多种多样的。近年来国内外信息哲学的研究，让我们已经看到了这种努力的令人鼓舞的前途。在这方面相对于国外的研究还仅仅是提出了这样的任务，阐述了一些研究纲领等准备工作来

---

① ［比利时］尼科里斯、普利高津：《探索复杂性》，罗久里译，四川教育出版社1986 年版，第 79—86 页。

说①，国内的研究，特别是邬焜教授的研究已经走在了前面。邬焜教授在完成国家社科基金项目中，通过对自己多年潜心研究成果的总结所形成的《信息哲学——理论、体系、方法》的著作中，已经构建起了一个较为系统的信息哲学体系。② 在其中邬焜教授以当代复杂科学为依据，对辩证唯物主义作出了独到的解析和积极的创新。当然，不仅信息哲学不会只有邬焜教授呈献给我们的这一种理论形式，而且复杂性世界观基础上的哲学理论也不会仅仅表现为信息哲学这一种形式。复杂性问题的本性和当代理论研究的复杂性特点，使我们完全有理由相信并且期待有更多的新的哲学理论的涌现。

总而言之，人的认识能力是随着人类实践活动逐步提高的，人类理性在我们与世界打交道的过程中表现为一种不断的无限的成长过程。过去我们将世界认为是简单性的，现在看来那仅仅是理性对世界的一定程度的有限认识和把握。这种标志着理性成长的特定历史阶段所拥有的简单性世界观，曾经指引我们创造了辉煌的历史。今天发展起来的复杂性世界观，表明我们的理性已经超越了过去的局限，步入了一个更高的发展阶段。复杂性世界观将指引我们创造新的辉煌和文明。复杂性科学和哲学理论研究的进一步应用与拓展，必然要求在更多的领域取得新的实质性的进展。教育无疑是一个具有典型意义的复杂系统，将复杂性研究全面引入教育领域是必然趋势。秉持这种新的世界观，基于复杂性视角去探究我国大学人文素质教育问题，正是因应这种趋势所作出的一种积极的创造性的尝试，并在理论探讨和实践探索两方面都有望取得令人期待的重大进展。

---

① 刘钢：《从信息的哲学问题到信息哲学》，《自然辩证法研究》2003 年第 1 期。

② 邬焜：《信息哲学——理论、体系、方法》，商务印书馆 2005 年版，第 88—92 页。

第九章

复杂性问题与复杂科学

　　1948 年魏沃尔发表的《科学与复杂性》一文是科学界向复杂性进军的宣言，复杂性的研究已经走过了半个多世纪。复杂性问题首先是作为科学研究对象历史性地发生，并在一批自然科学家的揭示下成为 20 世纪后半世纪以后的显学。史蒂芬·霍金说："我相信，21 世纪将是复杂性的世纪。"法国哲学家巴什拉认为复杂性是一个基本的问题，因为"自然界没有简单的事物，只有被简化的事物"。"复杂性问题不仅仅是科学的问题，人类社会日常生活当中复杂性的现象、样态，问题解决的复杂性都远远超过了自然科学意义上的复杂性。"尽管人们对复杂性的认识还莫衷一是，复杂性的研究角度和领域也极多，彼此之间的研究界限非常模糊，既高度交叉又互不相同，成为一个"复杂性丛林"，但是复杂性理论力图明确和厘清人类思维模式中的简单性与复杂性的根本区别，强调要按照复杂事物的本来面目来认识和把握研究对象，则是一种具有划时代意义的、推动人类科学技术与社会实践向全面创新的大趋势。这种大趋势正在和必将在包括教育在内的人类生活的各个领域带来新的变革与创新。

第一节　复杂性问题及其分类

　　在进一步深入了解和透视复杂性研究的整体情况和其所取得的巨大成就，及其对我们讨论我国大学人文素质教育的变革与创新价值之前，必须对所谓的复杂性或复杂性问题本身作出基本的了解。复杂性或复杂性问题的研究者们首先就是通过对复杂性问题的分类认识，来界定复杂性的。下面我们来介绍这些研究成果。

一　国外学者对复杂性的分类

国外学者所说的复杂性，绝大多数是建立在科尔莫哥洛夫（Kolmogorov）复杂性概念基础上的，与是否能够构造一个对象的算法，以及其算法的计算量的大小有关。这种类型的复杂性概念描述即"计算型"复杂性。科尔莫哥洛夫复杂性问题的研究主要起源于对可计算理论及其算法的研究。从 20 世纪 30 年代开始，数学家提出这样一个重要的问题：所有问题是否都有求解的算法？许多数学家首先开始寻求对自然数论域里的数论函数的可计算研究，提出了几种可计算函数（如原始递归函数、部分递归函数、递归集、递归可枚举集、可判定性和半可判定性）定义。例如，哥德尔、赫博兰德和克莱因 1936 年定义了递归函数；丘奇（A. Church）1935 年提出了转换演算；图灵（A. Turing）1936 年提出了图灵机理论（它是计算机科学中可计算性理论或计算复杂性理论的基础）；迈克布 1951 年定义了正规算法。丘奇、图灵论题的证明表明，存在一种通用的计算或算法复杂性定义。在计算机科学里，算法是计算机解题方法的精确描述。算法就是计算机解题的程序。20 世纪 40 年代至 60 年代，数学家研究了算法的特征，给出了算法的基本规则（有穷性、确定性、能可行性等），最终导致了科尔莫哥洛夫、蔡廷和索尔莫哥洛夫各自独立发现的算法复杂性概念（以后被统称为科尔莫哥洛夫复杂性）的建立。

可以说，埃德加·莫兰是当代思想史上最先把"复杂性研究"作为课题提出来的人。他在《复杂思想导论》中对于复杂性作了如下的界说："所谓复杂的东西不能用一个关键词来概括，不能归结为一条规律，也不能化归为一个简单的思想。"换言之，复杂的东西也不能用"复杂性"一词来概括，被归结为一条所谓的复杂性规律，被化归为一个复杂性的观念。复杂性是不能够用简单的方式来加以确定并取代简单性的东西。①

　　普利高津在他与斯唐热于 1979 年出版的法文版《新的联盟》（即中文版《从混沌到有序》）一书中提出了"复杂性科学"的概念。他没有提出一个明确的"复杂性"的定义。他提出的关于复杂性的理论就是不可逆过程的物理学的理论，其中主要是揭示物质进化过程的理化机制的耗散结构理论。

　　除了上述几种复杂性理论的创始者们所谓的复杂性之外，随着复杂性研究向广度和深度的不断拓展，目前能够看到的复杂性概念之多令人惊叹，对复杂性概念的使用情况更是五花八门，致使复杂性概念本身也成为一个颇有争议的复杂性问题或领域。

　　美国有人曾经统计了复杂性的定义。结果表明人们甚至在以下 45 种意义上来使用复杂型概念：1. 信息（Shaanon）；2. 嫡（Gibbs, Boltzmann）；3. 算法复杂性（Algorithmic Complexity）；4. 算法信息含量（Chaitinsolomonoff, Kolmogorov）；5. 费希尔信息；6. Renyi 嫡；7. 自描述代码长度（Huffiman Shannon-Fanna）；8. 矫错代码长度（Hamming）；9. Chenoff 信息；10. 最小描述长度（Rissanen）；11. 参数个数或自由度或维数；12. LemPel-Ziv 复杂性；13. 共有消息或通道容量；14. 演算共有信息；15. 相关性；16. 储存信息（Shaw）；17. 条件信息；18. 条件演算信息含量；19. 计算嫡；20. 分维数；21. 自相似；22. 随机复杂性（Rissanen）；23. 混合（Koppel, Atlan）；24. 拓扑机器容量（Crutchfield）；25. 有效或理想的复杂性（Gell-Mann）；26. 分层复杂性（Simon）；27. 树形多样性（Huberman, Hogg）；28. 同源复杂性（Teich, Mahier）；29. 时间计算复杂性；30. 空间计算复杂性；31. 基于信息的复杂性（Traub）；32. 逻辑深度（Bennett）；33. 热力学深度（Lloyd, Pagels）；34. 规则复杂性（在 Chomsky 层中位置）；35. Cullbach-Liebel 信息；36. 区别性（Wooters, Caves, Fisher）；37. 费

---

　　① 陈一壮：《论法国哲学家埃德加·莫兰的复杂思想》，《中南大学学报》2004 年第 1 期。

希尔距离；38. 分辨率（Zee）；39. 信息距离（Shannon）；40. 演算信息距离（Zurek）；41. Hamming 距离；42. 长幅序；43. 自组织；44. 复杂适应系统；45. 混沌边缘。

美国匹兹堡大学教授雷谢尔（N. Rescher）则从哲学角度归纳总结了复杂性概念。他给出了一个包含有两种模型、四个方面和九种基本类型的关于复杂性或复杂性概念的层级分类表（见表1）。

表1　　　　　　　雷谢尔教授关于复杂性概念的层级分类表

		描述复杂性
认识论模型	计算复杂性	生成复杂性
		计算复杂性
本体论模型	组分复杂性	构成复杂性
		类别复杂性
	结构复杂性	组织复杂性
		层级复杂性
	功能复杂性	操作复杂性
		规则复杂性

雷谢尔更倾向于使用认识论意义的复杂性概念即计算复杂性概念，他利用这种复杂性概念探讨了获得知识、科学的极限问题。

二　国内学者关于复杂性的分类

国内以钱学森为代表的科学家们很早就注意到复杂性问题，并从系统科学的角度建立了开放的复杂巨系统概念，召开了若干次复杂性学术会议（如香山会议），举办了一些讲座、论坛，推动了国内复杂性研究的热潮。近些年来，国内不仅翻译出版了大量的国外复杂性研究著作和文献，如沃德罗普的《复杂》、霍兰的《隐秩序》《涌现》、巴克的《大自然如何工作》、莫兰的《复杂思想：自觉的科学》、霍兰德的《宇宙为家》等，而且在诸如系统科学、计算机科学、管理学、哲学、教育学以及文化与生态环保和重大工程技术等领域，展开了广泛和深入的复杂性研究，出版和发表了大量的探讨复杂性问题的著作和论文。清华大学吴彤教授依据国内外的研究状况，也将复杂性概念归结为九大类53种：

（1）信息类（10种）：信息；费希尔信息；Cher-noff 信息；共有信息或通道容量；演算共有信息；储存信息；条件信息；条件演算信息含量；Kull-bach-Liebler 信息；算法信息含量。（2）熵类（3种）：熵；Renyi 熵；计量熵。（3）描述长度或距离类（8种）：自描述代码长度；矫错代码长度；最小描述长度；费希尔距离；信息距离；演算信息距离；Hamming 距离；长幅序。（4）容量类（1种）：拓扑机器容量。（5）深度类（2种）：逻辑深度；热力学深度。（6）复杂性类（10种）：Lempel-Ziv 复杂性；随机复杂性；有效或理想复杂性；层级复杂性；同源复杂性；时间计算复杂性；空间计算复杂性；基于信息的复杂性；规则复杂性；算法复杂性。（7）多样性类（2种）：树形多样性；区别性。（8）独立参数个数或维数（2种）：参数个数或自由度或维数；分维。（9）综合（隐喻）类（15种）：混合；相关性；分辨力；自组织；自组织临界性；复杂适应系统；报酬递增；路径依赖；适切景观；涌现；生成关联；混沌边缘；自相似；模拟退火；奇怪吸引子。

为了更加简明和便于记忆，有人也把这九类复杂性进一步归结为三个基本类属。即把第（1）—（5）类复杂性，以及第（6）类中绝大多数复杂性概念简称为"计算型"复杂性概念；把第（7）—（8）类复杂性概念和第（6）类中层级复杂性概念简称为"多样结构型"复杂性概念；把第（9）类复杂性概念中的绝大多数简称为"隐喻型"复杂性概念。

总之，看来复杂性概念本身也是复杂的。正像莫兰所说，所谓复杂性就是：复杂的东西不能用一个关键词来概括，不能归结为一条规律，也不能化归为一个简单的思想。换言之，复杂的东西也不能用"复杂性"一词来概括，被归结为一条所谓的复杂性规律，被化归为一个复杂性的观念。复杂性不是能够用简单的方式来加以确定并取代简单性的东西。因此，要进一步了解和深入地把握复杂性的内涵，我们还必须从人们对复杂性基本特征等的描述中来加以透视和体会。

第二节　复杂性的主要特征

总结概括复杂性的基本特征，是人们透视和描述复杂性的基本理路。国内外学者对此都有许多不同的描述，但仔细分析起来实际上是大同小异的。例如，在借鉴国外学者的一些观点的基础上，我国学者王志康在 1990 年发表的《论复杂性概念——它的来源、定义、特征和功能》一文中指出，复杂性定义为客观事物跨越层次的相互关系，它们具有四个明显的基本特征：突变、约束、编码、组织。方锦清从物理学角度考察了复杂性的若干基本特征，他认为复杂性有十大基本特征：非线性、多样性、多层性、多边形、整体性、统计性、自相似性、非对称性、不可逆性和自组织临界性等十大特征。[①] 吴彤教授认为复杂性的主要特征包括：不稳定性、多连通性、非集中控制性、不可分解性、涌现性和进化过程中的多样性以及进化能力。[②] 通观国内外学者的观点，复杂性的基本特征常常被提到和强调的主要有以下几个方面：

一　整体性

复杂性科学的研究对象是复杂系统，而复杂系统本身就是一个整体，所以整体性寓于系统之中。系统这个整体由部分或者子系统组成，这些部分之间有着相互联系与相互作用，正是这些组分之间的联系与作用，让整体具备了组成部分在孤立状态下所不具备的性质。系统的结构，功能等属性也只有在整体的层次上才能显现，系统作为整体与外界环境进行相互作用。

整体性概念是系统整体性原理的核心概念。系统整体性原理指的

---

① 方锦清：《令人关注的复杂性科学和复杂性研究》，《自然杂志》2002 年第 24 期。
② 吴彤：《科学哲学视野中的客观复杂性》，《系统辩证法学报》2001 年第 9 期。

是，系统是由若干要素组成的具有一定新功能的有机整体，各个作为系统子单元的要素一旦组成系统整体，就具有独立要素所不具有的性质和功能，形成了新的系统的质的规定性，从而表现出整体的性质和功能不等于各个要素的性质和功能的简单相加。如众所知，系统科学的一个基本问题是要素与系统的关系即部分与整体关系问题，这正是人类古老的难题：整体性之谜。正如普利高津在其探索复杂性中总结到，从亚里士多德到斯达尔、黑格尔、柏格森和其他反还原论者，都是同样的信念一直被表达出来：需要一个复杂的组织的概念来连接各种层次的描述，并说明整体和部分行为间的关系对系统局整关系的探索得到系统整体性原理，传统认识是整体等于部分之和，这是人们较为直观、带机械论特色的认识。人类科学发展到 20 世纪中叶，系统科学诞生，系统论揭示系统规律整体不等于部分之和。即系统会出现整体性，出现要素不具有的新质，又称为涌现属性。对这一系统律，人们早有猜察，但被认为是不可思议的悖论。整体不等于部分之和可能是整体大于部分之和，为系统效应，或整体小于部分之和，为负系统效应。其原因在于系统不是要素的简单堆集，而是要素之间有相互作用即结构（结构可视为稳定化的要素间关系）。系统的不同结构使系统产生不同的整体性与功能。

二　开放性

所谓开放性是指：系统与其所处的外界环境之间有着物质、能量和信息的交换。复杂系统必须从环境中吸取物质、能量和信息来维持自身的发展与演化。一个系统，特别是生命、社会、思维系统，只有对环境开放，同环境相互作用，同外部交换物质、能量、信息才能生存和发展。开放性更多说明了作为一个复杂系统必然与环境相互作用，它表明系统不仅与其环境存在相互作用，另外又与其观察者存在相互关联。

系统不能孤立地存在于环境中，必须与环境交换物质、能量与信息才能生成、存在与发展，这就驱使系统的结构是开放性结构。系统为了生存与发展，一方面要将内部的熵增物（异化物）向环境输出；另一方面又需从环境输入有用的物质、能量与信息（不少人称之为负熵，对此尚有争议），以抵抗和减少熵增。系统既要内部开放，又要对外开放。系统内部开放，即各子系统相互作用，才能形成系统的结构。系统对外开放，即与其他系统相互作用形成更大的系统，使自己成为更大系统的子系统，这样才不会孤立。更大系统也不能把自己孤立起来，也要开放，即与其他更大的系统相互作用，形成更大的系统……以至把整个宇宙联系成一个无所不包的系统。

三　非线性

非线性是与线性相对而言的。关于非线性的基本含义，普利高津曾指出：线性律与非线性律之间的一个明显区别就是叠加性质的有效还是无效：在一个线性系统里两个不同因素的组合作用只是每个单独作用的简单叠加。但在非线性系统中，一个微小的因素能导致它的幅值无法衡量的戏剧性效果。复杂性科学的研究对象是非线性系统，只能从整体把握而不能采用叠加的方式。线性是指两个量之间所存在的正比关系，在直角坐标系上呈直线，而非线性是指两个量不成正比，在直角坐标系中呈曲线。

"非线性"与"线性"原本是一对数学概念，用于区分数学中不同变量之间两种性质不同的关系。苗东升教授认为，可以从本体论和方法论两个层面来认识和区分线性思维和非线性思维。从本体论角度来看，线性思维认为，现实世界本质上是线性的，非线性不过是对线性的偏离或干扰。非线性思维认为，现实世界本质上是非线性的，但非线性程度和表现形式千差万别，线性系统不过是在简单情况下对非线性系统的一种可以接受的近似描述。从方法论角度来看，线性思维认为，非线性一般都可以简化为线性来认识和处理。非线性思维认为，一般情况下都要把非线性当成非线性来处理，只有在某些简单情况下才允许把非线性简化为线性来处理。因此有学者明确指出：非线性作用是系统无限多样性、不可预测性和差异性的根本原因，是复杂性的主要根源。非线性思维是一种直面事物本身的复杂性以及事物之间相互关系的复杂性、运用超越直线式的思维去力争更清晰的理解和把握认识对象的思维方式。不可否认，在认识简单的事物时，直线式的思维方式有利于提高认识的效率，但是在认识比较复杂的事物时，如果单单为了追求一种简单性、便捷性、效率性、因果性，而抛却事物的复杂性，我们得到的会是一种"假象式"的认识结果。实际上随着我们的思维范式由线性（原子论、还原论）向非线性（系统论）的转变，我们对自然和社会的本来面目的认识就更加深刻。

四　不确定性

不确定性是针对确定性而言的，是对确定性的否定。在近代科学发展史上，以牛顿力学为代表的经典自然科学向人们描绘了一幅确定性的世界愿景，并且宣称在这幅愿景图中的空白之处或者不清晰之处只是暂时的，是等待人类去逐渐填充的领域。然而20世纪60年代以后，现代系统科学中关于混沌现象的研究，却打破了传统科学中把"确定性"与"不确定性"截然分割的思想禁锢，并用大量客观事实和实验表明，正是由于确定性和不确定性的相互联系和相互转化，才构成了丰富多彩的现实世界。著名科学家普利高津曾说："我坚信，我们正处在科学史中一个重要的转折点上。我们走到了伽利略和牛顿所开辟的道路的尽头，他们给我们描绘了一个时间可逆的确定性宇宙的图景。我们现在却看到了确定性的腐朽和物理学定义新表述的诞生。"事实上，许多学科领域关于"不确定性"的研究成果已经揭示了微观和宏观世界中不确定性的必然存在。如量子力学中的海森堡测不准原则、数理逻辑中的哥德尔定理、社会选择理论中的阿罗不可能定理以及模糊逻辑等方法的提出，都从不同的学科角度，为"不确定性"成为科学研究的对象提供了准备条件。美国密歇根大学地质科学家亨利·N.波拉克（H. N. Pollack, 1936—　）说："科学会因为不确定性而衰弱吗？恰恰相反，许多科学的成功正是由于科学家在追求知识的过程中学会了利用不确定性。不确定性非但不是阻碍科学前行的障碍，而且是推动科学进步的动力。科学是靠不确定性繁荣的。"不确定性产生的根源是什么呢？"从本质上，不确定性源自社会系统本身所固有的、内在的层次性、开放性、动态性、相干性、非线性、临界性、自组织性、自强化性和突变性。根据不确定性的特点，一般可以把不确定性分为五类：客观不确定性、主观不确定性、过程不确定性、博弈不确定性和突变不确定性。"①

五　自组织性

所谓自组织是指：系统在没有外界集中控制和内部指令性控制的条件下，系统内部诸多组分之间以及与外界环境之间通过涨落和选择，自发地从无序走向有序的过程。系统的有序性可以表现为时间、空间和功能的宏观结构。系统自组织的实现，在很大程度上依赖系统的反馈机制。因为系统在达到预定目的的过程中，不可避免地要受到扰动，从而偏离预定的路线。自组织表明，系统的结构不是先定的，而是在系统应付环境的过程中自动地发展或改变内在的结构，并没有什么中心来控制系统的发展。

组织是指系统内的有序结构或这种有序结构的形成过程。德国理论物理学家哈肯依据组织的进化形式把"组织"分为他组织和自组织两类。自组织是相对于他组织而言的，我们一般把不能自行组织、自行创生、自行演化，不能够自主地从无序走向有序的组织称为他组织。他组织只能依靠外界的特定指令来推动组织向有序演化，从而被动地从无序走向有序。相反，自组织是指无须外界特定指令就能自行组织、自行创生、自行演化，能够自主地从无序走向有序，形成有结构的系统。

自组织理论是20世纪60年代末期开始建立并发展起来的一种系统理论。它的研究对象主要是复杂自组织系统（生命系统、社会系统）的形成和发展机制问题，即在一定条件下，系统是如何自发地由

---

① 黄欣荣：《复杂性科学的方法论研究》，重庆大学出版社2006年版，第188页。

无序走向有序、由低级有序走向高级有序的。吴彤教授认为自组织理论由耗散结构理论、协同学、突变论、超循环理论、分形理论和混沌理论组成。其中，耗散结构理论是解决自组织出现的条件环境问题的，协同学基本上是解决自组织的动力学问题的，突变论从数学抽象的角度研究了自组织的途径问题，超循环论解决了自组织的结合形式问题，分形理论和混沌理论则从时序和空间序的角度研究了自组织的复杂性和图景问题。一般认为，系统开放、远离平衡、非线性相互作用、涨落是自组织形成的基本条件。

自组织现象无论在自然界还是在人类社会中都普遍存在。一个系统自组织功能愈强，其保持和产生新功能的能力也就愈强。我们把这种无须外界控制和干扰、通过系统自身的调节和演化达到有序的特性称为自组织性，如达尔文提出的"物竞天择，适者生存"，就可以看成是自然界中的生物通过生态系统的自身调节而达到的不同物种之间进化发展的自组织过程。

六　涌现性

复杂性科学把系统整体具有而部分所不具有的属性、特征、行为、功能等特性称为涌现性。也就是说，当我们把整体还原为各个部分时，整体所具有的这些属性、特征、行为、功能等便不可能体现在单个的部分上。

我国古代思想家老子的"有生于无"的论断，便是对涌现性古老而又深刻的理解和表达。贝塔朗菲借用亚里士多德的著名命题"整体大于部分之和"来表达涌现性；霍兰认为涌现的本质是"由小生大，由简入繁"。复杂性科学家常借用"复杂来自简单"来表述涌现，认为复杂性是随着事物的演化从简单性中涌现出来的。虽然涌现性是整体的一种现象和特性，但是整体的现象和特性不一定都是涌现。贝塔朗菲区分了累加性与生成性（非加和性）两种整体特征，把整体分为非系统总和与系统总和两种。要清楚地认识到单单只把各部分特性累加起来所形成的整体特性不是涌现性，只有依赖部分之间特定关系的特征所构成的生成性（不是加和性）才称得上是"涌现性"。由此可以得出，从部分本身的简单相加来推断、预测涌现现象是不可能的，涌现性是一个描述复杂系统层次所呈现的模式、结构或特征的科学概念。

涌现性是复杂系统演化的内在特性，它表明系统的性质和功能不是由组分的性质和功能叠加而成的，而是在组分的相互作用的基础上产生出的新性质和功能。有学者认为复杂性研究实质上就是一门关于涌现的科学。譬如分子组合成细胞，消费者和企业组合成经济，等等。在每一个阶段，先形成的结构都会形成和产生新的突然出现的行为表现。我们面临的挑战，也就是如何发现涌现的基本法则，如何发现复杂系统突现的平衡点。这个平衡点是一个系统中的各种因素从无真正静止在某一个状态中，但也没有动荡至解体的那个地方，是一个经常变幻在停滞与无政府两种状态之间的战区，这便是复杂系统能够自发调整和存活的地带。①

第三节　复杂科学及其研究旨趣与应用

复杂性研究已经在复杂性理论建构和复杂性科学研究等方面取得了丰硕的成果。关于复杂性理论的相关情况，我们将在后面辟专章介绍和讨论，这里先讨论复杂性科学。复杂性科学（也叫复杂科学）不是某种单个的具体的科学理论，它是一个正在不断丰富着的科学群的统称。在一定意义上也可以称为，与传统的科学形态不同的新的另一类科学。总之，这是一群或一类探究复杂性问题，研究复杂系统，并且它们自身在所关涉领域、具体内容、研究方法等方面也表现为综合性的复杂性的科学。按照传统的观念来看，它们的学科性质不能够被非此即彼地进行简单的界定，它们甚至既不是单纯的传统意义上的自然科学，也不是单纯的传统意义上的人文或社会科学。它们事实上

---

① 以上关于复杂性六大特征叙述中的引文均转引自蒋士会、郭少东《复杂性科学的方法论探微》，《广西师范大学学报》（哲学社会科学版）2009 年第 3 期。

就是一群专门探究综合性和复杂性问题的新科学。下面我们就其发展阶段、主要流派、研究旨趣和应用前景等进行介绍阐释和讨论。

一　复杂性科学研究走过的三个主流发展阶段

复杂性科学研究主流发展的三个阶段主要是指：埃德加·莫兰的学说、普利高津的布鲁塞尔学派、圣塔菲研究所的理论。[①] 在这里我们先点到为止，有关它们的具体内容，我们在后面的章节作详细论述。

复杂性科学研究的第一个阶段——埃德加·莫兰的学说。埃德加·莫兰是当代思想史上最先把"复杂性研究"作为课题提出来的人。莫兰正式提出"复杂性方法"是在他 1973 年发表的《迷失的范式：人性研究》一书中。莫兰复杂性思想的核心是他所说的"来自噪声的有序"的原则，该原则可以简要表述如下：将一些具有磁性的小立方体散乱地搁置在一个盒子里，然后任意摇动这个盒子，最后人们看到盒子中的小立方体在充分运动之后根据磁极的取向互相连接形成一个有序的结构。在这个例子中，任意地摇动盒子是无序的表现，显然单靠它不能导致小立方体形成整体的有序结构。小立方体本身具有磁性，是产生有序性的潜能，但是这个潜能借助了无序因素的辅助或中介而得以实现。在这个原理里，无序性是必要条件而不是充分条件，它必须与已有的有序性因素配合才能产生现实的有序性或更高级的有序性。这条原理打破了有关有序性和无序性相互对立和排斥的传统观念，指出它们在一定条件下可以相互为用，共同促进系统的组织复杂性的增长。[②] 这正是莫兰在其书中阐发的复杂性方法的一条基本原则，它揭示了动态有序的现象的本质。

复杂性科学研究的第二个阶段——普利高津的布鲁塞尔学派。比莫兰稍晚，普利高津在他与斯唐热于 1979 年出版的法文版《新的联

---

① 潘旭明：《复杂性科学研究述评》，《自然辩证法研究》2007 年第 6 期。

② ［法］埃德加·莫兰：《方法：天然之天性》，吴泓缈、冯学俊译，北京大学出版社 2002 年版，第 31 页。

盟》一书中提出了"复杂性科学"的概念（此书的英文版改名为《从混沌到有序》）。① 在那里，复杂性科学是作为经典科学的对立物和超越者被提出来的。他说："在经典物理学中，基本的过程被认为是决定论的和可逆的。"今天，"我们发现我们自己处在一个可逆性和决定论只适用于有限的简单情况，而不可逆性和随机性却占统治地位的世界之中"。因此，"物理科学正在从决定论的可逆过程走向随机的和不可逆的过程"。普利高津紧紧抓住的核心问题就是经典物理学在它的静态的、简化的研究方式中从不考虑"时间"这个参量的作用，从而把物理过程看成是可逆的。实际上，普利高津并没有提出一个明确的"复杂性"的定义，他提出的复杂性的理论主要是揭示物质进化过程的理化机制的不可逆过程的理论，即耗散结构理论。

　　复杂性科学研究的第三个阶段——圣塔菲研究所的理论。1984 年5 月成立的美国圣塔菲研究所，由各学科的第一流精英参与，受到美国公私财政机构的大力资助，被视为世界复杂性问题研究的中枢。然而，圣塔菲研究所的复杂性观念与莫兰和普利高津的复杂性观念有很大的区别。例如，圣塔菲研究所的学术领头人盖尔曼（M. Gell-Mann）指出："在研究任何复杂适应系统的进化时，最重要的是要分清这三个问题：基本规则、被冻结的偶然事件以及对适应进行的选择。"②"被冻结的偶然事件"是指一些在物质世界发展的历史过程中其后果被固定下来并演变为较高级层次上的特殊规律的事件，这些派生的规律包含着历史特定条件和偶然因素的影响。盖尔曼认为，事物的有效复杂性只受基本规律少许影响，大部分影响来自"冻结的偶然事件"。盖尔曼随后还指出了复杂系统的适应性特征，即它们能够从经验中提取有关客观世界的规律性的东西作为自己行为方式的参照，并通过实践活动中的反馈来改进自己对世界的规律性的认识。也就是

---

① ［比利时］普利高津、斯唐热：《从混沌到有序——人与自然的新对话》，曾庆宏等译，上海译文出版社 1987 年版。

② ［美］盖尔曼：《夸克与美洲豹》，杨建邺、李湘莲等译，湖南科学技术出版社1999 年版，第 291 页。

说，系统不是被动地接受环境的影响，而是能够主动地对环境施加影响，因此，他认为复杂性科学研究的焦点不是客体的或环境的复杂性，而是主体自身的复杂性——主体复杂的应变能力以及与之相应的复杂的结构。

二　几种主要的复杂性科学

就目前已有的状况来看，复杂性科学主要包括：早期研究阶段的一般系统论、控制论、信息论、人工智能等；后期研究阶段的耗散结构理论、协同学、超循环理论、突变论、混沌理论、分形理论和元胞自动机理论等。① 目前，介绍和讨论这些理论，特别是早期研究阶段的那些理论的基本要义和具体内容的文献资料汗牛充栋，到处可见。再加上它们所具体阐述的相关的专业性的理论内容，并不是本书需要重点关注的，因此，这里我们就不对它们逐一进行介绍和讨论了，我们只简要介绍协同学、突变论和耗散结构理论的基本要义，以便能够使我们管中窥豹。

协同学（Synergetics）是由德国学者哈肯创立的。② 协同学是研究有序结构形成和演化的机制，描述各类非平衡相变的条件和规律。协同学认为，千差万别的系统，尽管其属性不同，但在整个环境中，各个系统间存在着相互影响而又相互合作的关系。协同学进一步指出，对于一种模型，随着参数、边界条件的不同以及涨落的作用，所得到的图样可能很不相同；而对于一些很不相同的系统，却可以产生相同的图样。由此可以得出一个结论：形态发生过程的不同模型可以导致相同的图样。在每一种情况下，都可能存在生成同样图样的一大类模型。

突变论（Catastrophe Theory）的创始人是法国数学家勒内·托姆（René Thom）。突变论是研究客观世界非连续性突然变化现象的一门

---

① 潘旭明：《复杂性科学研究述评》，《自然辩证法研究》2007 年第 6 期。
② ［德］H. 哈肯：《协同学导论》，西北大学科研处 1981 年版。

新兴学科。突变论认为，系统所处的状态，可用一组参数描述。当系统处于稳定态时，标志该系统状态的某个函数就取唯一的值。当参数在某个范围内变化，该函数值有不止一个极值时，系统必然处于不稳定状态。勒内·托姆指出：系统从一种稳定状态进入不稳定状态，随参数的再变化，又使不稳定状态进入另一种稳定状态，那么，系统状态就在这一刹那间发生了突变。突变论还提出：高度优化的设计很可能有许多不理想的性质，因为结构上最优，因而可能存在对缺陷的高度敏感性，产生特别难于对付的破坏性，以致发生真正的"灾变"。①

耗散结构理论是普利高津（Pregogine）于 20 世纪六七十年代创立的。普利高津一直在从事关于非平衡统计物理学的研究工作，当他将热力学和统计物理学从平衡态推到近平衡态，再向远平衡态推进时终于发现：一个远离平衡态的非线性的开放系统（不管是物理的、化学的、生物的乃至社会的、经济的系统）通过不断地与外界交换物质和能量，在系统内部某个参量的变化达到一定的阈值时，通过涨落，系统可能发生突变即非平衡相变，由原来的混沌无序状态转变为一种在时间上、空间上或功能上的有序状态。这种在远离平衡的非线性区形成的新的稳定的宏观有序结构，由于需要不断与外界交换物质或能量才能维持，因此称之为"耗散结构"（dissipative structure）。②

三　复杂性科学的研究旨趣

1. 对还原论的批判和超越

我们这里所说的还原论（Reductionism），指的是涉及一切科学领域的、一般哲学意义上的还原论，不是局限在某一学科领域内（如生物学、物理、化学）的还原论；是在方法论层次上谈论还原论，不是在本体论还原或者理论间还原层面上谈论的还

---

① ［法］勒内·托姆：《突变论：思想和应用》，周仲良译，上海译文出版社 1989 年版，第 194 页。

② ［比利时］普利高津、斯唐热：《从混沌到有序——人与自然的新对话》，曾庆宏等译，上海译文出版社 1987 年版，第 43 页。

原论。

据考证，"还原论"一词最早由著名哲学家蒯因于 1951 年在《经验论的两个教条》一文中正式提出，但还原论的思想却源远流长。中国古代的思想家们和古希腊的哲学家们在探讨物质的构成和世界的本源时所提出的一系列思想，基本上都可以看成是还原论思想的萌芽，但这些萌芽与现代意义上的还原论思想相差很大。

还原论是把物质的高级运动形式（如生命运动）归结为低级运动形式（如机械运动），用低级运动形式的规律代替或解释高级运动形式的规律的方法。还原论认为，各种现象都可被还原成一组基本的要素，各基本要素彼此独立，不因外在因素而改变其本质，通过这些基本要素的研究，可推知整体现象的本质。从科学和哲学思想史上看，法国哲学家笛卡儿是还原论思想的奠基者，他所提出的指导人们思维活动的著名的"四条原则"，完整地表达了还原论的基本内涵。笛卡儿的方法论思想经过牛顿到爱因斯坦历代科学家的补充和发展，经过四百年科学实践的检验不断完善，形成了还原论在现代科学体系中的支配地位。"四条原则"，即除了清楚明白的观念外，绝不接受其他任何东西；必须将每个问题分解成若干个简单的部分来处理；思想必须从简单到复杂；我们应该时常彻底地检查，确保没有遗漏任何东西。

复杂性科学研究的一个共同特点，便是在方法论层面对还原论的批判和超越。"超越"是西方哲学中经常用到的一个术语，超越不是彻底否定和抛弃原来的理论。我国哲学家张世英曾说："超越、扬弃不是绝对否定和抛弃，而是经过它又超越它。"复杂性科学如何才能够超越还原论呢？苗东升教授论述"把复杂性当作复杂性来处理"道出了答案。具体的策略则是：把非线性当作非线性处理、把远离平衡当作远离平衡来处理、把混沌当作混沌来处理、把分形当作分形来处理。

如果我们从方法论层面上来理解还原论，就会发现近代科学的产生、发展与所取得的成就都离不开还原论的作用，诺贝尔奖获得者所取得的成就大部分是在还原论思想的指导下取得的。由此可见，在科学研究领域内，包括复杂性科学研究领域，想彻底否定还原论是不现实的。我们所做的是要"超越还原论"，而非"否定还原论"。

2. 对整体论的追求和超越

整体论（Holism）是指用系统、整体的观点来考察有机界的理论。20 世纪 30—50 年代，贝塔朗菲总结了生命科学的新成就，在批判机械论和活力论的基础上，系统地提出了有机体论即整体论。如同还原论一样，整体论的思想萌芽也早已有之。我国古代医学经典《黄帝内经》最大的特点便是从调理人的整体机能入手看待和医治疾病。古希腊哲学家亚里士多德关于"离开人的手就不算人的手"的论断，更是对整体思想的强调。实际上，整体论思想应该比还原论思想诞生得还要早，只不过后来随着西方近代科学的兴起，整体论在科学研究中起到的作用逐渐衰微。

整体论强调生命系统的组织化、目的性特征，反对机械论把世界图景归结为无机系统微观粒子无序的、盲目的运动，但是整体论却忽略了偶然性、随机性在生命发展中的作用。复杂性科学的兴起，首先举起了反对还原论方法的大旗，因为复杂性科学的研究对象是复杂系统，而复杂系统本身的多样性、相关性、一体性必然是与其自身的整体性紧密联系在一起的。由此可见，复杂性科学与整体论的渊源关系很深。虽然整体论思想批判了还原论思想的局限性，揭示了事物间的相互依赖性和联系性，但是整体论思想仍不可避免地带有机械构成论的局限。这说明，整体论思想并不等同于复杂性科学的方法论。

3. 对"融贯论"的创建与追求

法国思想家埃德加·莫兰曾说："整体主义与它反对的还原主义同属于简化的原则（前者是关于整体的简化思想和把一切都划归为整体）。整体主义只包含对整体的局部的单方面的简化的看法。它把整体的概念变成一个汇总的概念。因此整体主义属于简化范式。"法国哲学家帕斯卡同样旗帜鲜明地指出："我认为不认识整体就不可能认识各个部分，同样不特别地认识各个部分也不可能认识整体。"由此可以得出，从部分解释整体和从整体解释部分，既不消除它们彼此之间的对立性，又通过它们连接起来的运动彼此变成互补。正如埃德加·莫兰所言："我们的系统观是对还原论和整体论的超越，它通过统合两派各自所有的部分真理来寻找一个理解原则：它不应该为了部分而牺牲整体，也不可能为了整体而牺牲部分。重要的是阐明整体与部分之间的关系，他们互相凭借。"因此，复杂性科学要在对还原论和整体论超越的基础上，将二者有机地结合起来，以便形成复杂性科学所独有的方法论。在这一方面，国内外的学者们已经作出了一些探索，取得了一些成果。如，钱学森提出的"综合集成方法"，后来发展成为"综合集成研讨厅体系"。钱学森说："我们所提倡的系统论，既不是整体论，也非还原论，而是整体论与还原论的辩证统一，是更高一层次的东西，即我们的系统论既要包括整体论，也要包括还原论。"成思危在论述复杂性科学方法论时，也曾明确提出还原论和整体论相结合的原则；美国学者欧阳莹之则提出了"综合微观分析"，而本文中所使用的"融贯论"（Syncretism），来源于黄欣荣的博士学位论文。这些提法虽然称呼不同，指的都是在超越还原论和整体论的基础上，将两者结合起来所形成的一种新的方法论。黄欣荣认为融贯论的精髓是："既包括客观的过去和现在，也包括未来"；既重视分析，也重视综合；在研究具体系统时，既注意部分也注意整体；从内外上下、横纵前后认识和解决问题。

由此可见，在超越还原论和整体论基础之上所形成的融贯论，既吸收了整体论从整体看问题的长处，又包含了还原论深入分析问题的优点。这是一种在注意克服各自局限性的前提下，敞开胸怀、取长补短、实现互补而形成部分和整体、分析和综合有机融合的新的方法论。

我们生活在一个复杂的世界里，要想穷尽复杂性科学的方法论意蕴，是完全超出我们能力范围的。对此，美国哲学家、匹兹堡大学哲学系教授、科学哲学中心主席尼古拉斯·雷舍尔（Nicholas Rescher，1928— ）曾说：对复杂性进行研究既是一种祸害也是一种福音，说它是福音是因为它总是不可避免地与我们相伴，并成为进步的真正先决条件；说它是祸害是因为它自身既是消极的，又是阻碍我们顺利实现进一步发展的重负。但是，我们并不能因此而停止探索的脚步，复杂性科学的研究之路任重而道远，我们才刚刚上路。

四　复杂性科学的拓展应用

复杂性科学不但在物理、数学、生物等传统自然科学中成就斐然，而且在经济、社会、管理等研究领域也已蓬勃兴起。经济、社会、管理等研究领域的复杂性研究，是复杂性科学在所谓传统自然科学方面的复杂性研究的基础上的进一步拓展和应用。虽然非线性分析最早揭示了确定性社会学中人口增长存在的混沌特征，但是后续研究却相对缺乏。乔治·梅森大学的沃菲尔德（Warfield）率先探讨了管理中的复杂性，并提出了在复杂环境下提高决策效果的结构化系统分析方法。弗勒德（Flood）等从系统方法的角度研究了管理混沌与复杂性的方法。泰斯费特森（Tesfatsion）把人工生命模型用来为商业网的演化建模；阿尔宾（Albin）和弗雷（Folay）则把这一模型用于研究市场结构的演化、货币政策问题以及囚徒两难游戏中合作的出现等。作为世界复杂性研究发源地和研究中心，圣塔菲研究所在经济系统复杂性研究方面更是取得了突出成就，相关研究举世瞩目。艾普斯坦（Epstein）和阿克斯特尔（Axtell）把人工生命模型应用到了人工社会。卢瓦（Loye）和艾斯勒（Eisler）对社会科学中的混沌和非均衡现象的探讨，是复杂性在社会科学中的应用研究之一。

复杂性科学同样逐渐被公共管理研究所接受。基尔（Kiel）和艾略特（Elliott）认为政府预算是一个充满变化的非线性和复杂系统，基尔还运用非线性动力学方法发现在政府组织中存在混沌和"隐序"现象。康姆福特（Comfort）证明了复杂性科学能作为一种模型在自然的或技术的灾难发生期间协调组织内部的活动。斯耶塔特（Thietart）和福尔格（Forgues）研究了混沌与组织的关系。史黛丝（Stacey）指出组织是复杂的演化系统。萨克曼（Sack-mann）研究了组织的文化复杂性问题后指出，新时代的组织文化充满了冲突和复杂性，并从多个层次进行了初步分析。阿克斯罗德（Axlord）研究了组织合作复杂性问题，初步分析了组织合作稳定与不稳定性条件。网络研究不仅被用于政府组织研究，而且发展了公共政策分析的网络视角，同时还被用于疾病传播等公共安全领域，尤尔（Euel）将多智能体建模和仿真的技术用于分析恐怖分子行为，发展出相应的公共安全策略。复杂网络研究已经从更深层次的人际网络互动，为突发公共卫生事件的处理提供了新的解决思路。网络不仅是疾病传播的载体，而且因为网络的特殊结构而直接导致了疾病传播规律的改变。据进一步研究表明，这些疾病传播网络内部的生物群落是由一个无限方差的连接分布所耦合的，均表现出显著的无标度特征和小世界现象，正是具有这样的复杂网络特征，才使得传统的疾病传播模型找不到阈值，因而即使这种传染病的传染性极低，它也将持续传播。复杂网络研究已经从更深层次的人际网络互动为突发公共卫生事件处理提供了新的解决思路。①

总体而言，社会科学领域中的复杂性研究的理论和应用主要集中在经济管理领域，在公共管理等领域的研究还相对比较滞后，许多研究还主要停留在概念和定性的层面，定量分析和模型并不多见；而且，已有的研究成果多数只涉及公共管理的某一方面，分析方法也比较单一（多集中在以混沌为代表的系统非线性研究），将公共事务统筹管理作为整体评价研究目标，进而在相关复杂性研究中综合考虑经济、社会、管理等问题的研究成果还少见报道。正如克劳斯指出的"社会学理论中，对于复杂性和非线性的认识论考察仍然处于初期"，公共管理领域中的复杂性研究也正面临这样的情况。

在我国，成思危教授领导了管理科学方面复杂系统的研究，其多数研究成果集中在对经济系统的非线性，尤其是混沌分析；另外，也

---

① 杜海峰、李树茁、朱正威、白萌：《公共管理与复杂性科学》，《浙江社会科学》2009 年第 3 期。

有学者开始关注复杂性理论在人力资源管理、高技术企业成长机制以及组织管理中的应用。伴随着复杂性研究所在国内很多管理学院相继成立，管理科学中的复杂性研究已经成为这一领域中的热点问题之一。管理学的这一新的研究动向也开始影响到国内的公共管理复杂性研究。公共管理领域内，已经有学者已经开始注意基尔（Kiel）的有关混沌非线性公共管理研究，逐渐认识到复杂性科学的重要作用；也开始将复杂性科学的有关成果应用到诸如农民工流动这样的中国公共管理问题研究中。这些研究基本都处在跟踪阶段，与国际研究前沿差距较大；而这种差距，也正反映出与美国等发达国家相比，目前我国公共管理学科的教学与研究仍然比较落后的现实。

　　总之，无论是复杂性科学已有的成就，还是复杂性研究正在方兴未艾地不断拓展着的上述各个方面的研究，对我们研究我国大学人文素质教育等这样的教育复杂性问题，都具有重要的价值。他们不仅能够为我们的研究提供基本理念、研究方法以及科学原理等理论支持，而且也为我们的研究作出了可资借鉴的多方面的启示和示范，特别是上述所谓社会科学领域中的一些研究进展，甚至其中的一些具体观念和结论等，尽管还是初步的，但它对我们研究我国大学人文素质教育问题，具有直接借用的可能性和多层面的参考价值。

第十章

复杂性理论及其创新价值

复杂性研究开始于科学研究领域，但很快便成为一种时代浪潮。当前它已经成为一种具有世界规模的科学思潮和文化运动。正如我们此前所说，复杂性研究不仅已经超越科学范畴，遍及与我们的生活相关的各个领域和诸如科学、技术、哲学等理论研究的所有层次，而且学派林立、观点纷呈、新见迭出，著作大量问世、文献加速增长，乃至于有人称"复杂性丛林"。因此，本章我们将用比上一章所谓的复杂性科学的概念更具包容性的复杂性理论概念来称呼这些思想观点或研究成果。目的是想告诉人们，本章我们的讨论视角不仅局限在复杂性研究的某个领域或方面，而是对复杂性研究的整体透视，是把它看作为一种时代性的普遍的思潮，一种全新的世界观，来加以介绍、分析和把握，并在据此所呈现出来的当前复杂性研究整体状态的前提下，分析论证其创新价值等。

第一节　最具代表性的几种复杂性理论

虽然复杂性研究的时间还很短，和人类源远流长的一些科学与理论相比，复杂性理论可以说才刚刚创立，还很年轻，还处在不断创建的浪潮当中。但是，在非同寻常的一下子就"涌现"出来的所谓的"复杂性丛林"之中，各种各样的复杂性观点、思想和理论几乎不胜枚举。我们不可能对所有这些理论观点进行逐个地介绍分析，我们将就其中有代表性的理论成果和研究进展加以介绍。

一 埃德加·莫兰的复杂性理论

可以说，埃德加·莫兰是当代思想史上最先把"复杂性研究"作为课题提出来的人。他通过批判经典科学的方法论所代表的简化的理性主义的弊病，提出建立"复杂方法""复杂思想"或"复杂范式"的必要。他在这一方面的代表作是六卷本巨著《方法》。莫兰正式提出"复杂性方法"是在他1973年发表的《迷失的范式：人性研究》一书中。莫兰复杂性方法的要点包括：批判经典科学方法论把"有序性作为绝对的解释的最高的原则"，用"多样性的统一"来纠正经典科学的还原论的认识方法，以能动的自组织的回归的因果性来补充被动的线性的机械因果性，以整体和部分之间相互作用的观念来代替以往系统论中单纯强调整体性效应的观念。莫兰复杂性思想的核心是"来自噪声的有序"的原则。[①]

他在《复杂思想导论》中对于复杂性作了如下的界说："所谓复杂的东西不能用一个关键词来概括，不能归结为一条规律，也不能化归为一个简单的思想。"换言之，复杂的东西也不能用"复杂性"一词来概括，被归结为一条所谓的复杂性规律，被化归为一个复杂性的观念。复杂性是不能够用简单的方式来加以确定并取代简单性的东西。[②]

莫兰复杂性理论的第一个基本内容：强调影响事物发展变化因素作用的多元性。认为简化的方法固然有其效力，但是对于世界上的复杂事物来讲决定的因素是多样的，不能简单地把多种因素划归为一种因素，甚至不能确定某一主导因素而低估了其他因素的作用。其在《迷失的范式：人性研究》中阐述了人类进化过程中起决定性作用的诸因素时，指出原人的进化过程是遗传、环境、大脑、社会和文化的相互干预产生的复杂的多方面的形态发展过程。针对世界及其组成事

---

① 陈一壮：《试论复杂性理论的精髓》，《哲学研究》2005年第6期。
② .陈一壮：《论法国哲学家埃德加·莫兰的复杂思想》，《中南大学学报》2004年第1期，第11页。

物是多样性的统一，莫兰提出了应用"宏大概念"（macro-concept）来认识对象。宏大概念是由若干不同的基本概念或观点组成的概念网络，作为组成单元的概念或观点之间存在着互补、竞争和对抗的关系，而它们每一个又揭示出复杂对象性质的一个方面。比如莫兰提出用"无序—有序—相互作用—组织"的四元宏大概念来理解宇宙中的一般存在，也就是轮流用"无序""有序""相互作用"和"组织"的基本观点来考察对象。

莫兰还对复杂范式作了如下的论述："复杂性是简单性和复杂性的统一；它是进行选择、层次化，分离和化归的简化过程与进行沟通、即连接那些被分离和被区别的方面的反过程的统一。因此，它既反对只见部分的还原主义思想，又反对只见全体的整体主义思想，而表现为它们的结合。"[①]

莫兰复杂性理论的第二个基本内容：世界是有序与无序交织而成的。世界既不可能是纯粹有序的也不可能是纯粹无序的，因为在一个只有无序性的世界里任何事物都将化为乌有而不可能存在，而在一个只有有序性的世界里万物将一成不变，不会有新东西发生。所以世界的基本性质是有序性和无序性的交混，而这正构成了它的复杂性的基础。有序性和无序性各自的作用也是复杂的，即各包含有积极的方面和消极的方面。有序性维护现有有序事物的持存并形成一个使人类易于开展实践活动的环境，但是它阻止新质事物的产生和把人类活动限制在一种无创造性的机械运作之中，无序性会引起事物的衰退和干扰人类行动计划的实行，但是它会引起新质事物的产生和为人类实践活动提供罕见的有利机遇。对无序性的作用和意义的认识曾是一个难点。莫兰在批判经典科学世界观的基础上，与世界上其他一些著名的科学家和哲学家如普利高津等一起着力阐发了无序性作用的积极方面，说明无序性在破坏旧秩序之后为创生一个新的更高级的秩序提供

---

① 陈一壮：《论法国哲学家埃德加·莫兰的复杂思想》，《中南大学学报》2004 年第 1 期，第 13 页。

可能性，而且它还构成主体能动活动的条件之一。

莫兰复杂性理论的第三个基本内容：提出了元观点理论。莫兰引述元数学中的哥德尔不完全定理和塔尔斯基的语义学定理，指出"任何一个概念系统必然包含一些只能在系统之外给予回答的问题"。因此，要考察一个系统，就必须参照一个元系统。元系统是一个比系统在证明手段上更加有力、在内容上更为丰富的形式系统，它包含了系统成立的条件或其前提的根据。元系统代表着一个认识对象的更广阔的视界，因此根据复杂方法论，关于某类对象的理论系统不应当是绝对封闭的，它应该随时准备对它的元系统开放。在它的元系统被建立起来的情况下，它对对象的考察应当既在系统的框架内进行又在元系统的框架内进行，这样就会既看到对对象的认识结论的效用又看到这一效用的条件或限度。这叫作"用双目观物"。

除了对复杂性这些基本问题的研究之外，莫兰还将其用于教育问题的探讨。他的《复杂性理论与教育问题》一书汇集了他的两篇教育学论著《未来教育所必需的七种知识》和《构造得宜的头脑》，是运用其颇具特色的"复杂思维范式"对教育问题进行思考的结果，《未来教育所必需的七种知识》一文提出了复杂思维范式下未来教育应该教给人的七种必不可少的知识：在教育中要引入关于人类认识的研究和知识；恰切地把握整体和部分之间关系的认识原则；人类地位；人的地球本征；迎战不确定性；相互理解；人类的伦理学。教育对于培养人们形成新的思想方式起着重要的作用，因此追求人们思想方式变革的作者对教育改革也提出了自己的观点。这是《构造得宜的头脑》一文的出发点。

二　普利高津的复杂性理论

普利高津在他与斯唐热于 1979 年出版的《新的联盟》（即《从混沌到有序》）一书中提出了"复杂性科学"的概念。复杂性科学是作为经典科学的对立物和超越者被提出来的。普利高津认为："在经典物理学中，基本的过程被认为是决定论的和可逆的。"① 我们发现我们自己处在一个可逆性和决定论只适用于有限的简单情况，而不可逆性和随机性却占统治地位的世界之中。因此，"物理科学正在从决定论的可逆过程走向随机的和不可逆的过程"。普利高津紧紧抓住的核心问题即经典物理学在它的静态的、简化的研究方式中从不考虑"时间"这个参量的作用，从而把物理过程看成是可逆的。实际上，时间箭头在宇宙结构中是一个重要因子，任何物理过程都是不可逆的：在封闭系统和开放系统近平衡态的情况下，由于热学力第二定律的作用，物理过程趋向退化；而在开放系统、远离平衡态又有内部组分的非线性相互作用机制的情况下，过程趋于进化。普利高津没有提出一个明确的"复杂性"的定义。他提出的关于复杂性的理论就是不可逆过程的物理学的理论，其中主要是揭示物质进化过程的理化机制的耗散结构理论。普利高津说这个理论研究了物理、化学中的"导致复杂过程的自组织现象"②。因此我们可以揣测普利高津所说的"复杂性"就是不可逆的进化的物理过程所导致的那些现象的总体：在热力学分岔点出现的多种发展可能性和不确定性，动态有序结构的增长和多样化，等等。耗散结构理论中的"经过涨落的有序"的原理揭示了体现了无序性中的偶然性的涨落事件对有序性的形成和发展所起的积极作用，与"来自噪声的有序"的原理有异曲同工之妙。

普利高津的理论又被称为耗散结构理论。因此，耗散结构是其复杂性思想中的关键概念之一。而所谓的耗散结构，就是指"一个开放系统在达到远离平衡态的非线性区时，一旦系统的某个参量的变化达到一定的阈值，通过涨落，系统可能发生突变，即非平衡相变，由原来的无序的混乱状态转变到一种时间、空间或功能有序的新的状态"③。

---

① ［比利时］普利高津、斯唐热：《从混沌到有序——人与自然的新对话》，曾庆宏等译，上海译文出版社1987年版，第42页。
② ［比利时］尼科里斯、普利高津：《探索复杂性》，罗久里译，四川教育出版社1986年版，第23页。
③ 颜泽贤、范冬萍、张华夏：《系统科学导论——复杂性探索》，人民出版社2006年版，第41页。

　　根据普利高津的研究，耗散结构的出现必须有这样几个条件：
（1）系统必须是开放系统。耗散结构只能在开放系统中出现，因为开
放系统可以与外界环境之间有源源不断的物质、能量与信息的交换，
这是耗散结构形成与维持的一个基本条件。（2）远离平衡态。按照热
力学的定义，平衡态是指孤立系统经过无限长的时间后，稳定存在的
一种最均匀有序的状态。开放系统在外界作用下离开平衡态，开放逐
渐加大，外界对系统的影响变强，将系统逐渐从近平衡区推向远离平
衡的非线性区，只有这时才有可能形成有序结构，否则即使系统开
放，也无济于事。[①]（3）非线性相互作用。系统组分之间的相互作用
是非线性的，小原因可以引起大结果，大原因可以有小结果，也可以
是一因多果，或者多因一果。（4）涨落。所谓涨落就是随机发生的若
干组分之间的相关变动，它的出现没有确定的地点，没有确定的时
间，也不能确定它的方向。[②] 涨落其实是系统运动中多种可能状态之
间的竞争，通过涨落，有些运动状态逐渐衰减，有些运动状态逐渐增
强，从而控制系统的运动状态。

三　圣塔菲研究所的复杂性理论

　　1984 年美国的圣塔菲研究所成立，它接过了"复杂性科学"的
口号。该研究所有各学科的一流精英参与，有若干诺贝尔奖获得者领
头，又受到美国公私财政机构的大力资助，实力雄厚，影响巨大，被
视为世界复杂性问题研究的中枢。圣塔菲研究所的复杂性观念与前两
家的复杂性观念有很大的区别。莫兰和普利高津都认为"自然界没有
简单的事物，只有被简化的事物"，反对"把现实的复杂性约化为一
种隐藏的简单性"，而圣塔菲研究所的观念却是简单性和复杂性都是
存在的，而且复杂性来自简单性。莫兰和普利高津提出的基本上是复
杂性方法，而圣塔菲研究所至少就其有代表性的学术骨干约翰·霍兰

---

① 许国志主编：《系统科学》，上海科技教育出版社 2000 年版，第 190 页。
② 颜泽贤、范冬萍、张华夏：《系统科学导论——复杂性探索》，人民出版社 2006 年
版，第 349 页。

（Holland）来说，则是提出了关于复杂性现象的理论，而他运用的却是简单性方法。圣塔菲研究所的学术领头人盖尔曼提出：现代科学的一个重大挑战是沿着阶梯从基本粒子物理学和宇宙学到复杂系统领域，探索兼具简单性与复杂性、规律性与随机性、有序与无序的混合性事件。同时我们也需要了解，随着时间的推移，早期宇宙的简单性、规律性及有序性怎样导致后期宇宙中许多地方有序与无序之间的中间条件的形成，从而使得诸如生物这样的复杂适应系统及其他一些事物的存在成为可能。盖尔曼认为为了了解复杂的具体事物，在掌握最基本的普遍的物理定律（这构成了简单性）的基础上还必须加入特殊领域内的偶然事件提供的附加信息。盖尔曼指出："在研究任何复杂适应系统的进化时，最重要的是要分清这三个问题：基本规则、被冻结的偶然事件以及对适应进行的选择。""被冻结的偶然事件"是一些在物质世界发展的历史过程中其后果被固定下来并演变为较高级层次上的特殊规律的事件，这派生的规律包含着历史特定条件和偶然因素的影响。盖尔曼说：事物的有效复杂性只受基本规律小部分影响，大部分影响来自"冻结的偶然事件引出的大量规律性"。"通过被冻结偶然事件的累加，出现了更多复杂的形式。"

圣塔菲研究所提出"适应性造就复杂性"。这表明它主要研究的是系统在适应环境的过程中于自身中产生的复杂的性质。因此它研究的焦点不是客体的或环境的复杂性，而是主体自身的复杂性、主体的应变能力以及与之相应的复杂结构。它探讨系统的结构和行为方式经由自组织从简单到复杂的演化机制。总之简单性代表有序性、规律性、必然性，而复杂性是有序性与无序、规律性与随机性、必然性与偶然性相结合的产物，它导致特殊性、具体性、个体性。①

圣塔菲研究所关于自组织现象的复杂性理论的核心概念，霍兰认为是"涌现"，盖尔曼认为是"秩序和混沌的边缘"，他强调"复杂

---

① ［美］盖尔曼：《夸克与美洲豹》，杨建邺、李湘莲等译，湖南科学技术出版社1999年版，第17页。

适应系统的运作需要有介于有序和无序之间的条件"①。"位于有序无序之间的条件不仅是能产生生命的环境的特点，也是具有高度有效复杂性与极大深度的生命自身特点。"② 所谓"混沌的边缘"即动态有序的事物的自组织只有在把规律性与随机性、有序性与无序性彼此适中地结合起来的条件下才能最佳地进行。盖尔曼指出能动系统的有效复杂性"只能在极端有序与极端无序之间的中间状态达到最大值"③，这表明它们在这种条件下具有最大应变和进化的能力。"有效复杂性"是指能为能动主体把握其规律性和加以利用的复杂性。

第二节　复杂性理论研究中的其他学派

　　除了以上三种有代表性的理论之外，在复杂性研究方面，系统动力学派、结构学派、交叉学派、混沌理论学派、自适应系统学派等也都有其重要地位。值得骄傲的是，中国学派也受到了学界的广泛关注，在复杂性研究领域享有重要的历史地位。

一　国外较有影响的几个学派

　　系统动力学派由麻省理工学院（MIT）的杰伊·福雷斯特（Jay Forrester）、彼得·森奇（Peter Senge）和其他一些相关研究人员所提出。他们倾向于采用常微分方程描述复杂问题，并认为复杂性存在于所研究的系统之中。这一学派主要研究组织理论，特别是学习型组织等问题。他们致力探索如何改造现有的各种组织，使之能以"整体运作"的全新方式进行思考，从而提升人类组织的"群体智力"来面对复杂问题。福雷斯特教授是系统动力学的创始人，在他的指导下，森奇博士经过10年的时间提炼出系统思考、学习型组织的理论与实

---

　　① ［美］盖尔曼：《夸克与美洲豹》，杨建邺、李湘莲等译，湖南科学技术出版社1999年版，第115页。
　　② 同上书，第116页。
　　③ 同上书，第58页。

践方法。森奇等人认为学习是组织生命的源泉，只有通过团体学习的方式，建立学习型组织，集合"群体智力"，才能不断加深对复杂问题的认识，使得企业、家庭等组织不断进步。学习型组织主要包括 5 项"修炼（Discipline）"（Senge, 1998），即：自我超越、改善心智模式、建立共同愿景、团体学习和系统思考。这 5 项修炼代表了学习型组织的 5 个基本侧面，但是随着组织学习能力的增强和掌握程度的提高，各项修炼将互相融合，形成一种共同的体认——对复杂问题和外部世界的全新的思考方式。

结构学派由 J. N. 沃菲尔德（Warfield），G. 维克斯（Vickers），C. S. 皮尔斯（Pierce），J. 皮亚杰（Piaget）等人组成。该学派主要采用西方形式逻辑（包括集合论、关系论、有向图论、格论、布尔方法和分割代数）来描述复杂性。他们认为复杂性存在于人的头脑中。其代表人物沃菲尔德长期从事组织管理方面的复杂性研究，他围绕组织管理中的复杂性问题研究近 30 年，把复杂性科学的研究内容归结为：复杂性的 20 条定律（Law）、对这 20 条定律的分类（Taxonomy）以及衡量复杂性的 5 个指标（Index），这三者统称为 LTI 集。沃菲尔德教授认为 LTI 集是复杂性科学的核心，他分析总结了人类历史上的思维成果，研究了个体、群体、组织行为中的病态和弊端，提出用交互式管理的方法来克服这些弊病，以此解决管理中的复杂性问题。沃菲尔德特别强调人的作用和组织成员之间的交流与合作，强调对问题状况结构的计算机辅助分析是解决复杂性的关键步骤。

交叉学派由综合研究协会倡导，它是由不同领域的多个学术小组组成的一个学派，该学派采用"学科交叉"或"后现代主义方法"处理复杂问题。他们对复杂性没有一定的描述方法，也并不关心复杂性是存在于人的思维中还是存在于系统中。该学派主要研究社会、科学、教育、语言等系统。

混沌理论学派由一些分散的小组［例如洛斯·阿拉莫斯（Los Alamos）的非线性研究中心］提出。他们应用非线性常微分方程来描述和解决复杂问题，并认为复杂性是存在于所研究的系统之中。他们的主要研究方向为物理、经济等系统。

自适应系统学派，也即 CAS 学派，是 J. 考恩·考夫曼（Cowen Kauffman）、赫兰德（Holland）和亚瑟（Arthur）等以著名的圣塔菲研究所（Santa Fe Institute）为基地的一批学者提出的理论，是复杂性理论研究领域的一支重要力量。他们试图通过跨学科的思想融合来寻求深刻理解具有普遍意义的复杂系统，主要用偏微分方程和计算机模拟来描述复杂系统的特性，认为复杂性存在于所研究的系统中，其主要研究针对的是经济、生物及认知系统等。

二　中国学派

值得一提的是，中国在复杂性研究领域也是先行者，并被学界称之为"中国学派"。钱学森是中国从事复杂性研究的领军人物，因此，中国复杂性研究的共同体也被称为"钱学森学派"。目前，中国学界对复杂性的研究情况大致可以分成三类：

1. 系统科学、管理科学领域的复杂性问题研究

这类研究比较注意复杂性本身的概念问题，但更关注组织复杂性问题。我国著名科学家钱学森指出："所谓的复杂性实际上是开放的复杂性巨系统的动力学"，"复杂性是开放的复杂巨系统的特征"，认为对开放复杂巨系统不能用还原论的方法，还原论方法只能在简单巨系统中有效。《复杂性研究》（1993）是中国较早体现各个学术领域复杂性研究思想的论文集。该文集收录了中国科学院举办的中国首次复杂性研讨会交流的 37 篇论文，内容涉及一般系统、社会系统、生命系统、人、自然系统、地球系统、日地系统、信息系统和科学系统的复杂性研究，从不同角度去感受复杂性和认识复杂性。

成思危主编的《复杂性科学探索》（1999）是中国系统科学和管理科学界复杂性研究中颇具代表性的一部论文集。成思危开篇代序作于 1998 年，认为系统的复杂性主要表现为：（1）系统各单元之间联系广泛而紧密，构成一个网络；（2）系统具有多层次、多功能的结构；（3）系统在发展中能够学习并对其层次与功能结构进行重组及完善；

（4）系统开放与环境相互作用；（5）系统动态发展并且有一定的预测能力。

2. 自然科学和工程技术领域的复杂性研究

计算科学、数学可计算理论、遗传算法、元胞自动机的复杂性研究工作，沿袭并推进了国外的相关工作，逐渐与国际的研究接轨。这可以郝柏林主编的《非线性科学丛书》（上海科技教育出版社）的出版作为标志，其中郝柏林的《从抛物线谈起》《混沌动力学引论》、谢惠民的《复杂性与动力系统》等著作就是其典型代表。这类研究不再注意复杂性本身的概念，而是直接使用已经建立的科尔莫哥洛夫复杂性或者某种复杂性测度的算法进行研究，这类研究已大量存在，已经深入到各个学术领域。

3. 哲学领域的复杂性探索

国内复杂性哲学研究的工作甚至比国外更多更早。颜泽贤主编，陈忠、胡皓副主编的《复杂系统演化论》，其中关于复杂性的描述沿用了王志康的定义。该著作的特色之一是试图描述复杂性的各种测度。他们指出，复杂性有三个定义：（1）复杂性是客观事物的一种属性；（2）复杂性是客观事物层次之间的一种跨越；（3）复杂性是客观事物跨越层次的不能够用传统的科学学科理论直接还原的相互关系。近些年来，我国哲学界围绕复杂性问题发表了大量的学术论文，从研究范围和所关涉到的对象来看，几乎涵盖了自然、社会和人类思维与认识等各个领域。特别是诸如教育和学生人格养成等的复杂性也受到了更多的关注。通过研究复杂性理论与人文素质教育的交汇融合之处来试图解决人文素质教育中遇到的问题，也成为一种正在形成的新动向。

第三节　复杂性理论的创新价值

复杂性理论所表达和阐述的复杂性思想与观念，不仅是一些有价值的理论成果和思想结晶，更是一些蕴含着极具深远意义和指导价值的，人们可以和应当借此去进行更多更深更广泛的创新活动的世界观和方法论。也就是说，复杂性理论或者说复杂性思想，拥有极其广泛的、深远的甚至是非同寻常的推广应用价值和创新价值。概括而言，主要体现在以下几个方面。

一　复杂性思维是人类思维方式的一次革命

复杂性的探索和研究之所以快速成为当前的一种具有世界规模的科学思潮和文化运动，具有极其深刻的历史背景和时代特征。它是对长期以来占统治地位的理性主义传统的反思以及对追求认识上、技术上极致的简单性原则批判的结果。20 世纪中叶，特别是七八十年代以来，从牛顿到爱因斯坦，乃至整个近现代科学传统所秉持的简单性原则，科学体系演绎构筑中的简单性原理，即钟爱线性系统、追求线性规律、通过线性方程对事实做最简单经济和完全的描述，使系统只可能在允许的情况下选择最直接路径的科学追求等，即牛顿开创的把简单性作为一种科学信念和指导原则置于众法则之首的科学传统，在大量涌现的一系列非线性科学的研究和对复杂性的普遍大量的探索与确证中，逐渐暴露了其思维方式上的局限性和对事实解释能力的不足与指导我们行为的有限性。研究探索复杂性的浪潮正是在这种背景下形成的。正如有学者指出的那样："现代复杂性科学被称为 21 世纪的科学，它已经在多个领域中成为人们关心的问题"[1]，其实质就是"以一种全新的思维方式冲击与打破牛顿——笛卡儿线性、简化、还原思维方式的一次革命"[2]。

二　复杂性理论是一种应用广泛的全新的理论框架

复杂性问题首先是作为科学研究对象历史地发生的，并在诸多领

---

[1]　许国志：《系统科学与工程研究》（第 2 版），上海科技教育出版社 2000 年版，第 5 页。

[2]　么加利：《走向复杂：教育视角的转换》，西南师范大学出版社 2002 年版，第 1—2 页。

域的一批科学家的努力下得到科学揭示的。现代系统研究开创的系统运动提出了探索复杂性的科学任务，并奠定了诸如系统、信息、反馈、组织、自组织和对还原论方法的质疑与超越等一系列概念和方法论基础，成为通向复杂性研究的阶梯。到 20 世纪末，科学主战场物理、化学、生物、经济、生态、地理、环境、气象、神经等科学前沿和基础性领域对复杂性的明确关注与探讨，表明在世纪之交复杂性研究作为一种科学主流已经初成气候并在迅速发展中。目前，复杂性研究已不只是某个学科层次的现象，从工程技术到技术科学、基础科学再到科学通向哲学的桥梁等，每个层次上都已经和正在做着大量的工作，呈现出一种繁荣的局面，成为现代科学一种全新的动向和潮流。复杂性研究不仅已经超越科学范畴，遍及与我们的生活相关的各个领域和理论研究的所有层次，而且学派林立、观点纷呈、新见迭出。其实，复杂性科学或理论并不是一门具体的学科，它分散在许多学科之中，它透过非还原论的、综合的、整体主义的研究方法论来界定复杂性科学及其研究对象，打破了传统理性主义、自然科学的线性思维模式和机械还原论，通过打破学科分化所带来的弊端来重构学科、知识的综合，是包纳简单性的复杂性，是整合了传统自然科学的客观、有序、确定性在内的新的认识框架，是一种强调有序与无序的交融，强调整体论和还原论的有机结合，强调知识的分化与综合相结合，强调系统的整体性和局部的具体性相联系的理论框架体系。

三　复杂性理念是一种极具现实指导价值的新世界观

复杂性概念的提出及其所引发的研究浪潮，不仅使伴随着人类科学从以往四百多年所呈现的以简单性世界观为基础的所谓传统科学的形态，跃升为复杂科学的新的历史形态，而且也使得一直以来支撑科学研究和引导我们行为的简单性的理性信念也随之动摇或者说被超越了。复杂科学已经和正在催生着一种不同于长期统御我们的简单性世界观的新的复杂性世界观。正像简单性世界观曾经指引着我们从野蛮走向文明，发育了传统科学，支撑起了工业社会和机械文明一样，复杂性世界观已经和正在引导着我们探索复杂性，构建复杂科学大厦，支撑我们进一步走向新的更高的信息社会和生态文明。总而言之，确认世界并非仅仅是简单的而是复杂的，通过探索复杂性来更新和跃升我们对世界本质属性的认识和把握，确证和构建新的复杂性世界观，不仅已经以及必将成为科学研究和理论探讨的主流，而且也为我们在诸如学生人格培养和人文素质教育等更广泛和更具体的领域应用复杂性原理，创新我们的教育方式，等等，提供了极具现实价值的方法论和世界观指导。

第十一章

教育和教学的复杂性

　　复杂性理论或复杂性科学的研究范围和研究对象，是广泛的综合性的。诸如植物、动物、人体、生命、生态、企业、市场、经济、社会、政治等各个领域和各种性质的复杂系统，都已经是和正在成为它的研究对象。应当说，复杂科学和复杂性理论的出现，不仅重新构建了现代科学的研究体系，而且改变了人们的思维方式，不但为现代科学技术的发展提供了新思路、新方法，对各个领域和各类学科（包括教育科学在内）具有普遍的方法论意义，也为这些领域和学科的创新发展提出了新要求。

　　随着复杂科学的发展和人们对教育实践活动所蕴含的复杂性认识的不断深入，国内外许多学者正尝试用复杂科学的理论和方法来研究探讨教育系统中的复杂性问题。目前，国外已经出现了不少专门的学术组织，研究探索应用复杂科学的理论和方法解决教育领域中存在的问题。例如，美国教育研究协会下属的 SIG（Special Interest Group）研究小组，就是由对复杂科学理论和教育研究感兴趣的学者组成的。它主要研究两个学科交叉产生的问题，如从理论、哲学、方法论等层面探讨教育复杂性，教和学过程中的复杂性，教育组织领导中的混沌问题，教学和课程设计的后现代主义等。SIG 定期召开关于教育复杂性研究的学术会议，建有专门网站作为交流平台。美国新英格兰复杂系统研究所（The New England Complex Systems Institute）作为一个独立的教育研究机构，也采用跨学科的交流与合作方式，研究自然科学和社会科学中的复杂系统。在美国国家科学基金会（NSF）的资助下，NECSI 对教育复杂性问题进行了深入的研究，发表了一系列有影响的研究报告。国内还未见到这样的专门研究组织或机构，但一些相关的研究组织或机构，近年来也逐渐把教育复杂性问题列入自己的研究范畴。

毫无疑问，这些研究所取得的具体进展和成果，对我们从复杂性路径创新我国大学人文素质教育不仅具有启发意义，而且具有直接的借鉴和应用价值。

第一节 教育的复杂性及其主要特征

教育从来就是一个复杂系统，一个具有典型意义的复杂巨系统。教育的复杂性不仅表现在教育活动涉及的要素、具有的内容和需要处理的关系等无比丰富繁杂，而且表现在教育系统是一个集人与物、主观与客观、存在与活动、精神与物质以及经济、政治、文化、社会和心理、生理活动等几乎所有与人类有关的各个方面和众多活动为一体的巨系统，一个超级系统。教育的复杂性是复杂性研究的一个有待并且有望取得丰硕的成果的领域。

一 教育的复杂性

教育的复杂性虽然是教育本身所固有的，但人们对它的认识和把握则不是一件容易的事。长期以来简单性教育理念占统治地位的事实就说明了这一点。特别是学术界对教育复杂性的理论研究，还是新近才开始的，是在借鉴和运用复杂性理论和复杂性科学原理和方法等的基础上出现的一种教育研究新动向。总的来说，人们对教育复杂性的研究和认识，还不够全面、系统和深刻，还处在刚刚开始的起步阶段或初级层面。目前，人们对教育复杂性的研究和认识大致上表现在以下一些层面。

第一，对教育系统复杂性的研究。教育是一种非常复杂的社会现象，它的复杂性不仅体现在教育的主体复杂多样，系统内部纷繁变化，还体现在与教育系统息息相关的外部环境的复杂多变上。因此，有必要从复杂性的视角来研究教育问题，已经逐渐成了研究者们的一种共识。

对于教育系统的复杂性的研究，目前主要集中在对其复杂性的具体表现的揭示和描述上面，许多学者从不同的角度进行了分析和描述。如教育本质的多样性，教育目的的双重性，教育功能的相对性，教育评价的主观性，以及教育活动组成因素的多样性和可变性，教育活动结构与功能、系统与部分之间的非线性相互作用，教育活动过程的动态性和教育结果的不确定性……以及教育过程内部诸要素之间的各种不确定的非线性关系导致的教育非线性反馈系统具有明显的混沌特征和复杂系统的不确定性、非线性、协同性、非平衡性特性等，这些用于概括和表达教育系统的复杂性的名词和话语，都已经成了人们探讨教育问题的基本概念和共同语境。这表明将教育作为一个复杂性系统来认知、来对待已经是一种共识。

正是基于对教育系统复杂性的认知，人们纷纷提出建议，应当将复杂科学的原理和方法引入到教育系统的研究中，从复杂性角度来理解教育系统及其复杂性，转变学习概念，重新设计与复杂性相适应的学习系统，为学生提供从复杂系统中涌现出的新的思维方法，帮助他们提高学习效果，最终达到增强教育系统效能的目的。

第二，对学校组织复杂性的研究。学校是一个有机的、自组织的系统，是一个处在动态运行和发展中的复杂的社会组织系统。应用复杂科学的原理和方法，研究社会组织的复杂性，原本就是复杂性理论研究的一个基本议题，即它归属于所谓的组织复杂性问题的研究范畴。在借鉴复杂性理论对一般的组织复杂性问题的研究成果的基础上，近年来，学校组织的复杂性研究，在教育研究领域逐渐多了起来。目前的研究文献多侧重在对不同层次学校的复杂性进行分析等方面。例如在高等教育层面，国外有学者就应用混沌学理论探讨了在现代通信技术下院校、学生和私人部门之间关系的复杂性等问题。国内学者还探讨了自组织管理的原理与高校发展的有关问题,[①] 分析了高校这一开放系统中存在的非线性机制,认为高校具备耗散结构形成的基本条件,具有自组织功能。[②] 也有学者根据普利高津的耗散结构理论并结合其他学者的一些观点,分析成人高等教育结构,探讨建立高效率的具有中国特色的成人高等教育系统的途径,等等。[③]

　　第三,对学校管理复杂性的研究。管理复杂性问题的研究,也是复杂性理论研究较早触及的领域之一。在这个领域已经产生了许多有影响的复杂性科学理论成果。近年来,人们借鉴这些成果,对学校管理的复杂性进行了多层面的研究。有学者以系统论为指导,探讨系统理论的整体性原则、协调性原则、层次性原则在高等学校管理中的应用。[④] 在学校管理效能研究中,有学者用混沌学理论代替还原论研究学校效能问题,认为从复杂性的角度分析学校管理活动,有助于提高学校管理的效能。[⑤] 在学校人力资源的开发与管理方面,国内学者对高校岗位津贴制实施过程的复杂性进行分析,探索高校实施津贴制的对策,以建立起科学合理的岗位津贴制实施体系,调动广大教职员工的积极性。[⑥] 而在对学校领导作用的研究中,国外学者采用复杂科学的方法分析校长职位变化的复杂性,探讨校长角色的变化对学校产生的影响。

　　特别值得一提的是,素质教育和德育工作的复杂性研究,也逐渐成了这方面研究的一些新动向和新亮点。素质教育作为高校教育的重要内容之一,是大学生培养中不可缺少的环节。为进一步完善素质教

---

　　① 黄永军:《自组织管理原理与大学发展之道》,博士学位论文,北京师范大学,2002 年。

　　② 米展:《高校发展的自组织机制初探》,《江苏高教》2002 年第 1 期。

　　③ 赵景筱:《论耗散结构的成人高等教育系统》,《继续教育研究》2002 年第 1 期。

　　④ 曾昭络:《关于系统论在高等学校管理中应用的若干思考》,《系统工程理论与实践》1999 年第 6 期。

　　⑤ 龚荣鑫:《复杂性:学校低效管理研究新视角》,《教育理论与实践》2002 年第 11 期。

　　⑥ 朱怡:《高校岗位津贴制实施过程复杂性分析和对策探索》,《淮阴师范学院学报》(哲学社会科学版) 2001 年第 6 期。

育，有学者应用系统论中的整体突现原理，分析高校学生素质教育的构成要素及其相互关系，提出要协调要素之间的相互作用，使其产生整体突现性，进而实现高校学生素质教育的总体目标。[①] 为适应社会形势的变化和要求，强化学校德育工作，有学者运用耗散结构理论，通过涨落和分析嫡值高低，探讨学校德育工作的新思路。[②] 近两年，包括大学生人文素质及其教育的复杂性问题，也常常在一些学术会议上被列入主要议题进行多层面的讨论。只是目前还未见到这方面有分量的专门研究成果。

第四，对教学设计和课程控制理论的研究。教学系统由学生、教师、教学内容、教学方法和教学媒体等构成，教学设计是对教学系统的优化设计。人们获取学习信息或学习资源的手段、环境及学习的目的都发生着变化，因此，教学设计处于变化之中，教学活动是一个动态的进程设计。为了克服或改变传统的教学设计所具有的线性、确定性、封闭性和负反馈性等局限性，国外学者应用混沌学理论研究教学设计，认为教学设计过程充满混沌性，并对混沌在教学设计中的理论、方法及实践等方面进行了一些探索性研究。国内也有学者从对教学设计系统构成要素的分析出发，研究以人为本的教育模式的非线性教学设计。[③] 在对某些具体教学活动的探索中，有学者将耗散结构理论应用于分析教学过程，研究学习过程中自组织学习问题。[④]

课程设计不仅仅是课程本身的问题，它事实上是一个更为庞大的复杂系统工程的组成部分。这个系统工程使得课程设计同时牵涉到教育系统乃至整个社会系统的方方面面。要在这一领域取得实质性的进

---

① 孟鑫：《应用系统论的整体突现原理推进高校学生素质教育》，《长沙电力学院学报》（社会科学版）2001 年第 16 期第 3 版。

② 董永华：《运用耗散结构理论指导学校德语》，《大连教育学院学报》2000 年第 16 期。

③ 朱云东、钟玉琢：《混沌基本理论与教学设计发展的新方向》，《电化教育研究》1999 年第 5 期。

④ 李战海：《耗散结构理论在化学教学中的应用：中学化学学习过程中自组织学习的研究与实践》，硕士学位论文，南京师范大学，2001 年。

展，不仅需要课程设计理论研究与实践探索的长期努力，而且需要协调诸多直接或间接制约着课程设计的复杂因素。因此，有学者就从混沌学的角度来研究课程控制问题，代表了课程控制理论研究的最新走向。① 对于课程安排等一些具体问题，有学者使用自适应的遗传算法进行求解，以得到最满意的安排。② 这些都是近年来兴起的教育复杂性研究领域值得肯定的一些努力的方向和苗头。

总的来说，尽管在把复杂科学理论应用于教育问题的研究上，目前还存在一些不同的看法，在某些问题上甚至还因为意见不一致有争论等。然而，通过国内外学者对教育复杂性问题的这些研究、探索甚至争论等，使得教育是一个特殊的超复杂系统；传统的教育研究范式和教育控制实践需要变革等认识和要求，越来越明朗化了。正是基于这样的共识，人们才纷纷将相关研究进一步推进到如何应对教育复杂性对教育实践活动提出的基本要求等更为具体的层面上来了，并形成了一些富有启发性的和值得借鉴的研究成果。

二 教育复杂性的主要特征

毫无疑问，对教育复杂性的研究，使人们认识到：从复杂性理论视角看，教育不光是一个一般意义上的复杂系统，而且它由于和人的物质生命发育、精神生命成长相关涉，还是一个特殊的复杂巨系统。教育是人类社会所特有的更新性再生系统，可能是人世间复杂问题之最。③ 复杂系统的基本特征在教育系统表现得更为典型和突出。通观学者们的研究成果，如下几个关于教育复杂性基本特征的概括，基本上已经是大家的共识了：

一是非线性特征。形象地讲，"线性"是指在坐标系上描绘方程

---

① 唐晓萍：《从威廉姆·E. 多尔的控制理论看美国高等教育管理的特点及趋势》，《中国高教研究》1999 年第 2 期。

② 张春梅、行飞：《用自适应的遗传算法求解大学课表安排问题》，《内蒙古大学学报》（自然科学版）2002 年第 4 期。

③ 叶澜：《世纪初中国教育理论发展的断想》，《华东师范大学学报》（教科版）2001 年第 1 期。

式，其图像呈现一条直线，而"非线性"是指若用同样的方法来描述一个复杂系统，则其图像会是一条曲线。在复杂系统中，由于各因素相互联系，彼此影响，任何微小的变化都可能对整个系统产生影响。也就是说，复杂系统的发展具有太多的不确定性。教育活动是多因素参与的，教育活动中涉及数不胜数的因素（变量），这些因素又构成错综复杂的相互联系，在这些因素、关系之间很难区分谁主谁次、谁重谁轻，它们之间的机制不是简单的直接的因果规定，而是复杂的交互作用、双向甚至多向构建方式，这些机制的发生与否，还取决于具体的时间、场景等随机出现的条件。教育活动的这些特性就使得我们既不能对某一个教育结果武断地归因，也不能对一个将出现的教育效果做断然的预测。例如我们不能把一名杰出人才的出现仅仅归因为受到了良好的教育，也不能认为只要有良好的教育就会有杰出人才的出现。总之，教育投入与其具体产出之间，或者说教育过程中的各种影响因素与其相关结果之间，并不是一种简单的线性关系，而是一种非线性的复杂关系，尽管其中也包含有某些或一定程度的线性关系的元素。换句话说，这是一种线性与非线性关系交织在一起的复杂性关系。

二是不可还原性特征。所谓不可还原性特征是指客观事物某种运动或性态跨越层次后整合的不可还原的新性态和相互关系。在教育活动中，这类例证比比皆是，如"读读、议议、练练、讲讲"这一教学模式就不能还原为"读书指导法""讨论法""练习法""讲授法"；心理教育不可能还原为"心理过程教育"加"个性心理教育"或者把心理教育等同于智力因素教育加上非智力因素教育；对学生"德、智、体、美等诸方面素质"的评价也不能代替对学生"综合素质"的评价，等等。事实上，不可还原性特征正是上述非线性特征的必然结果。经由多要素之间的非线性的交互作用而形成的事物（系统）的新性态，具有原要素简单相加不具有的，或者说仅仅基于原要素就无法解释的全新的结构和功能等。无法将它拆解还原为先前的构成要件或元素。唯有承认和明确不可还原性，才有希望避免传统教育活动中那种"先拆解""后加减"之类的简单线性思维模式。

三是自组织性特征。自组织是开放系统在大量子系统合作下出现的宏观的新结构。自组织性是指系统随着时间而变化,经过系统内部和系统与环境的相互作用,不断适应、调节,通过自组织作用,经过不同阶段和不同的过程,向更高级有序化发展,涌现出独特的整体行为与特征。这种自组织性是系统动态存在或历史演进的基本内在机制机理。其实,我们今天所面对的层次分明、类型多样的学校体系,科目齐全、逻辑严密的课程及教材体系,还有各方人士参与,虽出于各自不同的动机却又配合得相当默契的应试教育体系等,都是以自组织趋向有序的方式,经长期实践系统演化的结果。系统中的个体为适应竞争与合作需要而经常性发生组织和自组织,就使得系统的结构和层次越来越丰富。为什么应试教育愈演愈烈?为什么课程内容越来越庞杂?为什么教育结构日趋复杂?一句话,为什么几乎人人都已经意识到这种发展趋势存在的问题了,可还是无法阻挡和改变,甚至每个人都陷入其中不能自拔?可以说都是系统在自组织过程中的历史演化的结果。

四是偶然性特征。在传统哲学中,偶然性是由"外在的,非本质的原因"引起的,而复杂性科学研究表明:即使系统在演化过程中不受外在原因影响,偶然性也可以在一个确定的发展过程中作为内在的必然的行为而发生。而且,偶然性还会导致一种"锁定效应"。例如在经济领域里,"QWERTY"键盘、微软视窗,或者某种品牌的汽车之所以能垄断市场,其实并不见得它就是所有同类产品中最优的,其中有诸多偶然性并导致"锁定效应",才使得它们拥有了这样的地位。同样在教育活动中,大到国家教育方针等的出台,小到某项教学法、某套教材的流行,也远非彻底优选的结果,仍然是出于偶然性,或者说其中蕴含着太多的偶然性。在系统的自组织动态演进过程中,一些要素偶然得到非线性的交互作用的催化或放大等,足以在系统进化中形成超出常规的匪夷所思的偶然性结果。这是一切突变和所谓涌现的基本内涵。这一效应也告诉我们,存在的并非都是最合理的。当然，反过来说，偶然生成的并非一定就是不合理的或不优秀的——一切总是如此的复杂，不能简单视之。

五是开放性特征。复杂系统是开放的，开放系统与环境有密切的联系，能与环境相互作用，并能不断向更好地适应环境的方向发展变化。教育作为社会的一个子系统，与政治、经济、文化、科技、宗教等诸方面活动都具有密切的联系，它们相互作用、相互影响，使教育活动系统表现出巨大的开放。这种开放的教育系统，不仅系统内部表现出复杂性，而且系统外部也表现出复杂的关系，任何一个因素的变化，甚至一个偶然的事件都可能造成对教育的影响。从积极的角度来说，教育系统应该和必须兼顾自身与外部环境之间的关系，不断吸收外界一切有利因素，促进教育系统的优化和期望功能的最大化，以实现理想的教育目标。

另外，不少学者还强调说，教育系统除了具有以上这些复杂特征外，还应特别注意的是，教育是为人而设、由人而为的事物。这种"为人性"和"人为性"，更强化了教育活动的复杂性。因为，在以人构成要素的系统，其行为必须考虑人的理性与非理性因素的作用。人类的理性以及人的主动性、能动性以及情感、意志等是这种系统复杂性的重要来源。在有人参与的复杂系统的研究和认识上，通常人们把关注的重点放在理性因素方面，而对非理性因素关注不够甚至是常常被忽略的。其实，人类的非理性，如人的感情、意志、偏好等，必然带来至少现在的科学还无法描述的行为特征，也是复杂性的重要根源。从某种意义来说，教育是依靠人的特殊的精神生命活动的过程，它最终或基本上是一个带有整体性、活动性和生长（创新）性的生命自己实现的。例如，通常我们认定儿童作文和阅读就是解决字、词、句、篇。然而，事实上并不这样简单。要能写好作文，所依赖的核心因素，并不仅仅在于我们可以传授的这些条文，甚至更在于我们的言语无法抵达之处，即儿童自身的情感和悟性。

第二节 教育复杂性研究新观点

上述研究使人们认识到教育系统内在的复杂性，也意识到用还原论的研究方法不能很好地解决这些复杂性问题。所以，人们希望复杂科学为教育复杂性研究提供方法论的指导，为教育研究提供宏观思路上的启示。应用复杂科学的原理和方法，在教育研究中确立非线性的、混沌的、突现的、非还原性的思维，用系统论的、控制论的、信息论的、耗散结构论的、突变论的、协同论的、混沌论的观点，全面地、动态地考察教育系统如何在外界条件影响下，在内部子系统间的协调作用下，对外进行教育交流合作，对内灵活应变，以揭示教育系统存在的非线性、混沌、突现、自组织、非还原性等现象，建立适应社会经济发展的相对稳定有序的结构。为了能够实现这种愿望，人们自然就把注意力集中到了如何构建适应这种复杂性要求的新的教育体系上来了。这样的新体系的构建，当然是一个需要付出长期的努力才能完成的战略性课题。但是，厘清教育复杂性的内在逻辑要求和探索具体的突破路径或方向等，则是这个战略性课题中包含的首先应该完成的理论研究任务。下面我们介绍一些学者在这方面的具体研究成果。

一 复杂性教育七种基本知识说

复杂性理论研究著名的代表性人物之一埃德加·莫兰，在《复杂性理论与教育问题》[①] 一书中认为：有七种"基本的"知识是未来的处于任何社会和任何文化中的教育毫无例外都不能排除的，而只应根据每个社会和每个文化特有的风尚和准则加以处理。这七种必要的知识就是：

—————————

① ［法］埃德加·莫兰：《复杂性理论与教育问题》，陈一壮译，北京大学出版社2004 年版。

第一，认识中的盲点：错误与幻觉。致力于传播知识的教育对于什么是人类认识、它的机制、它的弱点、它的困难和它可能导致错误和幻觉的倾向毫无所知，这是令人担心的。

事实上，认识不能被看作一个 ready made 工具，人们可只加以应用而无须考察其本性。因此对认识进行认识应该显得具有头等重要性，以帮助我们面对不断干扰人类精神的错误和幻觉的经常出现的危险。问题在于在这场至关重要的战斗中用清醒意识来武装头脑。

在教育中需要引入和发展关于人类认识的大脑的、精神的、文化的特质的研究，关于它的过程和类型的研究。关于使它冒着犯下错误或发生幻觉的风险的心理和文化的倾向的研究。

第二，恰当的认识的原则。一个一向被忽略的关键性问题是促进形成如下一种认识能力的必要性：善于抓住总体的和基本的问题，并在这个框架内整合部分的和局部的认识。

由于根据学科划分而被片段化了的知识占据优势，常常使人不善于进行部分和整体之间的连接工作。上述认识应该让位于能够在其背景、复杂性、整体中把握对象的认识的模式。

有必要发展人类精神，把任何信息在一个背景中和一个整体中加以定位的自然的禀赋。有必要教授有关的方法使得受教育者能够在一个复杂的世界中掌握部分和整体之间的相互关联和相互影响。

第三，教授人类地位。人类存在同时是物理的、生物的、心理的、文化的、社会的、历史的。但是人类本性的这种复杂的统一性在教育中由于学科的划分被完全瓦解了，因此现在已变得不可能学习人类存在的真正含义。而现在必须恢复这个含义，使得无论在何处的每一个人同时了解和意识到他的复杂的本性和他与所有其他人共有的本性。

因此，人类地位应成为任何教育的基本对象。要指出怎样可能从现有的学科出发，通过汇总和组织分散在自然科学、人类科学、文学和哲学中的知识重现人类的复杂的统一性，并表明在整个人类范围内的统一性和多样性之间的不可消解的联系。

第四，教授地球本征。人类今后的全球性的命运是被教育遗忘的另一个关键的现实。对在 21 世纪将继续增强的全球化的发展的认识，对于每个人和全体人将日益变得不可避免的对于地球本征的承认，应该成为教育的一个主要题目。

适于教授以 16 世纪所有大陆之间的交往为开端的全球纪元的历史，表明世界的所有部分如何变得相互依存，但并不因此掩饰曾经遍及人类的一部分人压迫和控制另一部分人的事实，这个事实迄今尚未完全消失。

必须指示标志着 20 世纪的全球危机的复杂性，表明全体人类今后面临同样的生死存亡的问题，大家生活在同一命运共同体之中。

第五，迎战不确定性。科学曾经使我们获取了许多关于确定性的知识，但在 20 世纪也向我们揭示了无数的展现不确定性的领域。教育应该包含教授关于在物理科学（微观物理学、热力学、宇宙学）、生物进化科学和历史科学中出现的不确定性的知识。

应该教授策略的原则，使人们能够对付随机因素、意外事件和不确定性，根据在前进途中获取的信息修改前进的计划。必须学会在散布着确定性的"岛屿"的不确定性的"海洋"中航行。

古希腊诗人欧里庇得斯 25 个世纪前的格言现在比任何时候都更加现实："期待之事没有实现，神灵打开通往意外之事的大门。"抛弃认为可以预见我们的未来的关于人类历史的决定论的观念，审察 20 世纪的都是出乎预料的事件和变故，今后人类征途的不可知的特点应该促使我们培养准备应付不测事件而处理它们的头脑。所有身负教育之责的人们应该走向迎击我们时代的不确定性的最前沿。

第六，教授相互理解。相互理解既是人类交流的手段又是其目的。但是在我们的教学中还缺乏关于理解的教育。地球上在所有的方面都需要相互理解。鉴于教育理解在所有的教育层次上和对于所有年龄的受教育者都是重要的，发展理解要求改变精神状态。这应当是未来的教育的工作。

在无论亲近的还是疏远的人类之间的相互理解，今后对于人类关系走出其互不理解的野蛮状态是至关重要的。

从而产生了研究不理解的必要性，研究它的根源、它的类型和它的后果。这样一种研究如果不是针对种族主义、排外心理和蔑视他人的表现，而是针对其原因，那就更为必要。它同时构成了争取和平的教育的一个最可靠的基础，而和平是我们的根基和使命。

第七，人类的伦理学。教育应该在考虑到人类地位的个人—社会—族类的三位一体的性质的基础上导向一个"人类伦理学"。在这个意义上，个人—族类的伦理需要个人对社会和社会对个人的相互控制，亦即民主。个人—族类的伦理学还在21世纪召唤着地球公民资格。

伦理规范不能通过道德课来教授，它应该在精神中从关于人既是个人，又是社会的一部分，还是族类的一部分的意识出发来自我形成。我们每个人身上都含有这个三重的存在。因此，任何真正的人类的发展应该包含个人的自主、对共同体的参与和从属于人类的意识这三者的联合的发展。

从此出发勾画出了新千年的两大伦理——政治的目标：通过民主建立社会和个人之间互相控制的关系，完成人类全球共同体。教育应该有助于不仅形成关于"地球是我们共同的祖国"的意识，而且使得这个意识转变为实现地球公民籍的意志。

二 教育复杂性研究两条路径说

我国学者对教育复杂性的内在逻辑要求和我们应该努力的方向，也作出了一些有益的探索。学者们认为，复杂性理论为教育学研究打开了一种新视域。因为，在教育系统内部存在着影响目标选择、过程实施、结果实现的多因素、多样态和非线性、不可逆的基本特征，这一切都使得"复杂性"成为教育系统中的本然存在特性和基本存在样态。循此出发，对复杂的教育现象进行研究，就绝不能单一地运用简单性、单向性和线性的思维模式，而应充分借鉴和应用复杂性研究的思维模式与研究思路。把复杂性理论引入到教育学研究之中，无论是在整体的认识论上还是在具体的研究方法上都能为教育理论的发展带来一种全新的视野，开辟一条崭新的道路。

司晓宏、吴东方两位学者认为，教育的复杂性给教育学的研究提出了新的路径和努力方向。他们在"复杂性理论与教育的复杂性研究"一文中认为（《教育研究》2007 年第 11 期），按照教育复杂性的逻辑要求，我们起码可以循着以下两个路径或方向去努力：

（1）用复杂性理论来革新教育学的研究范式。首先，从复杂性理论出发，要改变以往教育理论研究过程中追本溯源式的本质主义的思维倾向，不要强为复杂多变的教育世界寻找一个唯一的、永恒不变的本质或答案，或发现一种"放之四海而皆准"的普遍规律。实践证明，那种寻找"阿基米德基点"的思维模式是一个误区，那种以概念作为体系的原点，然后由其阐发或演绎出体系化教育学的努力也是不成功的。我们应充分认识到，教育生活和教育世界是一个有序与无序、确定与不确定、简单与复杂相互交融的世界，是各种影响因素持续不断解体与重组、和谐与噪声反复交织的复杂过程。这具体表现为，围绕在学生周围的家庭、社会、学校等诸多因素对学生的成长和发展均产生着极为广泛、深远、多变的影响，并呈现出和谐与不和谐、一致与不一致的复杂交混。在这个过程中，不同的原因可能会导致同一个结果，同一个原因也可能导致不同的结果。这就要求我们绝不能因循非此即彼、寻求唯一因果关系、追求唯一本质的思维模式，而应以一种开放的、多元的、整合的、非线性的观念来认识和研究教育现象。埃德加·莫兰说：现实世界的"一个理论不是一个目的地，它只是一个可能的出发点。一个理论不是一个解决的办法，它只是处理问题的可能性"[1]。因此，在教育理论研究中，我们必须创设一种多元共生的空间地带，尤其是应该提倡和强化运用各种个性化的理论及描述性的观点来解释和理解纷繁多变的教育现象世界，力求通过多

---

[1] ［法］埃德加·莫兰：《复杂思想：自觉的科学》，北京大学出版社 2001 年版，第 271 页。

视角的理论表现和多样性的阐释来对人们的教育实践和教育生活产生积极的启迪与范导作用。

其次，要重视对个案教育问题的研究。复杂性理论认为，教育活动尤其是教学过程是一种自组织过程。作为一种自组织，其间必然存在着有序性的因素，这种因素有助于建构和形成教育系统的秩序化特征，并在客观上易于使人们形成较为明确的教育意图、步骤和策略，但同时，它又往往会阻止新质教育事物的发生，并把人们的教育活动局限在一种缺乏创造性的机械运作之中。作为自组织，教育教学活动过程又必然存在着无序性的因素，这种因素往往又会破坏教育系统的秩序化特征，并在客观上易于混淆人们的教育视线，干扰人们从事教育行动的计划性与目的性，但同时，它又容易促使和引发新质教育事物的产生，并会为人类的教育实践活动提供罕见的机遇。从教育教学活动这种固有的特性出发，我们在研究教育现象时，一方面要按照线性的观点来观察其中的有序性，从中寻找规律性、普遍性的东西；另一方面要按照非线性的观点来观察其中的无序性和偶然性，从中寻找个别化的经验与体会。从目前的研究状况来看，尤其需要重视对具有无序性特征的教育偶发事件或个案的研究，因为这种无序性的"噪声"或偶发事件也确切地承载着教育本真的奥秘与意蕴。

再次，要把教育学研究的重点更多地转向对价值和意义的关怀上。从存在论的角度讲，此在与共在对于自身价值追求和意义赋予意识的觉醒程度以及思维的深度，决定着人类对于教育学的认识和研究能够走多远。海德格尔认为，"理解是人存在的一种方式"，并主张从存在论的高度来追寻存在的意义，"我们的任务是把在切近的日常生活中的这种共同此在的方式从现象上收入眼帘并从存在论上加以适当的解释"①。教育学的根本任务当然也在于此。这种对人的自身存在的价值和意义的理解与关怀正构成了以人为研究对象的教育学的存

①　[德]海德格尔主编：《存在与时间》，上海三联书店 2004 年版，第 135 页。

在基础。从复杂性理论出发，教育学的研究亟待改变见物不见人，只问本质、规律而不问意义、价值的研究取向，而应该更加重视对人的生存论意义上的指向与关怀。

（2）用复杂性理论改造教育学的具体研究方法。从复杂性理论出发，教育学在具体的研究方法上不仅要重视实证的、实验的和准确分析的方法，还要重视"模糊分析""价值差异""个案研究"等方法的运用；不仅要善于用冰冷的理智之刀去解剖教育现象，还需要用满腔的热忱去体会和感悟教育生活。从目前的实际出发，教育学研究急需强化以下几种研究方法的应用。

第一，重视质的研究方法。

质的研究方法，就是"以研究者本人作为研究工具，在自然情境下采用多种资料收集法，对社会现象进行整体性探究，使用归纳法分析资料和形成理论，通过与研究对象互动，对其行为和意义建构获得解释性理解的一种活动"[①]。用这种方法研究教育问题，就是在教育活动的自然情境之下，由研究者对教育现象、教育活动以及教育活动的参与者进行主体间性的诠释和理解，并进行教育现象意义上的建构。其所实施的情景一定是在完全自然的情境之下，研究人员应主动融入和参与到被研究者的活动中去，在活动中通过研究者和被研究者情感的交流与共鸣，最终达到视域融合、相互理解并共同进行意义的建构。这与自然科学研究中研究者对于研究对象单向式的、自上而下式的、少有研究对象参与的研究方法显然是有所不同的。通过质的研究对教育现象所进行的诠释式、解释性的理解，其目的并不是要刻意寻找教育的客观规律，建立以抽象概念为基础的严密理论体系，而是在于依据所得出的研究结论去进一步地反思教育实践，加深对教育实践的认识和理解，并从中获得一种反思性知识。由于质的研究关注的是教育现象的特殊表现及对现象的深入理解，因而其研究结果一般不

_____

① 陈向明主编：《质的研究方法与社会科学研究》，教育科学出版社 2000 年版，第 12 页。

具备定量意义上的"可重复性"与"普适性"。

第二，重视行动研究。

行动研究就是实际工作者充当研究者，选择实际工作问题进行研究，并在研究的过程中不断地对教育实践作出反思和改进。英国学者艾略特认为，"行动研究是对社会情境的研究，是从改善社会情景中的行动质量的角度来进行研究的一种研究取向"[①]。《国际教育百科全书》对行动研究的定义是："由社会情景的参与者为了对所从事的社会或教育实践的理性认识，为加深对实践活动及其依赖背景的理解所进行的反思研究。"行动研究非常适宜于人文社会科学研究领域。在教育行动研究中，被研究者（教师、学校管理人员、学生）不再是研究的客体，而成为研究的主体，通过研究和行动的双重活动，被研究者将研究中所获得的心得和发现直接用于改造自己的社会实践，并在这一过程中提高自身改变社会现实的行为能力。行动研究的目的是为了唤醒和增强被研究者的信心与力量，研究者在这个过程中扮演的只是一个触媒的作用，帮助被研究者确认和定义所研究的问题，并对问题的分析、解决提出自己的思考与建议，供被研究者参考。

第三，重视叙事研究。

叙事研究的主要特点是通过对所叙事实的细致观察来分析和掌握叙事者及其他局内人士观念和行为上的变化，从中发现经验性的东西。教育叙事研究通常以教育生活中的某个人物或事件为对象，按照一定的叙事规范和结构，进行深度的事实描述和广义的意义阐释。叙事研究恢复了教育理论研究中业已失落的对人类经验特别是教师经验的价值重视，其中凸显的并不是决定论意义上的本质和规律，而是种种个体性经验的意义与价值。通过叙事既可以使人们向生活世界回归，重塑个人教育经验的理论价值，又能够使人们在反思活动中加深对教育的意蕴和意义的理解。叙事研究构成了一种"以意义阐释为核心的教育经验的理论方式"，开辟了一条介于科学和人文之间的教育

---

① 陈向明：《什么是行动研究》，《教育研究与实验》1999 年第 2 期。

科学研究的新途径，使得教育学研究由探寻外部规则转向了对教育世界内在意义与价值的追寻。

三　复杂性视域教育选择说

唐德海、李枭鹰两位学者认为，教育是一种非常复杂的社会实践活动，教育内部诸要素之间以及教育与外部环境之间存在非常复杂的非线性相互作用。可选择性是现代教育的基本特性。若对此缺乏深刻的认识，那么主体对教育的能动作用以及主体的教育选择权就难免被忽视甚至被无情扼杀。机械决定论否定教育的可选择性，因而在其支配下的教育表征为一种扼杀主体能动性与教育选择权的简单教育。

两位学者首先对机械决定论思想及其对教育的影响和危害，进行了分析与批评。他们认为，在机械决定论看来，两种现象之间存在严格的线性因果关系，即一组确定的初值导致一条确定的轨道，系统按某一给定的轨道变化，轨道一旦给定就永远给定了，轨道的起点一举决定系统的过去与未来。人们可以根据事物的初始状态来准确地判定事物的整个运动，预知这个事物每个定时点上的运动状态。拉普拉斯是机械决定论的典型代表，他认为，"我们应当把宇宙的现在状态看成是它先前状态的结果，随后状态的原因。假定有一位超人智慧的神明（intelligence），它能够知道某一瞬间施加于自然界的所有作用力以及组成自然界的所有物体的瞬间位置，如果它的智慧能够广泛地分析这些数据，那么他就可以把宇宙中最重的物体和最轻的原子的运动，均纳入同一公式之中，对于他再也没有什么事物是不确定的，未知和过去一样均呈现于他的眼前"①。机械决定论为我们描绘和刻画了一幅具有标准性、规范性和周期性的世界图景：客观世界在本质上是严格有序的，无序只是表面现象，万事万物都处于一个封闭的系统之中，并呈现出一种单向的线性因果联系，一个事物的产生与变化既是前一个事物产生与变化的结果，同时也是为下一个事物的产生与变化

———
① 张华夏：《决定论究竟是什么》，《中国社会科学》1993 年第 6 期。

提供一个原因。秩序和规律充斥于整个系统之中，系统的演进因其严格的线性因果关系可以为人们所认识和预测，科学能够而且必定能够通过对世界运动规律的把握而征服和控制世界，而人类理性的功能正在于探求对象世界中的有序性，揭示和把握客观世界的运动规律。

长期以来，由于深受机械决定论的影响，人们普遍将教育视为严格有序的和完全确定的，认定教育中存在严格的必然性，教育的初始条件与输出之间存在一种必然的线性连接，只要知道和把握教育的初始条件，就必然可以预知和控制教育任一时空点的发展状态。在这种思维的统摄下，原本复杂的教育被化归为一种简单的程式化操作，即教育目的事先被预设，教育过程中各种可能性为一种规律式的运作模式所替代，教育行为被严格控制，教育结果相应地成为教育计划的附属品，教育主体的能动性和选择权被无情扼杀。这种机械决定论支配下的简单教育所具有的基本特征及其危害就是：一是将教育视为一种他组织行为和外塑行为，严格控制弥散于整个教育过程。在简单教育中，外在的控制具有无与伦比的合法性，秩序化、规范化与程式化运作是一种普遍的教育诉求。二是人才培养规模化、标准化和模具化。在简单教育中，师生间一对一或多对一的关系被打破，代之以一对多的关系，人才培养走向规模化，效率备受推崇。在教育运作上，学校成为装配工厂，教育者千方百计地通过严格而缜密的控制把受教育者装入一种预先设计好的模具之中，教育的各种要素按严格的因果关系被组织得如同钟表走时一样，教育过程与物质生产部门的工艺流程极为相似，人才培养如同机器的装配过程，结果是一批批具有"异质性"的学生走进来，经过周期性、序列化的运作，然后变成"同质性"的产品被输送出去。三是过分强调人的理性特征，忽视甚至排斥人的非理性特征。在简单教育中，教育过程中的各种可能性为一种规律式、可严格预期的运作模式所替代，教育行为成了教育计划的附属品。我们认为，人的理性与非理性不是绝对对立和冲突的，相反，存在相辅相成的一面，前者为后者提供观念与价值引导，从而使后者得以升华，后者则为前者提供动力支持和生命力。因此，理应摒弃理性对非理性的绝对支配与限制，把人的非理性从幕后推向前台。四是把动态多变的教育情景还原为几个或几条简单而抽象的命题和原则。比如，将教育过程规定为确立教育目标、设置课程、选择方法、检查评估等几个有序阶段，把丰富多变的教学过程规定为组织教学、讲授新教材、巩固新教材等线性程式化的序列运作。

总而言之，简单教育是一种机械决定论支配下的教育。在这种简单思维的统摄下，原本复杂的教育被简化处理，教育的可选择性被遮蔽，教育主体的能动性与选择权被扼杀，整个教育沦为一种可操作的程式化的技术性行为。更为严重的是，教育成为一种单纯的知识记忆与储存，被禁锢在一种绝对客观化、确定性的认知层面，受教育者在接受知识的过程中难以触及知识的情感和意志价值，整个教育失去了其发展人的素质的本真意义。

两位学者坚定地认为，复杂教育是对教育选择权的释放。因为，教育是"直面人的生命、通过人的生命、为了人的生命质量的提高而进行的社会活动，是以人为本的社会中最体现生命关怀的一种事业"[1]。因为，人的本质既是生物性的又是文化性的，既是理性的又是非理性的，所以"人一旦作为一种复杂性的存在进入教育过程，无论是从人作为教育系统基本要素的角度也好，还是由于人的复杂性而导致的教育对外在环境开放的角度也好，简单教育过程中那种人为的稳定与有序的运作状态必然会被打破，而出现一种动荡的'涨落'起伏状态"[2]。此外，作为社会的子系统，教育既非"单子"也非社会中的"孤岛"，它一方面镶嵌在复杂的社会系统之中，与社会的其他子系统诸如经济系统、政治系统、文化系统以及各种社会因素如人口、资源、地理、生态、民族、宗教等之间存在密切的关系，其运行发展要受到经济、政治、文化等的制约；另一方面，教育系统本身也

---

[1]　叶澜、郑金洲、卜玉华：《教育理论与学校实践》，高等教育出版社 2000 年版，第 136 页。

[2]　么加利：《走向复杂——教育视角的转换》，西南师范大学出版社 2002 年版，第 157 页。

由多种内在联系的子系统构成，各子系统处在一种非线性作用的关系网络之中。由于受到各种外界因素和内部非确定因素的影响，教育的运行发展变得无法准确预测和估计。这必然会使得教育过程带有不可重演的性质，不能像装配机器一样完全程式化运作。因此，我们理应采用策略而非程序的方法对待复杂的教育问题，因为"程序由一个预先确定的行动序列构成，它只能在包含着很少的随机性和无序性的环境中付诸实施。至于策略，则是根据既有确定性又有随机性、不确定性的环境的条件而建立的，人们在这个环境中行动以求实现一定的目的。程序是不能改变的，在出现预料之外的情况或危险时它只有中止。策略则可以根据在执行中途获得的信息改变预定的行动方案，甚至创造新的方案"①。一言以蔽之，程序化操作是一种简单的行动方式，而策略则包含着对教育中的各种复杂因素的正视和利用。除此之外，教育的复杂性还表明，仅看到教育的有序性与确定性而无视教育的无序性与不确定性，必将忽视教育主体的选择作用。这就要求我们必须走出简单教育的樊篱，树立复杂性教育思维，赋予复杂性以本体论的性质和意义，在动态的非线性交互关系中去把握教育的过程性与情景性，真正使教育的选择权得到释放和弘扬。

第一，强调教育不仅是实体的集合体，更是关系的集合体。教育不只是由一个个"单子"式的因素组成的纯实体世界，教育中的任何因素都处于与其他因素的内在关系网络之中，这种存在于教育中众多甚至不计其数的相互作用、相互反馈的关系赋予了教育以复杂的性质。而教育的这种复杂性则决定了教育很难或不可能被统一在恒定的规律之下，因而刻意把动态多变的教育情景还原为几条简单而抽象的命题或原则所组成的教育原理，是远远不够的。如果把教育看成一个纯实体的集合体，看不到教育中的复杂关系与非线性作用，就会很容易忽视主体在教育中的能动作用，进而将教育过程视为一个犹如机器

---

① ［法］埃德加·莫兰：《复杂思想：自觉的科学》，北京大学出版社 2001 年版，第174—175 页。

装配的技术操作过程。

第二，强调教育的过程性，反对严格的预期性。教育是过程的延续体，教育中的一切都处于动态发展的过程之中，教育的意义不可能离开具体的教育情景与特定语境而存在。因此，无论是教育者还是受教育者，在此过程中都应该不断形成与调整自己的目标和理想，而不是一味地机械地固守预先设定的目标和理想。尽管教育存在确定性的一面，需要一定的预期与计划，但也存在不确定性的一面，因而一旦进入教育过程，教育的运作不应该是对外在于过程的种种预期与计划的执行，不应死守计划而为计划所束缚，最终成为教育者按严格计划"制造"受教育者的过程，而应根据教育过程中不断呈现的新情况适时调整计划，使教育成为一个不断涌现创造性的过程。有人担心给教师或学生发挥自主性的空间，容易使教育运作处于一盘散沙的混沌状态。在我们看来，非但不会如此，由于教师和学生的主动参与，反而会使教育成为一种充满活力的结构体，因为在复杂性系统中，"混沌就是生命和创造力的源泉，并且生命和创造力并不按事先设计，而是通过导致自然输出的瞬间自组织过程造就的"①。因此，有必要赋予教育中的混沌、无序性、偶然性以本体论的意义，而不是一味地加以遮蔽和排斥。

第三，强调教育价值与规律的情境性，反对教育价值与规律的抽象统一性。在现实中，教育所追求的价值具有阶段性，往往不是一种指向终极的抽象的价值，也不应该以一种永恒的方式表现出来，因为教育的价值追求只有与具体的教育情境统一起来才可能是真实的。教育规律也是如此。过去，由于深受机械决定论的影响，把对教育规律的探求等同于对教育确定性和有序性探寻，义无反顾地挖掘着教育中严格的必然性和严格的因果关系，很少意识到教育规律通常只是作为教育发展的一般趋势表现出来的弹性的必然性。因此，应该革新教育

---

① ［英］拉尔夫·D. 斯泰西：《组织中的复杂性与创造性》，宋学锋、曹庆仁译，四川人民出版社 2000 年版，第 12 页。

规律的研究范式，尽快"由探讨普适性的教育规律，转向寻找情景化的教育意义"①。赋予教育规律以发生学的意义，充分认识到"进入教育实践活动中的主客体都不是预成的，他们都是主体实践创造、重建的结果，因此也就不存在一种预成的、永恒不变的必然性与规律，任何一种必然性都形成于一定的教育活动之中。固然以往实践结果为新的、后续的教育实践提供了前提，并决定了它的大致方向，但这种前提条件又会在新的、后续活动中不断被改变，这种改变也形成了新的必然性、新的规律"②。

还需要指出，复杂教育是人类对教育本质属性认识的升华，是一种全新的教育思维。这种思维转换是教育创新的必然要求，但它并不是对简单教育的全盘否定与颠覆，而是对目前僵化、刻板与程式化教育的反思与批判，是对简单教育的一种纠偏与超越。这种思维转换不仅意味着主体的能动性与选择权的恢复，也意味着教育目的由单纯的前置向前置与生成相结合转变，教育过程由纯粹的严格控制向自组织运作与弹性管理相结合的方式转变，教育结果不再是预定计划的附属品而是伴随教育发展不断涌现的教育创造，师生关系不再是严格的规训与控制而是师生彼此的关切与理解③。这种思维转换所带动的是教育理论与教育实践的全方位和深层次的变革，必将催生教育新的生命力。当然，这种思维转换也要求我们积极培养自己应付和处理不测事件的头脑，学会在散布着确定性"岛屿"的不确定性的教育"海洋"中航行。

四　复杂性教育研究四视角说

龙跃君著文认为，面对教育的复杂性本质，当前的教育研究必须

---

① ［加拿大］大卫·杰弗里·史密斯：《全球化与后现代教育学》，教育科学出版社2000年版，主编寄语。

② 鲁洁：《教育：人之自我建构的实践活动》，《教育研究》1998年第9期。

③ 唐海德、李枭鹰：《复杂性视域中的教育选择》，《高等教育研究》2006年第10期。

重视以下四个视角。

1. 趋向整体性的教育思维

教育的整体性思维，集中体现在教育目标的整体性和教育过程的整体性上。基于还原论、决定论的简单性思维，当今教育将"受教育的人"简单地归结为分解的教育目标和独立的教育环节的达成。教育目标的分类一方面是为了给教育实践一个可具体操作的指引，如通过认知的、情感的、道德的、动作技能的等具体目标的达成来实现总的教育目的；但另一方面，因为实践的需要和可能，教育活动也往往会割裂教育目标之间的联系，把各种目标孤立起来，各行其是，以为只要完成了自己的"育"就是完成了教育的职责，这实际上会将教育者、受教育者、教育活动、教育过程割裂开来，把教育等同于知识的教育、技能的教育、道德的教育、体育等。复杂性科学研究促使我们重新思考教育的目的问题和教育目标及如何实现的问题。教育实践面对的是"总体"的人，不是这个人的所谓"德、智、体、美"各个方面，所以教育实践更应该关注"人"，而不是人的各个部分。也就是说，必须从整体性上来把握教育目标。在具体的教育实践中，必须从整体的"人"出发来对这些目标素质进行整合，全面贯通育人宗旨，和谐发展各种能力。这样，教育就会作为一个整体而存在，而不是简单分化的各个"育"。

2. 走向开放性的教育选择

教育的本质是复杂的、多样的，可选择性是现代教育的基本特征。当前的教育实践受决定论的影响较大，人们普遍将教育视为一种以理性为基础的简单教育，教育目标、内容被事先预设，教育过程被严格控制，教育环境被孤立，教育主体性被扼杀。基于复杂性科学视野，教育的本质决定了教育的选择是一种面向未来的丰富而复杂的活动，教育只有体现这种选择的丰富性，才可能实现教育的多样性。因此，当前教育的改革与实践必须走向开放性的教育选择。走向开放性的教育选择，正如有学者指出的那样，必须实现以下转变：改革目前传统的目标导向的教育模式，教育目标和内容由单纯的前置向前置与生成相结合转变；强调教育的过程性，教育过程由纯粹的严格控制向组织运作与弹性管理相结合的方式转变；教育结果不再是预定计划的附属品而是伴随教育发展不断涌现的教育创造；师生关系不再是严格的规训与控制，而是彼此之间的关切与理解。

3. 关注教育事件

从决定论的角度来看，教育是有规律的，教育事件不过是教育活动中的偶然，没有实在的意义。通常对教育事件的看法有两种误解：一是认为教育事件这样的偶然性不过是教育必然性（规律）被教育的外界环境干扰影响的结果。二是认为教育事件不过是由于我们目前的条件和能力的限制，暂时还不能完全认识。换句话说，没有偶然和事件，只有没被认识到的必然和规律。

基于复杂性科学的视野，既然规律只是事物众多联系中的一种，且一切并不必然，知识是一种社会建构，是不确定的。实际上偶然性（事件）同必然性（事件）相比，不仅数量多得多，而且对事物进化和新质的创造的作用要远远超过必然性。那么在对事物的研究过程中，就不能不重视偶然（事件），而且还要给予较多的关注。所以，在教育活动中就不应该拒斥教育事件，而应真正地把教育事件纳入教育研究的范畴之中。关注事件的教育研究就要以"复杂性"的思维方式来看待、把握教育活动及其中的各种关系。那些离开具体的教育情境，"既不能证实又不能证伪"的"放之四海而皆准"的"正确的废话"，不是教育研究的目的所在。教育活动也只有根植于人的现实生活世界，在具体的教育情境中才有可能实现教育的效应。在这个意义上，教育中培养学生个性、因材施教、全面发展才具有真正的意义。

4. 重视对元教育学的研究

历史上，多种教育学认识论的矛盾冲突主要表现为科学与形而上学、科学与实用、科学与人文的冲突，教育学的发展通常是沿着经验取向与理性取向两条路径展开的。每一种教育理论，无论是中国传统的、西方的，还是现代的、后现代的，都自成体系，为了论证各自的观点而具有各自的话语系统并立足于本身的话语系统之中。教育理论的封闭性常常会让我们的思维也封闭在它的话语系统中，从而以简单的思维面对纷繁复杂的教育现象，把复杂的教育现实切割、分析，放弃了整体，放弃了关联，把封闭的教育理论植入被分割的教育现象中，达不到理论期待的效果，甚至背离了教育的目的，阻碍了教育的发展。

反思意味着对认识的认识、对理解的理解、对思维的思维。因此，反思具有批判、监督的性质，具有"元"的性质，是在认识、理解、思维的基础上反观其自身。因此，就教育研究而言，只有对每一种教育理论的基本理论进行反思，同时对参与理解的主体进行反思，教育理论才不会成为僵化的教条，不会仅仅成为"形而上"的理论而与实践脱节。如此，教育理论在元系统的监测中，才会实现主客体的融合、教育理论之间的融合以至理论与实践的融合。元教育学是从整体上研究教育学，基于复杂性科学视野，教育学应是多重属性的统一，既是"科学的"，也是"哲学的"，更是"实践的"。我们应广泛深入地开展对各种教育理论的"元研究"。

很显然，无论埃德加·莫兰提出的未来教育的"七种"基本的或必要的知识说，还是我国学者所提出的"两条路径说""教育选择说"和"四个视角说"，虽然应该说这些研究还只是初步的、原则性的，还需要具体化和深化，但是，这些研究已经足以表明，教育复杂性的内在要求是多层面的、整体性的。这些要求昭示我们，对构建在简单性思维基础上的传统的教育本身进行整体性的创新变革，已经势在必行。

第三节 教学活动的复杂性及其操作要求

教育的复杂性就包括教学活动的复杂性在内，或者说，教学活动的复杂性是教育复杂性的重要组成部分。由于教学活动是教育的基本操作形式，处在整个教育体系的中心，居于核心地位。所以，无论是理论上如何认识教学活动的复杂性，还是实践中怎样具体处理好教学过程中的复杂性问题，都是近年来教育复杂性问题的理论研究和实践探索中，大家关注的焦点和探讨的热点。人们对这个问题的研究探索成果，特别是学者们在这个问题上所表达的观点与看法，对我们从复杂性视角探讨大学人文素质教育创新问题，具有直接的借鉴意义和重要的参考价值。

一　教学活动的复杂性

我国学者张良发表在《清华大学教育研究》2013 年第 5 期的《从简单性到复杂性——试论我国教学范式的重建》一文，对教学活动的复杂性及其基本要求，给出了很有启发和借鉴意义的论述。针对教学活动的复杂性该作者认为，有必要基于复杂性思维的视域，将教学研究的简单性思维所遗漏、丢弃的品质重新省思和检视一番，为教学研究脱离简单性思维的窠臼提供方法论的契机及可能。为此，他借鉴美国学者雷舍尔（N. Rescher）[①] 的复杂性模型，把教学活动的复杂性归纳到认识论意义上的复杂性和本体论意义上的复杂性等两大类型进行分析。其中，本体论意义上的复杂性包括组分复杂性、结构复杂性以及功能复杂性三个层面，组分复杂性主要指构成教学系统要素或组分数量的丰富性、多样性。教学作为复杂实践活动其中最为复杂的因素就是人本身的复杂性，研究发现：人的大脑就表现为复杂网络的非线性动力学。[②] 这体现为学生认知、情感、心理以及教师教学的认识、实践的非线性、差异性等复杂性；结构复杂性表现为教学系统内部学生、教师、学科知识以及课堂情境间的互动、排列、组织的动态性、开放性以及多样性，进而产生了教学系统中无穷的丰富性、奇异性以及复杂性。也就是说，"复杂性其实是存在于组织之中：即一个系统的组成

---

① Nichola Rescher Complexity, *A Philosophical Overview*, News Brunswichk: Transaction Publishers, 1998, pp. 9 – 11.

② ［德］克劳斯·迈因策尔：《复杂性中的思维》，曾国屏译，中央编译出版社 2000 年版。

因素用无数可能的方式在相互作用"①。功能复杂性指的是教学系统时间动态的历程中，教学场域内由于差异化的教学组分以及多样的组织、层级，使教学始终处于一种开发的系统中，不断发生信息、能量的输入输出。这就决定了教学的发生与流动始终处于非平衡态、不可逆性以及熵不断增加的耗散演化的过程之中。而认识论意义上的复杂性主要是指计算复杂性，即通过主体认识和经验视域进行测量、推论教学系统所耗费的成本与所付出代价，并由此所产生教学复杂性。教学系统的动态演化、要素间的环绕互涉以及运作过程中的混沌与远离平衡，都决定了认知主体难以穷尽、控制教学系统。也就是说，认识论范畴的教学复杂性"一方面是对非分裂的、非隔绝的、非还原性的知识的向往；另一方面是对任何认识的非完成性和非完备性的承认"。概言之，本体论、认识论范畴框架中教学的复杂性意味着"复杂性或是源于我们知性的极限，或者是源于客观现象本身的性质"②。

在上述归类分析的基础上，作者进一步概括提炼出了教学复杂性的一些具体表征。他认为，教学复杂性的表征至少有四个方面：

（1）教学的关系性。复杂性的方法赋予了教学实践以关系形态的存在样式，不再把教学当作孤立抽象的"实体"或独立分割的"粒子"，而是将教学看作一个丰富、鲜活的关系本体。这同时意味着不能再根据还原论视野或整体论视野看待教学系统，教学的关系性表明教学系统内外结构是高度敏感、相互依赖的关系实存。

（2）教学的非线性。"复杂性并不仅仅包含向我们的计算能力挑战的组成单元的数量和相互作用的数量，它还包含着不确定性、非决定性、随机现象，复杂性在某种意义上，总是与偶然性打交道。"这表明，课堂教学的演化伴随着教师、学生、学科知识的连接与互动，各种关系变量、随机事件、偶然的影响充斥其中，进而呈现出混沌、

① ［美］米歇尔·沃尔德罗普：《复杂：诞生于秩序与混沌边缘的科学》，陈玲译，生活·读书·新知三联书店1997年版，第112页。
② ［法］埃德加·莫兰：《复杂性思想导论》，陈一壮译，华东师范大学出版社2008年版，第32页。

无序、分岔甚至突变的非连续性、非线性表征，并且"不能从其初始条件预测所涌现出的各种性质和行为的发生"①。

（3）教学的不可逆性。时间作为教学系统的生成、演化以及消逝的参与变量，体现为："时间是一又是多，是延续也是间断，就是说像我们看见的那样，它是事件性的，到处是断裂和惊跳，它们拉断线头，可能在别的地方又抽出另外的线头。在同一个运动里，这时间既是派生的和退化的，又是形态发生的和发展的。"② 时间导致教学系统呈现出不断涌现、非对称以及不等价的远离平衡状态。

（4）教学的自组织性。教学实践的发生是教师、学生以及学科知识等，在一定时空中的相遇、互动、组合，进而不断适应、回应并自我调整，不断由无序组织成有序的动态循环过程。其间，教学系统"无需外界特定指令而能自行组织、自行创生、自行演化，能够自主地从无序走向有序，形成优结构的系统"③。也就是说，教学系统发生之初处于无序、非平衡态，经过教师、学生等因素的相互对话、组合与互动，不断诱发系统演变，使教学逐渐有序。随后伴随着教学互动，教学系统又从有序转入无序，从平衡态变为远离平衡态。

需要指出的是，复杂性"不是从简单性走向复杂性，而是从复杂性不断增长的复杂性，简单性只是若干复杂性之间的一个环节、一个方面"④。教学复杂性超越教学简单性的同时并非对其进行彻底的抛弃，否则其本身也难以逃离简单思维。单纯、绝对地从教学的有序性、确定性抑或是无序性、不确定性都不可能对教学复杂性作出最适合的解释以及最确切的描绘。教学复杂性是在有序与无序的互相交融、线性与非线性的相互跨越、简单与复杂的彼此互涉中，不断消解

---

① Mark Mason, *What Is Complexity Theory and What Are Its Implication for Education Change*, Mark Mason.

② ［法］埃德加·莫兰：《方法：天然之天性》，吴泓渺等译，北京大学出版社 2002 年版，第 74 页。

③ 吴彤：《自组织方法论研究》，清华大学出版社 2001 年版，第 3 页。

④ ［法］埃德加·莫兰：《复杂性思想导论》，陈一壮译，华东师范大学出版社 2008 年版，第 33 页。

它们相互割裂的界限而形成的"第三空间",而这一空间恰恰是教学系统在简单与复杂不断相互转化、螺旋动态生成的过程中,共同筑建了教学的存在与演化。

二　教学复杂性的具体操作要求

教学的复杂性不仅是一个需要我们理解的理论逻辑,同时更是一个不得不应对的实践课题,即如何回应以及应对教学本体在实践场域中的复杂性课题。教学复杂性给我们的教学实践操作提出的具体要求是多方面的,需要我们从教学思维到教学方法再到教学内容和目标等,作出全面的系统性的努力与革新。

首先,就教学思维而言。我们赞同有学者所说的确立"减法式"的教学思维的观点。"减法式"的教学思维是和传统的简单性信念下的"加法式"的教学思维相对而言的。长期以来,简单性的教学信念之所以一再成为广大教学研究与实践者的嗜好,其主要原因在于"人生活在危险的世界之中,便不得不寻求安全","人们所不喜欢的不是不确定性本身而是由于不确定性使我们有陷入恶果的危险"[①]。寻求绝对不变确定性的信念暗示出人类理性是能够把握教学确定性并获取有关教学的理性规律性知识的,简单性信念所衍生出的一系列方法、秩序经由合法性的叙事后被误认为教学本身,教学的本真魅力与真正意蕴却被遮蔽在这一信念之内。这种信念所坚守的教学思维就是"加法式"的教学思维,即在教学真正开展之前就对教学方法、教学策略、教学流程等进行线性预设,一劳永逸地将教学指向某种固定化、封闭、僵死化、可操作化的范畴。教学复杂性回归的要义在于摒弃简单性思维的教学定性,移除自我主体性控制癖、逻各斯主义所为教学铸成的任何"加法式"盔甲与屏障,意味着减少对教学进行过多的预设和假设,意味着进行"减法式"思维——这种思维品性所表

---

① ［美］杜威:《确定性寻求——关于知行关系的研究》,傅统先译,人民出版社2005年版,第5页。

现出"是一种前于一切'理论'的纯粹描述,对理论保持严格的距离"①。保持距离的方式表现为"悬置",将所有对教学的预设以及假设都置入括号,置入括号中并非等同于毫无用处或濒临消失,而是"存而不论",对开展或所给予的教学存在暂不表态,搁置判断,直接面对"意向性"存在于我们意识中的课堂教学事实本身,等待教学如其所是的展开与演化。在教学展开与演化过程中,区别于"加法式"教学思维诉诸主体性占有、控制教学的霸权伦理,一味强调自上而下和从外到内的预设和控制,整个话语体系浸透着确定性、线性等的主体性霸权话语,"减法式"教学思维体现为倾听伦理的凝聚,以欣赏差异、期待不确定性的信念,倾听、对话的伦理走进课堂教学场域,秉持着一种与教学的复杂性共在、相互对话的态度与信念,对课堂教学场域的变化与不确定性保持敏感和开放,并期待着教学中不确定性和差异性以及学生精彩观念的不断出现。

其次,就教学方法来看。具体的教学方法应该是丰富多彩的,但是,因应教学复杂性的要求,我们需要构建的新的教学方法的关键就在于,要突出所谓的"研究性旨趣"。"研究性旨趣"的教学方法即扎根于教学复杂性基础上,经过教师的教学研究自组织地生成的教学方法,即将教学方法看作与每个具体教学情境的行动研究不可分割的有机整体。实际上,如若将教学和研究割裂开来,就是仍然以简单思维控制着教师及其教学,使之履行与践行在教学发生之前或之外的方法,必然逃避或背叛教学的复杂性。"研究性旨趣"教学方法的生成至少涉及:一是学生研究。对学生进行学情和生活史分析以及学习心理学的研究。学生研究的基本目的正如达克沃斯(E. Duckworth)所概括:"课堂教学必须建基于每一个学生的独特性之上,而学生的独特性集中体现在每一个人的观念的独特性中,教学的目的就是帮助学生在原有观念的基础上产生新的、更精彩的观念。"② 二是学科知识

① [德]胡塞尔:《纯粹现象学通论》,李幼蒸译,商务印书馆1992年版,第93页。
② 张华:《研究性教学论》,华东师范大学出版社2010年版,第54页。

研究。教师就学科知识进行跨学科，以及多学科的统整，对学科知识与学生的经验、社会生活进行连接，从而使学校课程与学生、社会融为一体。三是课堂情境研究。教学实践是教师、学生以及学科知识的互动、交往，"没有一种经验情境能够永远把它的这种最后特征保持不变，因为构成这个情境的互相关系就是一些交互作用的状态，而他们本身也是变化不定的"①。由此，教师的课堂情境研究体现为教师敏感捕捉突发事件背后蕴含着的无限的隐性课程资源以及待开发的教育契机和成长智慧，并且不断诠释和建构这些非连续性事件的教学价值蕴涵，不断展开、调整教学过程。由上所述，构建"研究性旨趣"的教学方法是对上述三个研究过程的"无缝对接"及有机融合。这种融合的逻辑便体现出学生、学科知识、教师以及课堂情境的相互关系的非线性、非确定性的实现与恢复。与此同时，教师的教学设计、教学方法、教学评价等实践逻辑也将不再脱离教学过程和学科知识，不再是控制教师和学生行为的操作规范与方法程序，而是内蕴于教学情境、学科知识、教师与学生的复杂性关系体之中，进行自组织生成与建构。

再次，从教学内容和目标来说。超越将课堂教学简化为灌输或被动接受知识的简单层面，秉持"创生性取向"的教学知识观，重新审视和改变教学内容、确立相关的具体的教学目标等，是我们满足教学复杂性的基本要求，把教学过程从传统的知识传授过程转变为师生合作研究和创造知识的过程的实质性内涵之所在。"创生性取向"教学知识观强调，学科知识并非是传授的固定对象，而只是特定情境中的探究对象，"学生与教师一起探究一些事先不知道答案的问题，思考替代方案和问题假设，每个人都形成他们自己的批判性解释和创造性能力"②。教学被阐释为教师和学生合作探究学科与生活、合作建构思想

①　[美] 杜威：《确定性寻求——关于知行关系的研究》，傅统先译，上海人民出版社2005 年版，第 182 页。

②　[美] 小威廉·多尔、唐娜·杜伊特：《复杂性思维：存在关系之中》，张光陆译，《全球教育展望》2011 年第 5 期。

与意义的过程。"用杜威的话说，教学即问题解决。用皮亚杰的话说，教学即智慧操作。用弗莱雷的话说，教学即提出问题的过程和反思性实践。用达克沃斯的话说，教学即产生精彩观念的过程。"① 其内涵至少包括以下方面：第一，学生即研究者。这一过程包括：（1）学生基于自己的经验和知识对每一门学科建构自己的理解、思想和体验；（2）学生将学科知识运用于社会和生活的过程中，建构主体意义和社会价值；（3）学生在探究、体验、服务自身生活及与成人共享的生活的过程中，建构生活理解、生活探究能力和热爱生活的情感等。在此期间，学科知识不再具有客观性、确定性，而是由学生通过探究过程来赋予的，知识成为了复杂的、开放的动态的整体，得以主动建构与价值复归。第二，教师即合作者。这一过程包括：（1）帮助学生自由地研究和创造。教师的指导建立在倾听、研究、描述学生的思想和意义的基础之上，旨在帮助学生逾越困难与障碍，最充分地发展自我、实践自我。（2）保证学生研究的连续性与持续性。还需杜绝学生只追求表面热闹和形式丰富的现象，而应保障学生理智以及有意义地参与。（3）创造民主、合作的研究共同体。这一共同体以民主、合作精神来组织和创造，以促进教师与学生、学生与学生间的对话、交流及分享等。由上所述，学生的研究过程以及教师的合作过程相互融合，意味着教学不再单纯是对学科知识的被动传递，而是将知识探究与知识学习融为一体；不再是自上而下、从一到多、独白式地传递与讲授，而是在探究知识、解决问题中的互动、合作以及对话；教学过程成为了教师与学生之间、学生与学生之间、教师彼此之间在尊重独特性、欣赏差异性的过程中合作创造知识的过程。②

如前所述，教学活动的复杂性是整个教育复杂性的一个组成部分，一个具体层面的表现。通过上述我们对这个部分或层面的讨论可以看出，这种具体层面的实践操作都应该是非常细致的、针对性很强

---

① 张华：《研究性教学：教学改革的方向》，《基础教育课程》2011 年第 12 期。

② 张华：《研究性教学论》，华东师范大学出版社 2010 年版，第 260—265 页。

的。否则，我们完成创新教育教学模式，构建适应这种复杂性要求的新的教育体系的战略任务，就不能落到实处。本书的兴趣点在于如何把教育、教学的复杂性原理与方式应用到我国大学人文素质教育的实践活动中来，接下来我们就这个具体层面进行深入讨论。

第十二章

大学生人文素质及其
教育的复杂性

以上几章我们阐述了教育和教学的复杂性及其基本要求,并且结合学者们的观点初步明确了我们应该积极地去探索实践的一些方向和操作方式等,这无疑对创新我国大学人文素质教育具有直接的指导价值。但是,大学人文素质教育作为教育教学的一个具体项目,还有其自身的更为具体的特殊性和要求,我们还必须在此基础上进一步通过研究大学生人文素质及其教育的复杂性等,来研拟我国大学人文素质教育创新的具体措施与实践策略等。

大学阶段是一个人的生理、心理及其学识和修养等渐趋成熟的重要阶段。在这个阶段,大学生的人文素质也处在急剧的动态演化生成过程中。然而,无论就其生成原因来看,还是其演化过程及其整体结构与功能等而言,都具有和表现出显著的复杂性机理与特征。大学生的人文素质事实上就是一个处在动态生成过程中的典型的复杂系统。同样,大学生人文素质教育更是一个要面对这样的复杂性对象,并在一个关涉到教师、学生、教学内容和教育环境等多重要素相互作用复杂性体系中展开的复杂性过程。深入认识和把握大学生人文素质及其教育的复杂性机理与特征,对我们更新教育理念、拓展教育内容、改进教育方法,全面提升大学人文素质教育的有效性具有重要的创新意义。

第一节　大学生人文素质生成的多元集成性

大学生人文素质的生成既与社会环境、学校教育、家庭因素和自身人际关系等多层面的横向因素的交互作用有关，又与其此前不同成长阶段或求学阶段所受相关教育的纵向影响的叠加、交融是分不开的。大学生的人文素质是大学生主体对这些纵横向多重影响因素的自我内化与整合的结果。换句话说，大学生人文素质的生成具有多元集成性。这种生成原因的多元集成性是大学生人文素质复杂性的第一个基本特征和具体表现。

一　大学生人文素质多元集成中的几种主要影响因素

在大学生人文素质生成的多元影响因素中，以下几个方面的影响是最为基本的和尤其重要的。

首先是家庭。家庭是人生的第一课堂。个体的人文素质的发展最初都受益于家庭的影响、熏陶和启蒙。家庭通过提供最初的个人社会化生活环境，赋予个人文化、社会背景和身份地位，以不同的教养方式以及家庭成员不同的行为模式，潜移默化地影响和促成青少年最初价值观的形成，并为其日后进一步发展奠定基础。家庭教育提供的是随时的、个别化教育，一方面家长的思想品德、言谈举止、行为习惯、兴趣爱好、为人处事方式、价值观念等，对学生具有很大的潜在影响；另一方面家长的文化道德素养、家庭文化、情感气氛、亲子关系和教育方式等也决定家庭教育的质量。因此，家庭教育对大学生人文素质的形成发展具有奠基性的意义。

其次是社会。社会作为外在环境因素，通过一定的社会规范、道德信条、风俗习惯和文化价值取向等，在指导社会生活、传递社会文化、倡导社会认同、扮演社会角色、激发个性潜能、促进大学生人文素质形成等诸方面具有重要作用。尤其是社会文化的影响，它是造就社会成员精神品质的主要力量，它在很大程度上规定着人们的思想和言行。社会文化以各种有形无形的载体，比如政令、媒体、社会活动以及典型的人物和事件等，向个体辐射特定的文化信息，使其在有意识或无意识中烙上特定的文化烙印。"因为文化不同，行为也就不同。哪些事你能干，什么事属禁忌，取决于你生活环境中的文化。"① 现代社会交通工具和通信技术迅猛发展，社会人口流动、信息沟通和人员交流日益扩大和频繁，人们生活的社会化程度越来越高，社会环境对大学生的思维方式、价值观念和人文素质等的影响也愈加深刻和广泛。

再次是学校。学校是大学生集中深入学习和吸收人文知识、培养人文素质的关键性陶铸"母体"或主"孵化器"。学校的方方面面，特别是教师和校园文化对大学生人文素质的形成具有至关重要的作用和直接的范成功能。

大学者，大师也。"学高为师、身正为范。"教师是学生品德形成的引导者，是培育学生人文素质的主要实施者。教师不仅在学术上是学生的榜样，而且在人格上也是学生的榜样。言传身教，为人师表。教师用自己的感悟和所学教给学生人文知识和人文方法，教师在知识传授中向学生传递人文精神，教师在人文精神传递中以自己的人格魅力带动和感染着学生的人文情怀。教师教育理念，教师的人格影响力，教师的师德状况以及他们对事对人的具体态度和处理方式，等等，会对大学生人文素质的形成产生深刻久远的影响。名师出高徒。在一定意义上，大学生的人文素质事实上就是教师人文素质的传承者和发扬光大者。特别应该指出的是，师德是教育的灵魂，身教甚于言教。孔子曾说："其身正，不令而行；其身不正，虽令不从。"在大学生人文素质的形成过程中，某种程度上育比教更重要。大学生人文素质的最终品质，更主要的是教师的道德素质和师德风范所形成的强大影响力长期化育的结果。

大学者，大环境也。大学环境之大在于拥有大学文化。大学的文

① ［美］怀特：《文化科学》，曹锦清等译，浙江人民出版社 1988 年版，第 46 页。

化氛围潜移默化的熏陶和影响作用在育人中的作用同样不可忽视。诸如目前许多高校为营造校园学术、文化氛围，为学生人文素质教育提供一个良好的人文环境，积极举办有利于提高大学生人文素质的系列讲座，开阔学生的视野，启迪学生的思维，激发学生的人文情感；大力开展社团活动、科技节、文化艺术节等校园文化活动，让学生在丰富多彩的校园生活中受到陶冶。这些都有助于大学生人文素质的形成。"三人行，必有我师焉。"大学生处在学校这种"群体性生活"的大团队之中，最常接触的人群除了老师，就是自己的同学、朋友。一个学生的言行都直接或间接的影响着周围的同学，同样你也会受到周边同学、朋友的影响。所以大学生人文素质的形成和身边同学、朋友的影响也是分不开的。大学环境与团队会将身在其中的一个个大学生造就成为所谓的"组织人"，例如人们所说的"北大人""清华人"等。大学人文环境和文化氛围有多大，整体上这个大学的大学生的人文素质就会有多高。

　　还有就是现代网络信息技术。现代社会网络信息技术的广泛应用，对大学生人文素质具有深刻的独特地影响。现代网络信息技术拉近了人们之间的距离，使得各种知识信息的传递和交流变得更加方便快捷。人们不仅随时随地都被各种不期而遇的网络知识信息包围着，而且也可以异常便捷和广泛地主动获取所需的信息知识。互联网、大众传媒以及微博、微信、QQ等多种多样的交流平台，几乎成了大学生获取知识信息、进行思想交流和参与各种角色扮演和体验的最寻常最重要的渠道与方式。"地球村""虚拟社会"和"信息爆炸"等是人们形容这个时代特征的常用的词汇。能够和实际影响生活在这个时代的大学生人文素质的因素，不再仅限于传统的书本、课堂、父母长辈和亲朋好友等，现代网络信息技术在大学生人文素质的形成过程中扮演着越来越重要的角色。

二　大学生人文素质多元集成的生成机理

一方面，大学生人文素质的多元集成是通过各种纵横向影响因素的确定性与不确定性等两种机制的交互作用来实现的。一般来说，人生是一个处在各种现实的、具体的社会关系中的由不同年龄阶段构成的成长过程。处在人生不同阶段的人，对外界影响和信息的感知认识能力、选择处理状况和吸收内化水平等都是不同的。这些差异会造成个人在知识结构和心智模式上的区别。大学教育是继中小学之后学生接受学校教育的进一步延续拓展和提升。大学生的人文素质与中、小学所受到的人文素质教育具有承继关系。中、小学阶段的人文素质教育，既为大学生感知认识大学人文素质教育内容提供基本的概念知识框架，也会由此奠定大学生进一步全面培育提高人文精神、养成人文情怀的心智模式和行为倾向。中小学的人文素质教育状况是大学选择人文素质教育具体方式和内容的不可逾越的基础。这个基础决定了大学人文素质教育可能和应该走多远、走多高。而大学人文素质教育的具体方式和内容的选择又会直接地决定大学生人文素质的基本品质和人文素质教育的实际效果。换句话说，大学生在上大学之前业已形成的个人特有的知识结构和心智模式，是大学生选择、接受和吸收、内化大学阶段人文素质教育内容和信息的基础性心理平台和具有统摄功能的内在知识构架。它不仅决定着大学生人文素质的自我养成能力，还规定着大学生人文素质的具体品格和可能的发展方向。这是大学生人文素质形成过程中的确定性的一面。

另一方面，这样的知识结构和心智模式并非是一成不变的。它们实质上是一种开放性的系统。随着大学生的阅历和思想认识在广度上的不断扩展和深度上的逐步延伸，特别是伴随着大学阶段各种新的相关影响因素和知识信息等的不断加入，不仅会使其内容和结构在新旧要素的互相影响与相互作用中发生动态的演进和变化，甚至会不时地涌现出一些新的性质和功能等，使大学生的人文素质呈现出不稳定的甚或非线性的复杂性发展状态。这是大学生人文素质形成过程中的不确定性的另一面。这种不确定性的一面和上述确定性的一面交织在一起，形成了大学生的人文素质的现实状态。这就是我们所说的大学生人文素质形成原因的多元集成性。

三　相关案例举证

【案例一】家教成就"最美 90 后女孩"

铁飞燕，女，回族，中共预备党员，云南广播电视大学 2010 级法学专业专科生。2010 年 5 月 4 日，铁飞燕随父亲一起到绵阳旅游，飞身跳河勇救 4 名落水工人，成为媒体和社会关注的焦点。后来，她收养弃婴的善举再次感动世人。网友评价她是"最美 90 后女孩"。

2013 年，这名 1992 年出生的狮子座女孩，当选了第十二届全国人大代表。在接受记者采访时，记者注意到铁飞燕手掌上的两个水泡。她告诉记者，这是春节回家干农活时留下的。铁飞燕说我爸跟我说，你在哪里就要像哪里的人。有一次我记得我穿了一条连衣裙回去，然后我爸说，快把衣服给换掉，你在哪里人就要像哪里人，不要城市人不像城市人，乡下人不像乡下人。这个孝顺的女儿始终记得父亲的教诲："做人不能忘本。"家庭给予她的这种想别人之所想，关照他人境况和感受的朴实的做人道理，是她成为"最美 90 后女孩"最内在的本质。

【案例二】传递爱心　延续光明

蒋小波，中共党员，湖南人文科技学院物理与信息工程系 2007 级学生。2009 年 10 月，他被确诊为中晚期胸腺癌。在临终之际，他毅然决定无偿捐献眼角膜，用生命传递爱心，延续光明。蒋小波被确诊为中晚期胸腺癌后，随时都有生命危险。他在病床上写下日记："也许，我快要到生命的最后时刻了……我愿意捐献自己的遗体来回报这个社会……因为我是一名党员，一名祖国培养出来的大学生，一名曾接受过社会无限关爱的患者！"然而，由于癌细胞已向全身扩散，几乎所有器官都不能移植，仅有眼角膜可进行移植。当问及他为什么要捐赠眼角膜时，他只能在手机上吃力地按出四个字："爱与责任。"

2010 年 5 月 16 日，蒋小波因抢救无效不幸去世。5 月 17 日，他捐献的眼角膜成功地移植给了两名长期患眼疾的患者。

正是来自社会的关爱，让这位大学生在生命的尽头还不忘将社会的大爱传递下去。

【案例三】关爱校园关心同学团队创新

复旦大学电子工程系 2008 级 5023 寝室，由徐健、卢元达、张侃、王新宇四名男生组成。寝室组建以来，他们响应学校的倡导，积极实践、发展兴趣爱好，并始终秉持学以致用、为同学服务的理念，先后创作出包括《5023 大讲堂》《单词随意背》软件、寝室智能监控系统、复旦大学世博志愿者表彰大会灯箱在内的一系列科技创新作品，自制的寝室宣传片网络播放量已超百万次。

"5023" 的生活就像真实版的《生活大爆炸》，他们用聪明才智制作了多项小发明，比如寝室智能监控系统、热水器定时节能系统等。2010 年 3 月，在徐健的建议下，"5023" 的四个大男孩开始录制《5023 大讲堂》并上传到网上，向其他同学介绍专业知识，分享使用电脑的小技巧，如《紧急复原误删文件》《Office 实用技能集锦》等，十分钟一期，共制作了十期，在同学中引起强烈反响，同时也鼓舞和带动了更多的同学参与到积极的实践创新活动中来。

可以说，由于对自己学习生活于其中的校园环境的热爱、对同学的关心爱护和良好的团结协作精神，才成就了 5023 寝室实践创新的动力。

【案例四】大学生帮卖葡萄微信微博都用上

2013 年夏天，四川省华蓥市 3.5 万多亩葡萄丰收。西华师范大学 20 多名大学生去该市参加暑期社会实践活动。到达目的地后，大家见果农为葡萄滞销的问题伤透脑筋，想起之前在网上有人通过微博帮助农民销售滞销的粮食蔬菜，他们也想尝试。于是他们一边在葡萄园帮助果农抢收的同时，利用互联网和微信、微博等方式，帮助果农发布促销信息，解决丰收后的滞销问题。

微博、微信等网络技术的发展，不仅让西华师范大学的学生感受到交流沟通的便利，也让他们学以致用，体会到帮助他人的快乐。

第二节　大学生人文素质形成
过程的自组织性

人文素质虽然是人的整体素质的一个方面，但它本身又并非某种单纯的东西。不仅其形成原因是多元的集成性的，而且其本身也是一个由人文精神为基本内核，包括人文认知、人文情感、人文意志、人文行为等结构性要素构成的整体性的主体品质体系。或者说，人文素质是一个人将包括人文知识、人文情怀、人文精神与人文方法等在内的相关要素，通过个体自己的理性认知、情感体验、意志磨炼和行为调适等，使它们有机地融为一体所形成的一个具有独特结构和功能的个性心理系统。大学生人文素质个性心理系统的构建过程是大学生个体在应对内外多种影响或"干扰"的时候，这些要素非线性生成演化的结果。复杂性科学将这种非线性生成演化机制称之为耗散结构的自组织过程。这种自组织性是大学生人文素质复杂性的又一个基本性征和具体表现。

一　人文素质的一般结构要素

1. 人文精神

人文精神通常是指高扬人的主体地位和核心价值、崇尚人的自由和人格尊严、注重人类文明传承和文化教养、追求人的幸福和全面发展的思想意识。无论西方世界传统的自由、平等、博爱和人道主义等价值观念，还是中国古代所主张的从自然性与社会性的统一中建构自我，展现人性的光辉的思想意识。不论是传统的反对神权的理性主义人文思潮，还是当代反对物本主义的以人为本的发展观。也不管是追求社会和谐的东方价值取向，还是着眼于个性张扬的西方价值观。东西方或古今中外虽然由于文化的不同，在具体的人文观念上存有差异，但是，重视人的地位、人的价值、人的文化教养和人本身的发展等则是这些观念和思想意识所体现出来的共同的和基本的人文精神。

这种精神就其落实到一个具体的个人而言，通常一般会表现在以下三个主要的方面：知——对人类命运的关切、思虑和责任意识；情——对人的权利与价值的尊重和维护热诚；志——对人生意义的透彻体悟和自我价值创造的毅力等三个方面。

2. 人文认知

人文认知是指个体对人文素质相关要素的感知、体会、理解和认识过程。其结果主要表现为个人对各种显性和隐性人文知识的吸纳、内化和储备状态。具体而言，可以从以下三个方面把握其基本内涵和特点：

其一，就认知对象而言，人文认知是对人文知识、人文现象、人文经验等的认知。人文知识主要是指哲学、文学、艺术、历史、伦理、宗教等知识。需要特别强调的是，这里所讲的是人文知识而非人文科学或社会科学，是以作品、教义和个体经验、能力以及具体的行为范式等形式出现的知识，而非研究这些对象的学问，即是文学艺术作品，而非文艺学；是宗教教义，而非宗教学，其余类此。

其二，就认知的目的而言，人文认知有别于通常所说的科学认知。人文认知是为了思考人生的意义、价值，确立理想人格的目标和典范，以达到人性的完美，侧重于主体价值的追求。科学认知则侧重于客观规律的探求，以达到改造客观世界的目的。科学认知追求的是"真"，人文认知追求的是"真、善、美"的统一。

其三，就认知的过程而言，人文认知是一种倾向性非常鲜明的认知过程，是紧紧围绕高度关切人的命运、地位、利益、需求和价值等所形成的一种特定的、专门的感知、体会、理解和认识过程，以至于会形成所谓的"人文关怀"的思维定势。这种定势对任何事物和现象的认知，都会习惯地从是否有利于人的生存和发展的角度去考察，并以此评价事物和现象的价值，然后作出具有倾向性的抉择。

3. 人文情感

人文情感又叫人文情怀，它是一个人将自己在人文认知基础上形成的对人文精神的内心体验向外流露和彰显出来的一种心理倾向或状态。人文情感不同于日常情感。一方面，前者是"大我"之情，后者是"小我"之情。因个人失恋而悲，是日常情感；从个人失恋之悲扩展到人类难以摆脱诸如失恋等各种痛苦的命运之悲，则是人文情感。生离死别的痛苦是日常情感，黄花岗烈士林觉民在与妻诀别的书信中所表达的"为天下人谋永福"而不惜牺牲的情感，则是人文情感。另一方面，日常情感因人而异，变化无常，难以类分；人文情感则普天同构，不分彼此，可以类分。

诸如敬畏生命、尊重人权、崇尚正义、追求自由以及由此产生的悲天悯人、忧国忧民、壮怀激烈、博爱宽容等，都是一些普遍认同的人文情感。这些超越了个人的喜怒哀乐，出于对人文精神深刻的内心体验而彰显出来的人文情怀或情感，是一个人人文素质的最鲜活的内容。

4. 人文意志

人文意志则是人文认知和人文情感转化为人文行为的过程中，为排除障碍、克服困难，而实现自我控制和调节的心理能力。障碍和困难可能来自于客观方面，也可能来自于自身，这是人文实践过程中不可避免的。如果不敢排除之、克服之，实践活动就可能半途而废，人文认知、人文情感的建构就失去了最终的意义，人文精神依然只能外在于个体生命。因此，意志的作用就在于保证人文行为的既定目标和方向得以坚持，最终实现人文精神对个体生命的内化，人文意志的建构同样是人文素质培养的重要环节。

与其他意志相比较，人文意志有如下特征：其一，追求理想人格目标的坚定性；其二，人文实践活动抉择的果断性；其三，坚持人文价值取向的顽强性；其四，理性地把握自我的自主性。

5. 人文行为

人文行为是人文精神在人的行为层面的折射，体现在个体的言谈举止、待人接物和社会活动中。考虑到知行脱离、言行不一现象的不可避免，判断人文素质的实际状况只能从人文行为去分析。人文行为处于人文素质结构的表层，透过对个体人文行为的观测，能够真切地了解个体是否真正确立了人文精神，其人文认知是否到位，人文情感是否形成，人文意志是否坚定。

日常生活中的爱国主义行为、扶贫济困行为、见义勇为行为、团结互助行为和艰苦奋斗行为、勤俭节约行为、绿色环保行为以及艺术审美行为和文明礼貌行为等，都是个体人文行为的具体表现。个人的人文素质就是通过其具体的所思所想、所作所为等集合而成并表现于外的。

二 大学生人文素质结构的自组织演化机理

上述人文素质的一般结构要素，虽然是每一个现实的人文素质系统都会具有的基本元素，但是，就大学生个体而言，由于受到各种主客观因素的影响，这些元素的具体情况以及由此形成的个体结构状态又都不可能是一样的。这是因为，大学生不仅是接受各种影响和教育的被动的对象，还是一个自主选择、吸纳和内化这些影响和教育的主动的主体。大学生人文素质的个体结构状态，本质上是其人文素质系统生成演化过程中的自组织的结果。

首先，大学生个体的人文素质是一个开放的系统。这个开放系统不断地与外界进行着各种能量和信息的交换，并通过反馈进行自控和自调，以达到适应外界环境不断变化的目的。然而，这种交换会使其系统要素的具体内容及其相互关系不断地发生变化与调整，从而使该系统始终处在动态的生成演化过程中。

其次，大学生个体人文素质的生成演化是非线性的。由于大学生人文素质的生成演化过程是在内外在诸多方面的积极的或消极的因素的影响或"干扰"下进行的，再加上大学生个体对这些影响和"干扰"的关注度与承受力也是不一样的，所以，从客观上来说，这些影响和"干扰"对大学生个体实际上所起到的作用并非相同的，并且无法还原为对等状态。从主观方面看，大学生个体在应对这些影响和"干扰"的时候，其知识、情感、意志等的投入也不是百分之百等比产出的。这种由"干扰导致涨落，涨落导致有序"的非线性作用机制，会造成大学生个体人文素质发生各种可能的不确定性的发展变化，从而使其动态有序化过程处于多样化增长的耗散结构状态。

最后，大学生个体人文素质的耗散结构是一个自组织过程。处于耗散结构状态的大学生个体人文素质系统，在应对各种不同性质的主客观因素的影响和"干扰"的发展变化过程中，其内部要素及其整体结构等都是不稳定的，或者说是远离平衡态的，甚至会常常生发偏离常规的运动、突现出某些新的性质，并在各种可能的冲击和意外相撞中发生随机性的变故，等等。所以，大学生个体人文素质系统的生成演化虽然是有原因的，但其实际结构状态和具体功能则是无法简单地还原为这些原因的。正所谓系统整体功能不等于其各组成要素功能叠加之和。套用普利高津的话说，远离平衡态的大学生个体人文素质系统的耗散结构状态，乃是该复杂系统在应对内外环境变化的非线性生成演化过程中的自组织的结果。这种自组织过程不仅会形成大学生人文素质个体品格的差异，还有可能使同一个大学生在不同的境况下，在人文素质方面作出完全不同的表现。复杂性科学称这些现象为涌现性。

三　相关案例举证

2013 年 4 月 1 日，复旦大学 2010 级硕士生黄洋因身体不适住院，16 日下午经抢救无效逝世。经警方初步证实，黄洋的舍友林森浩是该案最大嫌疑人。林森浩因与黄洋在生活琐事上发生矛盾，便用从实验室带回剧毒物质注入饮水机槽，致黄洋饮毒水身亡。

面对这一结果，很多人都很诧异。长久以来，"林仔"都是村里的骄傲。他 1986 年出生于此，排行老二。家境并不优越——父亲早年在一家服装厂打工，母亲则常年拉着一辆木板车，在镇上的工厂里收购废品——10 年前，一家人才从狭窄的土屋，搬进如今的小楼，出售纸巾、饮料等为生。

潮汕地区本有重商之风，村里的男孩大多初中没读完就跑去做生意，林家的孩子却是异类：两个女儿都在当地做老师，两个儿子也先后考上大学，林是其中佼佼者。

和平初级中学的蔡老师记得，中学时代的林沉默、害羞，却一直是全校"最优秀的那几个孩子"。在教育并不发达的和平镇，林复旦大学研究生的身份，是这位老师从教二十年最闪亮的荣耀，她每逢过节也总能收到这位得意门生的祝福短信。

林拥有同龄人中少见的自律。其高中同学回忆，林每天6点半准时起床，"老师基本上不用管"；对成绩有些过分执着，常常考试一结束，就在宿舍自责，抱怨状态不佳。

他曾获得复旦大学"第一三共制药奖学金"，2012年研究生国家奖学金，整个复旦大学数万名学生中仅有265名硕士研究生获得此项奖学金。

林自贡现在是广东省一家医院的骨科医生，在本科阶段，他曾经和林森浩多次在课题上进行合作，他保持着对林森浩极高的评价："学习非常优秀。能从中山大学北校区学生会学术部的底层小干事做到部长也说明他善于合作和协调。"

"一起做实验的过程中发现，他每一步都规划得非常合理。"同样是学术研究者，这样的评价不可谓不高。

大多数人接触的都是其光明的一面：孝顺、和善、恋家。初中好友杨学勇回忆，几年前，林终于说服母亲不再卖废品，自己则从不向家里拿一分钱，而是靠奖学金和家教养活自己。

2005年，和平镇的"林仔"来到了广州，进入中山大学中山医学院；林随后四年生活中的很大一部分都集中在了网络上，不自信又要强的性格在虚拟空间里更为清晰地显露。

自卑、挫败、闷骚，被林严格限定在网络生活中，他为自己塑造了沉默、冷感的外壳，搭配上优异的成绩，现实中与他相识的人，很少意识到他内心的虚弱。

林森浩曾经把源于2000多年前希波克拉底的誓言抄写在一本《内科学》的首页——"我愿在我的判断力所及的范围内，尽我的能力，遵守为病人谋利益的道德原则，并杜绝一切堕落及害人的行为。我不得将有害的药品给予他人，也不指导他人服用有害药品，更不答应他人使用有害药物的请求。""我要检点自己的行为举止，不做各种害人的劣行。"然而，结果却让人唏嘘不已。每个人的生长环境、学习阅历、生活遭遇形成了每一个独立的个体模式。无论是林森浩本科所在的中山大学，还是研究生所在的复旦大学，每一个同学都接受着相同的文化课教育、专业性教育及人文素质教育，但每一个个体的发展又不尽相同，这便是大学生个体模式之间的差异性。而这差异性造就了个体在面对相同事件时表现出完全不同的行为模式。

第三节　大学生人文素质具体品格的涌现性

在多元性集成条件下，通过非线性演化和自组织机理所形成的大学生人文素质的耗散结构系统的具体品格，即其对外展示和显现出来的具体功能和实际状态，是传统的线性思维模式无法解释的。因为，从整体上来说，这个系统具有了其所有组成要素并不具有的新的性质，其整体功能也不等于各组成要素功能的简单相加。在这里既有线性发展的痕迹，又充满了非线性演化的随机性突变。乃至于使其表现为既是一种有原因可循的动态演化系列，又是一种随机性的事件耦合的过程，特别是其应对环境变化时的具体表现也呈现出多样化的状态。复杂性科学和理论一般用涌现性来概括和称呼这种现象。换个说法，如果我们把前述多元集成性看作是大学生人文素质处在输入阶段的生成变化的条件，而把自组织性看作是其形成过程中的内部结构整合调适的量变过程，那么这种随机涌现性就是其向外输出时的质变展示。这种随机涌现性同样是大学生人文素质复杂性的一个更加重要的基本性征和具体表现。

一　大学生人文素质具体品格显示过程中的线性与非线性并存状态

我们这里所说的大学生人文素质的具体品格，是指通过一个大学生的实际表现所展示出来的他的人文素质的强与弱、优与劣的事实状态。毫无疑问，任何一个大学生，在现实中所呈现给我们的任何一点一滴的人文素质方面的具体表现，都不是无本之木、无源之水，都能找到其根据和原因。尽管这些根据和原因有时候并不见得是完全的和充分的，但可以在一定角度上将其近似地视为某种线性的发展过程。另外，从总体上或者说就一般情况而言，正像一切事物都有其产生、形成和发展变化过程一样，大学生的人文素质的生成发展过程也遵循着这种类似于线性演进的规律，尽管它们往往是不可还原的。然而，这些只是问题的一个方面，与此并存的是，无论从宏观还是微观层面，我们时时处处都能看到大学生人文素质具体品格向外展现出来的非线性的另一方面。在这方面，其具体表现常常是间断的、跳跃式的、随机的等。例如，有的学生平时表现平平，但到关键时刻确有令人敬佩的上乘表现；有的学生学业非常优秀或者品学兼优，但在特定的情境下却走上了不归之路；有的学生曾经是顽固不化、桀骜不驯和不守规矩的，令家人、学校伤透脑筋，但在某些时候却突然浪子回头了；甚至同一个学生在不同的时候或者在面对不同的人和事的时候，也会有不一样的或截然相反的表现，等等。如果进一步再从其他方面去考察，我们还会发现大学生人文素质的构成要素的发展是不平衡的，有的人这个方面强一点，有的人却在别的方面长于他人；大学生人文素质的整体系统的发育发展速度也不一样，有快有慢；大学生人文素质的成长节奏和阶段划分也与其年级变化和学程的阶段性推进过程是不同步的，有人早熟，有人大器晚成，等等。

总而言之，大学生人文素质具体品格的展现过程是线性增长与非线性演变并存的。非线性是绝对的，线性是相对的，线性是非线性的近似处理。即使是那些近似线性的过程也充满了非线性的细节和各种可能的随机性演变。这里需要特别指出的是，我们必须认识到，正像大学生人文素质的形成原因和形成过程都是复杂性的一样，大学生人文素质在具体情境中向外展示的过程本身也是复杂性的。在这个过程中它同样会受到来自其所遇具体情境中的各种因素的影响和"干扰"，使其随即发生系统结构的再行自组织，从而展现出不同的功能或品格状况来。换句话说，大学生向外展现出来的人文素质的具体品格，是其应对展现环境的影响和"干扰"时随机涌现的结果。

二　大学生人文素质具体品格涌现的机理

系统科学的一条很重要的原理，就是系统结构和系统环境之间的关联关系，决定了系统的整体性和功能。也就是说，系统整体性与功能是内部系统结构与外部系统环境综合集成的结果。尽管这种综合集成过程往往表现为某种远离平衡态的耗散结构状态，并且充满着各种可能的"事件耦合"与随机性的变故和突变等，但其本质上乃是一个新的功能和结构产生的过程，是新质产生的过程。所谓涌现性，通常就是指内外在多个要素相互作用所组成的系统，出现了系统组成要素所不具有的性质，这个性质并不存在于任何单个要素当中，并且其整体功能也不等于各要素功能的简单相加。所以，人们形象地称其为"涌现"（Emergence）。涌现一般说来发生在系统从低层次到高层次的过渡当中，是在微观主体进化（要素变化）的基础上，宏观系统在性能和结构上的突变或随机演化。而系统特性和功能的随机涌现性则是由开放性复杂系统在适应环境的随机变化中，内外在各种要素非线性相互作用所导致的事件耦合形成的。

大学生的人文素质是一个典型的开放性复杂系统。甚至可以说它不仅是典型的，而且是特殊的。这种特殊性来自于构成大学生人文素质心理品格系统的具体"事件"（要素）的特殊性。大学生人文素质具体品格形成过程中发生的所有事件首先具有不可重复性。也就是说，"人文素质形成事件"是"个性事件"。世界上没有两片完全相同的树叶，人在成长过程中，不仅拥有的是不同的知识基础和社会经验，而且每个人、同一个人在不同时间的具体状态及其所经验和遭遇的影响其成长的事件也是不同的。这样的事件具有时间之矢的不可再遇。如果说自然科学家们在实验室所处理的那些自然事件本质上是"类事件"——自然科学家在认识这些事件的本质时，原则上只要认识到事件的"类"这个层次即可，而不必具体地去研究同一类的大量事件（正因为自然事件是类事件，所以它是可以近似重复的），那么，人文素质形成事件本质上是"个性事件"，每一个人、每一件事都有鲜明的个性，同一类事件之间存在着显著的差异，所以人文素质形成事件本质上是不可以重复的事件。对人文素质的研究不仅要认识类事件，而且要认识与其相关联的那些重要个性事件。

大学生人文素质具体品格的形成事件具有难以控制、难以纯化或理想化的特点。科学实验可以将自然现象直接控制，在比较理想的状态下进行，在相对孤立、封闭的系统中研究，或对它进行理想化处理，撇开一些次要的因素，使自然事件显得单纯一些。但对人文素质形成事件来说，事件就是人的活动，人在日常活动中是无法预知自己的遭遇的，事件何时何地、以什么形式发生，其具体过程如何，具有哪些个性特征，则是偶然的、随机的。个性色彩越强烈的事件，偶然性活动的舞台也就越广阔。而且，每个事件的参加者都有自己的欲望和目的，对人文素质形成事件很难在理想的、纯粹的、少受干扰的条件下进行研究，也很难撇开次要因素，把复杂的事件简化为较低级层次的事件。①

构成大学生人文素质心理品格系统的具体事件的特殊性，使得大学生在一定情境下向外展现出来的人文素质的具体品格的随机涌现性更为通常和明显。用普利高津的话说：与物理学中的"常规"事件"相反，生命好像用一种特殊的方式表达着我们的生物圈得以寄身的那些条件……远离平衡态的条件……值得指出的是，靠近分叉点的系统呈现出很大的涨落。这样的系统好像在各种可能的进化方向之间'犹豫不决'，通常意义下的著名的大数定律被打破了。一个小的涨落可以引起一个全新的变化，这新的变化将剧烈地改变该宏观系统的

---

① 刘剑玲、文雪：《关注教育事件——教育研究的复杂性思考》，《教育学》2005年第4期。

整个行为"①。

三　相关案例举证

2002 年 2 月 23 日，刘海洋用火碱和硫酸残害北京动物园黑熊的事件震惊了整个社会。北京市公安局西城分局指挥中心、动物园派出所共接到社会各界群众电话 300 余个。清华大学大四学生刘海洋为了测试黑熊的嗅觉，竟然残忍地将火碱、硫酸泼向 5 只黑熊。用他自己的话来说：只是为了验证"熊的嗅觉敏感，分辨东西能力很强"，动机是"出于好奇"。

据周围老师和家人介绍，刘海洋自小学习成绩优异，1992 年 9 月，刘海洋到位于中关村核心位置的中关村中学（原中国科技大学附属中学）上中学。在这里的六年，刘海洋始终是学校一块金光闪闪的"招牌"。所有老师对刘海洋都非常喜爱，不管是主科还是副科，他和他的事迹是各班各科训话的惯例，"你们看刘海洋……如何如何……"

刘海洋并非别无爱好，他集过邮，还养过一只鸟。他爱看霍金的《时间简史》，总喜欢跟人谈论；他还把那套《第一推动力》丛书都看得差不多了。"尽管语文一直是他的'瘸腿'科目，但是作文不算差。"他的初中女同学郝灵惠（化名）说，"不久前我无意中发现他为我们主题班会写的作文，是讲 14 岁的集体生日晚会的，他描述得挺到位。他还常问我英语怎么学得好"。

他的优点还包括对什么都特别执着，在初三毕业之前，体育会考，刘海洋选择的男三项为 1000 米、铅球和立定跳。他在考试前半年开始就坚持在脚踝上绑上一小圈沙袋，加强腿部力量，干任何事都绑着，一直坚持到体育会考之后。

上了大学，他的学习成绩仍然名列前茅，并且已通过研究生考

① ［比利时］普利高津、斯唐热：《从混沌到有序》，曾庆宏、沈小峰译，上海译文出版社 1987 年版，第 223 页。

试。在刘海洋的家里有一个大纸盒子，里面整齐地摆放着三十多本刘海洋 21 年来的获奖证书和奖章，大都是参加北京市和全国的数学竞赛得来的，还有不少清华大学的奖学金证书，红红的一片，而这其中一枚"无偿献血纪念"章尤为引人注意。据刘海洋的妈妈回忆，虽然刘海洋的身高有 1.98 米，然而他的体重却只有 120 多斤。有一次刘海洋给家里打电话，说自己想义务献血，考虑到刘海洋的身体状况刘妈妈当时并不同意，建议他以后读研究生时再献血，可是刘海洋却仍然坚持，认为如果献血的话没准就能救治一条人命。"我们单位献血还要发 1000 元，可是孩子说大学生就应该献血，不图这个。"

刘海洋可谓是外人眼中的好学生，乖学生，在发生伤熊事件之前一直被人们认为是一个好榜样。但却在这次事件中涌现出了不同以往的性格。

第四节　大学生人文素质教育的复杂性

从复杂性科学的视角看，具有上述复杂性的大学生人文素质的教育，也应当和必须是一个由不同层次的子系统和元素组成的多层次、多功能的复杂系统，即这个系统本身也必然是复杂的。正像有学者阐释的那样，[①] 大学生人文素质教育具有开放性、非线性、动态性和自组织性等复杂系统的特征。

一　大学生人文素质教育是一种开放系统

任何系统的存在都不是孤立的，都要与外界环境不断进行物质、能量和信息的交换，才能实现自身状态的无序到有序，实现系统的不断演化和功能发挥。大学生人文素质教育也是一个开放系统，与外界环境存在着千丝万缕的关系。首先，它作为大学这一较大系统中的一

---

① 何惠：《复杂性科学视野下的大学生人文素质教育》，《柳州职业技术学院学报》2014 年第 2 期。

个小系统，受到大学自身整体办学环境的影响。大学的办学理念、校园文化、师资水平、建筑设施都会对学生的人文素质教育产生巨大的影响；其次，大学是社会大系统的一个组成部分，身处大学之中的大学生人文素质教育也必然受到社会政治、经济和文化发展状况的影响。如不同民族或国家，由于政治制度、意识形态、宗教信仰、社会习俗的不同，其大学的学生人文素质教育的内容、形式和目标都会有所差异。因此，高校要将大学生人文素质教育作为一个开放系统，运用关系思维对影响这一系统运转的内外部因素进行整体把握，统筹协调，才能实现学生人文素质教育的预期效果。

二　大学生人文素质教育是一种非线性系统

线性系统的功能实现是影响系统各因素或系统各组成部分简单叠加的结果，即系统的输出变量与输入变量之间是一种一一对应的因果关系。而非线性系统由多种元素、多个子系统构成，其系统行为不是各元素和各子系统简单相加的结果，而是组成系统的一切元素和子系统的相互渗透、相互制约的交互作用的结果。大学生人文素质教育是一个由教育者、受教育者和教育媒介等主要元素构成的一种非线性系统。每个元素缺一不可，但这些元素的简单叠加并不能带来学生人文素质的提高。只有各元素交互影响，相互渗透，产生综合效应才能达到人文素质教育的效果。而"这些元素间的机制不是简单的径直的因果规定，而是复杂的交互作用，双向甚至多向的构建方式；这些机制的发生与否还取决于具体的时间、场景等随机出现的条件"①。因此，高校不能将学生人文素质教育过程作为一个简单的线性运行的过程。

三　大学生人文素质教育是一种动态系统

任何具体的系统都具有动态性。随着系统自身条件和外部环境

---

① 杨小微：《从复杂科学视角反思教育研究方法》，《教育研究与实验》2000年第3期。

的变化，系统的结构和功能也会随之改变。大学生人文素质教育作为教育系统中的一个子系统，同样具有动态生成的特征。大学生人文素质教育的内容、形式会随着社会经济发展和科学技术水平的发展而发生改变。如在培养的内容上，由于改革开放后，我国经济发展的方式主要是资源消耗型的产业，在取得经济快速发展的同时却付出了巨大的环境代价，因此，在新时期我国政府提出要转变经济发展方式，重点发展环境友好型产业，摒弃以往人定胜天的思想，实现经济与自然环境的和谐发展。这一外部经济发展趋势的变化要求大学在开展学生人文素质教育时要将提高学生的环保意识作为一个重要的培养内容；在培养形式上，现代信息网络技术和传媒手段的飞速发展，要求高校在开展大学生人文素质教育活动是不能再局限于书本传授、教室讲授、报告宣讲、实地参观等传统模式，要充分利用现代信息网络技术和传媒手段，以学生喜闻乐见的形式开展培养活动。因此，大学生人文素质教育要与时俱进，常改常新，才能适应时代变化。

四 大学生人文素质教育是一种自组织系统

从系统的演化动力来源来看，系统可分为非自组织系统和自组织系统两类。自组织系统具有自我组织、自我建构、自我演化的功能，对于外界的影响不是完全被动地接受，能扬弃环境的作用，让环境的作用无法直接达到其结果，并可以使环境的作用成为系统进一步存在与发展的原因，从而依靠环境来维持或形成新的组织性、秩序性和系统性。① 大学生人文素质教育过程无疑是一种自组织系统，并且由于其主体是人（教师和学生），因此，系统所具有的主观能动性和自我选择性更加明显，主体对于影响人文素质教育的显性影响因素（人文知识教学内容、人文素质教育实践活动等）或隐性影响因素（校园文化、社会文化等）都会运用自身原有的知识经验进行分析、筛选，

---

① 李枭鹰：《复杂性视域中的高等教育预测观》，《黑龙江高教研究》2009 年第 2 期。

只有那些获得主体认可的影响因素才最终被纳入人文素质教育系统中，从而对人文素质教育的效果产生影响。

第五节　大学生人文素质复杂性的教育意义

广义的人文素质教育一般是指社会层面的人文精神的培育过程。它通常是通过人类优秀文化成果的传承、环境熏陶以及相应的社会实践等使人文素质内化为社会个体相对稳定的人格或个性心理品质的过程。它立足于造就在思维方式和行为价值取向等方面具有显著人文情怀的既能用"工具理性"做事，又会用"价值理性"做人的社会的建设者或人类文明的创造者。狭义的人文素质教育主要是指在学校中进行的人文教育活动。它通过加强文学、历史、哲学、艺术等人文知识的教育，提高学生的文化品位、审美情趣、人文素养和科学素质，促使青年学生具备人文知识、理解人文思想、培育人文精神、掌握人文方法，引导学生学会求知、学会生存、学会做人、学会发展，包括如何处理好人与自然、人与社会、人与人之间的关系，如何正确认识、准确理解、科学解决好自身理性、情感、意志等方面的问题。它是一种引导学生进行人文知识认知、人文精神体悟和人文行为实践，从而使其人文修养得到逐渐提升的专门化集中化的教育过程。

上述大学生人文素质复杂性的分析表明，无论是广义的还是狭义的人文素质教育，无论是人文素质的教育过程还是个体的人文素质的养成过程，都不可能是一种简单的活动，或像传统上认为的那样，是一种其原因和结果具有简单对应性的可还原的线性过程。因此，从复杂性角度，或者说基于复杂性视角来认识和透视我们的人文素质教育，将是一个有望取得重大突破和全面创新成果的科学途径。针对我国大学人文素质教育现状或存在的问题，大学人文素质的复杂性给予我们的重要启示就是，它至少具有以下几方面的教育创新价值和意义。

一 教育理念的变革

当前我国大学在人文素质教育方面奉行的是一种简单性教育理念。认为只要教给学生一定的人文理论知识，学生就会拥有相应的人文素质和人文修养。把人文素质与人文理论知识之间的关系简单地视为一种可还原的线性关系。这种理念的实质就是把复杂的事情简单化。例如，它往往把包含有人文知识、人文意识、人文情怀、人文精神、人文方法等多个层面多个要素的人文素质体系，简单地等同于人文知识，进而又把实际上包含有显性和隐性要素或内容为一体的人文知识简单地理解为显性的人文理论知识等。

这样的理念不仅在逻辑上是不周延的或片面的，而且在教育实践中也存在有明显的弊端。由它引发和造成的当前我国各大学普遍存在的重课堂讲授、偏重理论概念灌输、看重学生卷面考试成绩的人文素质教育模式，忽视了对大学生人文情怀和人文精神的培养，牵引学生把主要精力放在相关人文理论知识的识记层面，弱化了他们对人文精神的内化和自身人文价值观的提升。当前我国大学人文素质教育中较为普遍地存在的理论课程开设得越来越多并且学生的考试成绩也不低，但学生的人文素质却没有提高的现象表明，以这种理念为统领的人文素质教育事实上是不成功的，甚至是事与愿违的。

摆脱这种局面的唯一出路就是，我们必须进行人文素质教育理念的重大变革，从简单性教育理念转变到复杂性教育理念上来。在充分尊重和体现大学生人文素质的复杂性机理与特征的基础上，来拓展和整合我们的教育渠道和资源，科学设置和深化我们的教育内容，变革和丰富我们的教育方式方法等。特别是要真正从知识教育转向素质教育，把更多的资源和精力投入到有利于大学生自我内化人文知识、养成强烈的人文意识和人文情怀、形成正确的人文价值观和拥有自我强化人文精神与不断提高人文能力等的全面素质教育上来。全面构建与大学生人文素质的复杂性本质相适应的、能动的、自觉的人文素质科学教育体系，使其本身就成为一种真正能够引领和帮助学生主体自我养成良好人文素质的复杂性支持系统。

二 教育内容的拓展

当前我国大学的人文素质教育除了偏重单纯的理论知识传授外，在具体的课程设置和教学内容的选择上，一般强调和突出的主要是思想政治教育和意识形态教育方面的内容，所讲授课程也主要由介绍马克思主义理论和思想政治教育等两个系列的基本原理的课程所组成。有学者把这种状况称之为人文素质教育的意识形态化。这样的教育内容虽然对大学生了解、理解和形成相应的世界观、人生观、价值观等，具有重要的意义，但仅仅以此来培养和造就大学生具备完整的全面的人文素质，还是远远不够的、极不充分的。另外，由于这种不充分的教育所导致的目前大学中普遍存在的现象，为了应对大学生中不时地发生和暴露出来的严重缺乏人文素质的现象和问题，采用缺啥补啥的方法，随意增设相应的课程的做法，和在所有这些所谓的人文素质教育课程的讲授方面，存在的从小学到大学除了数量上的多少不同外，基本内容都千篇一律的现象都表明，我们即使是在人文素质的理论知识传授方面，也未能形成或者说缺乏具有针对性的科学的教育内容体系和课程设置体系。

这种不充分的和缺乏严肃性的并不科学的教育内容安排，不仅是我国大学人文素质教育效果难以令人满意和长期以来无法取得实质性进展或重大改观的基本的、主要的成因之一，而且在实际操作上也遇到了诸如随着课程开设的越来越多，相互挤占学时，门门课蜻蜓点水，整体教育质量不增反降的实践困境。这种状况持续下去，将最终导致人们对人文素质教育的抱怨、反感甚至采用各种方式方法加以限制和抵制等，造成人文素质教育的整体地位不断下降的局面。进一步究其原因，可以说这里既有人文素质教育本身的内容选择和课程设置的不够科学的问题，也与我国大学人文素质教育和专业学习"两张皮"的现实不无关系。人文素质教育未能深入挖掘专业本身的人文价值和社会意义，将专业学习和人文素质教育紧密地结合在一起，是造成这两个系列的课程争夺学时的关键所在。

　　既然大学生人文素质的构成是复杂的，因此，单一的传授人文理论知识是远远不够的。除了理论知识的传授以外，还必须大量增加诸如人文意识养成、人文精神培育、人文意志磨炼、人文情感体验和人文方法训练等方面的内容，构建能够全面、平衡地造就大学生浓烈的人文价值观和良好人文素养的丰富多彩的教育内容体系。即使是单就大学的人文素质教育课程设置来看，也应当克服当前重学理知识传授和只突出意识形态与思想政治教育的不足与片面性，全面拓展大学生人文素质形成所必需的更为广泛的包括文学、历史、哲学、艺术、道德等人文知识课程，特别要注重能够是大学生深刻体认多种隐性知识的所谓的"软课程"的实施，以使他们在明确的教育引导和多样化的实质性的潜移默化中养成优良的人文素质。

三　教育方式方法的转换

　　当前我国大学人文素质教育采用的依然是传统的以老师课堂讲授为主、以理论知识讲解为主要内容、以学生对相关概念和原理等的了解识记为目标的单向传授方式和教育方法。这种教育方式和方法，虽然突出了教师的主导性，但却未能彰显学生的主体地位；虽然抓住了课堂教学这个中心环节，但却忽视了诸如经验体认、实践锻炼等更多的教育环节；虽然可以不断地去提高显性知识传授的质量，但却难以让学生养成和不断提升自己的隐性能力；虽然能够培养出或许具备一定人文知识的学生，但却无法确保他们拥有浓烈的人文情怀和人文精神。

　　实际上，人文素质课堂教育的重点并不在于不停地进行理论知识的灌输，而在于不停地对这些理论知识内含的价值进行经验解释，使受教育者能够获得相关的切身感受，领会其中的人文精神内涵；人文素质教育的方式不仅也不能只限于课程教育。课堂教育虽然重要，但说到底它只是影响大学生人文素质的一个方面或要素之一。如前所述，大学生人文素质的形成原因、养成过程和具体状态与表现等都是复杂的，有更多的原因和影响因素。相应的大学生人文素质的教育，也就必须是有多种方式方法协同与促进所形成的系统性的力量才能够胜任的。教育方式方法的单调和死板，试图用课堂知识讲授来解决一切问题，满足大学生人文素质的培养要求，这恰恰是我国大学人文素质教育方式方法上存在的主要弊端。正像许多批评已经指出的那样：这种弊端的实质是"素质教育知识化"。其实，知识是素质，但素质并不等同于知识。与知识的传授不同，素质教育重在育，不在教。以育领教，由教化育，才是科学的素质教育方式。

大学生人文素质的复杂性要求我们，必须打破长期以来形成的素质教育知识化的教学模式，使大学生人文素质教育进一步走出课堂，创设更为丰富多彩的适合人文素质教育的方式方法，使它们与课堂教育相互协调配合，互相促进，形成与大学生人文素质的复杂性相对应的复杂性教育方式方法体系，引导和帮助大学生主动地自我化育成蝶，养成良好的人文素质。在这方面，一些大学正在进行的一些探索是值得肯定的。如通过课堂互动，进行知识竞猜和模拟演练，让学生不仅记住人文知识，更多地能内化为自身的人文修养；通过户外体验，角色互换等多种方式来进行大学生人文素质教育；加强多种形式的社会调查、走访参观与实践锻炼，以及开展校企合作、产学结合、校部共建，等等。正如课堂教育的关键不在于开设课程的多少一样，这些方式方法的教育的关键，也不在于其数量的多寡，而在于所采用的这些方式方法之间的协同性，在于这种协同体系与大学生人文素质复杂性的契合性。换句话说，建构一套科学的大学生人文素质教育方式方法体系，既是大学生人文素质复杂性对我们的要求，也是我国大学人文素质教育方式方法创新的重要任务。

第十三章

复杂性路径创新大学人文
素质教育的基本原则

　　基于复杂性路径创新我国大学人文素质教育，是我国大学人文素质教育有望取得重大突破，从而真正迈入新的更高的发展阶段的必经之路和总体发展方向。依据前述的复杂性原理、教育教学的复杂性要求和大学生人文素质的复杂性本质来看，可以预期，这个领域的创新必将成为相关理论研究和实践探索的一片沃土。换句话说，这样的创新的具体切入点和可能的操作方式，必然并且应该是多种多样的或不拘一格的。然而，不管我们从哪个切入点进行这样的创新，无论采取什么样的操作方式实现这种发展，都必须首先改变至今还事实上存在着的导致大学人文素质教育难以获得其应有地位的狭隘意识和观念，即只把人文素质教育看作是大学教育的一个组成"部分"，或者将其看作仅仅是对现有的大学教育内容的一种必要的"补充"等。如果人们对大学人文素质教育的性质和地位还停留在这样的认识水平上，就是从根本上对大学人文素质教育的简单化，就不能够也不可能把它当作一个复杂系统来看待、来对待。其实，人文素质教育乃大学教育之魂。今天我们提倡和强调人文素质教育的初衷和深刻用意，就是要从根本上恢复大学的人文精神。这是事关当前大学办学理念创新和教育改革的重大的战略性举措。只有达成这样的认识，唯有立足这样的战略性高度，才能够把大学人文素质教育当作一个大的体系，看作一个复杂性大系统，才能够意识到其内在的复杂性本质和要求，才能够为复杂性路径创新我国大学人文素质教育创设必备的前提，否则，其他的一切都将无从谈起。当然，在这个前提之下，就我国大学人文素质教育创新本身而言，要摆脱传统的简单性教育模式的束缚，构建符合大学人文素质教育复杂性之本质要求的创新体系，我们认为还至少应该明确两个层面的问题：一是我们必须如何去创新？二是我们着重应该在哪些方面进行突破？前者涉及构建这种复杂性教育创新体系，应该遵循哪些基本原则的问题等，后者则事关我们进行这样的具体创新的主要内容和重点抓手。本章我们先来讨论应遵循的基本原则。

大学人文素质教育体系或系统的复杂性，表现在许多方面，关涉到一系列众多的相关因素。例如，在教学所需知识的构成上就有显性知识和隐性知识；在具体施教主体的构成上就既包括专任的也包括非专任的；在教育管理方面就既需要刚性的要求与规制，有需要柔性的倡导与鼓励；在教育方式的创新拓展方面就应该统筹与整合多种教育资源，实现大学和社会联动实施大学人文素质教育，等等。所以，我们认为，构建我国大学人文素质复杂性教育体系，至少必须秉持以下几个基本原则。

第一节　显隐结合原则

所谓显隐结合的"显"指的是显性知识。显性知识（Explicit Knowledge）就是指能用文字和数字表达出来的，容易以硬数据的形式交流和共享，并且可编辑整理成文档的、可编码的（Codified）、容易用文字的形式记录、容易转移的知识。而"隐"则指的是隐性知识。隐性知识（Tacit Knowledge）就是指高度个性而且难于格式化的知识，包括主观的理解和体验、直觉和预感等，它存在于人的头脑中，是一种不可编码的（Uncodified）、很难用文字的形式记录和难于转移的知识。与这两种知识相对应，大学人文素质教育课程一般也可分为显性课程与隐性课程。显性课程就是指由教师向学生传授显性知识的课程，即事先编排好的，有明确教育内容和操作规则与程序的，用于一般课堂教学的课程；而隐性课程当然是相对于显性课程而言的，它是学生通过各种情境体验或实践训练活动获取隐性知识的课程，它可能是学校教育情境中以间接的、内隐的方式呈现的所谓的"隐蔽"课程，也可能是除了课堂教学之外的其他任何形式的训练、体验和实践等。这是在学校或教师引导与帮助下的学生自我修炼养成的一种途径。这种课程能够加深学生对所学显性知识理解和感悟，对大学生人文素质的形成发挥着极其深刻的潜移默化的作用。

所谓坚持显隐结合原则，就是要求在大学人文素质教育教学的实际过程中，兼顾这两种知识的教与学，使得二者能够相辅相成、融为一体，并最终转化为学生个体的丰满的知识结构和独特的认知模式。因此，这个原则主要是针对大学人文素质教育内容或教学课程体系的构造而言的。从实践操作上来看，它涉及的主要是大学人文素质教学过程中的显性知识和隐性知识与课程的具体配置问题。

首先，就传授显性知识的显性课程设置来看，由于历史文化和国情等的不同，各国大学具体的施教科目和内容会有所不同。例如，1978 年，哈佛大学制订了通识教育课程方案，即著名的哈佛大学"核心课程模式"。这些核心课程共分为七类，包含文学和艺术、科学、社会分析、历史研究、道德推理、外国文化及数理推理，这其中大部分是人文社科类的课程。而这些课程要占到在校学习期间四分之一的时间。这些课程与主修课程、选修课程一起保证了学生具有深厚的人文素质基础。而我国大学相关的施教科目和内容，则通常包括文学、史学、哲学、美术、音乐和其他人文社会科学类课程与思想政治教育等。需要强调的是，比这些具体课目和内容的筛选更为重要的是，在国外，人文素质教育并不是专业教育中的选修课程，而是除去主干课程和选修课程以外培养学生情感、智力和体能等综合素质的教育。这是大学人文素质教育显性课程设置必须秉持的核心理念，此其一。其二，所谓教学必须包含教与学两个方面。因此，除了课堂教学外，学校还应该筛选出一些配套性的经典书目供学生阅读学习。经典书籍的筛选要符合三个条件：一是经典性，科学梳理出集中人类文明思想的精华的读本；二是循序性，能够由浅入深，由一般到个别，合理铺设经典阅读的阶梯，避免学生特别是理工科的学生因为经典的专业化而产生畏难情绪；三是多样性，整合人文视野，调配出多口味的文化大餐。在经典书籍筛选出来后，还应该大力宣传和推广，而不只是在教务处网站下个文件或通知；还要有督促和检查，而不是放任自流，等等。其三，创造条件增设一些文理交汇融合的综合课程，也是一种可贵的实践经验。诸如在人文选修课开设方面，因人而异，针对不同专业、不同层次、不同爱好的学生开设不同的选修课；在专业教学中对某一方面或某一学科有特殊兴趣的学生开设辅修专业，开办双学位班；在各个学科的教学过程中融合人文素质教育，自觉地将人文素质教育和科学精神的培养贯穿于专业教育的始终，使学生能够在掌握专业知识的同时，提升自己的人文素养，做到自然科学和人文科学的融会贯通等，这些做法都是值得肯定和借鉴的。

其次，就获取隐性知识的隐性课程设置而言。隐性课程作为一种"隐蔽课"（也有人称之为"软课程"），它可能涉及很多方面，甚至会表现在与大学教育教学活动相关联的任何一个层面。这里的关键是起码要在一些主要的层面注重融入隐性课程，以使其与相关的显性课程结合、融通，从而达到更好地培育大学生人文素质的目的。隐性课程作为课堂教学之外的学生获取隐性知识，进行自我修炼养成的途径，则需要学校开发和提供相应的体验、训练和实践项目或平台。

先说"隐蔽课"。应该说课堂教育并不仅仅是 50 分钟之内的教育，它需要课外的准备、消化和补充。我们可以把课程体系外的预习练习等学生自主的学习实践活动看作是课堂教育的前奏或末章。这些活动不占用正常的课堂学习时间，多以课题小组、实验学习、项目或专题研究等形式开展，对学生的参与程度、合作程度、研究能力等要求较高，因而能与课内教育有效结合，以满足学生个性发展、创造力培养、合作精神的养成等。比如美国的麻省理工学院，其影响力较大、范围比较广的活动有以培养学生表达能力为主的本科生学术讨论会；以培养学生的科研能力为主的大学生研究计划、跨学科研究、学生大使等；以培养学生领导能力为主的 IAP（独立活动期）、领导实习等。学生参加非正式课程的实践活动，有的可以获得学分；有的没有学分，但鼓励学生积极参加，如学会组织或许多学生自发组织的活动等。这些丰富的课外活动与课程一起，构成麻省理工学院的通识教育的大环境，而这种大环境就是一种对麻省学生具有重要价值的无形的"隐蔽课"。[①] 如果从更细微角度来说，课堂教学过程中教师所表现出来的人文立场、科学态度、责任意识和处理问题的方法等，也都是这种课程的组成部分，它们无不在潜移默化中对大学生发挥着极其重要的、有时甚至是关键的影响。我们必须高度重视这种影响在大学生人文素质的复杂性形成过程中的地位和作用，这也许正是"隐蔽课"这个概念的价值所在。

再说课堂之外的训练、体验和实践。这方面可开发的项目和可采用的具体方式方法等几乎不胜枚举。对大学人文素质教育来说，它不仅具有十分重要的价值和不可或缺的地位，而且它比课堂教学自由度更大，可做的文章更多。正如我们前面所说，它虽然是当前我国大学人文素质教育比较弱的一个层面，但又是大家已经认识到它的重要性和正在积极努力开拓的一个领域。近些年来已经见到的以下这些努力，非但具体做法值得借鉴，其发展方向也是值得肯定的。例如，积极改进和创新人文素质教育平台、载体和形式等，特别是重视大学生人文素质的网络教育，即通过运用现代网络技术，构建人文素质教育网络平台和教育资源库、开辟特色的人文知识栏目、开展历史文化图片展览、大学生人文论坛等网络化人文素质教育等形式，以进一步增强人文素质教育的人文性、趣味性、互动性、灵活性和可接受性与实效性。[②] 又例如，深入开展诸如参观访问、社会调查、社会服务、社会公益劳动、专业生产实践等多种形式的社会实践活动，让学生体验不同的社会角色，实现人的"社会化"，增进与社会的互动和联系，

---

① 刘少雪：《美国著名大学通识教育课程概况》，《比较教育研究》2004 年第 4 期。

② 马世娜：《大学生人文素质教育研究》，硕士学位论文，辽宁大学，2012 年，第 30 页。

增强学生的积极主动性，磨炼学生坚强的意志，塑造良好的品质，形成正确的人生观价值观，等等。这类形式（包括有待继续开发的此类项目和活动）下的隐性人文知识的获取，贵在持续、充分和有效，决不能搞临时性的表面上的花架子。这可能比课堂教学需要学校更大的经费和条件支持，需要校方的决心和坚定的意志。

　　总之，就我国目前情况来看，显隐结合的短板是隐性方面。采取更多的方式方法，强化学生对隐性知识的获取和养成，特别是强化传统课堂外的学生专门训练、自我体验和实践锻炼等，是我国大学人文素质教育必须着重努力的方向。

第二节　专兼结合原则

　　专兼结合中的"专"是指学校专任人文教师所进行的相对独立的专门性的人文素质教育。它的基本特点就是，教师是专任的、所教内容是专门的、教学活动是专设的。而专兼结合中的"兼"则是指"专"之外的其他教职员工于各种不同教育环节上所进行的人文素质教育。其中主要包括大学各专业教育教学过程中渗透的"教书育人"活动，以及学校其他教职员工在各自岗位上所施行的管理育人、服务育人等。所谓坚持专兼结合的原则，就是要求我们摒弃单纯的工具理性教育理念，恢复大学的人文精神，营造大学整体性的育人环境与氛围，全面体现大学的育人价值与功能。不仅要开展专门性的人文素质教育活动，更要将人文素质教育作为整个大学教育的灵魂，贯彻到所有的教育环节和大学教育教学工作的各个层面去。换句话说，提出这个原则的主要用意就是，要我们破除目前许多高校事实上奉行的仅仅依靠专任教师所进行的专门内容的人文素质教育来解决大学人文素质教育的问题的片面性做法，动员所有教职员工都积极履行自己作为人文素质教育主体的职责，注重发挥不同层面和各个教育环节的作用，将人文素质教育作为大学整体性战略来推进。因此，这个原则主要是针对大学人文素质教育主体和功能性环节的确认与设置而言的。具体说来，这种整体性战略的推进涉及专任教师进行的专门内容的人文素质教育、专业教师结合专业进行的教书育人和其他员工所进行的管理与服务育人三个主要的层面。

毫无疑问，在这种整体性战略的推进过程中，专任教师进行的专门内容的人文素质教育仍然是主渠道并居于核心地位。而做好这个主渠道的人文素质教育的关键在教师，在于教师本身的人文素质和其对学生施教方式方法的有效性。韩愈说：师者，传道授业解惑也。作为人类灵魂的工程师，其人文素质的高低直接影响着受教育者的人文素质水平。再者，在学校中，与学生有最多接触的便是教师，他们的言谈举止等都会对学生发生潜移默化的作用。没有高素质的教师队伍就不可能培养出高素质的人才。所以，加强人文素质教育专任教师师资队伍建设是搞好高校人文素质教育的关键所在。我们这样说不只是基于一般的道理而言，更是针对目前我国大学人文素质教育专任教师的现状而言的。毋庸讳言，我国大学人文素质教育专任教师自身的人文素质有待进一步提高。有关当局和学校应该对专门从事人文教育的人文教师，建立长期培养方案和进修制度，拓展其知识面，完善其专业修养。例如，可采取脱产进修、攻读学位、名师指导、社会考察、国内外学术交流等措施，加强人文专业教师培养，从而形成多渠道、多层次的培训格局。通过外出进修、深造等形式的继续教育，不断提高人文素质教师队伍素质。

专业教师结合专业进行教书育人，在大学人文素质教育中具有不可或缺的独特功能。这既可以确证和强化上述专门性人文素质教育的必要性和有用性，又可以克服专业教育和人文素质教育两张皮的现象，将二者真正融合起来，实现人文素质教育的具体化和特色化。这一点国外所谓的STS教育是值得我们借鉴的，它所突出和强化的正是对专业本身的社会意义和人文价值的挖掘，并以此来教育学生树立和养成科技为社会、为人的发展服务的理念和思想情怀等。在我国，某种程度上人们也注意到了这个问题。例如，常常会有人批评说，专任人文教师知识结构单一，缺乏对自然科学、专业知识的了解等，于是，便提出人文教师应该掌握一些自然科学知识，应该了解学生所学专业等，以便能够将二者结合起来云云。如果能做到这一点，当然是有意义的。但在我们看来，对人文教师提出这样的要求，还不如要求专业教师结合专业开展 STS 教育更现实，效果更佳。

如果专业教师这样做了，再加上其他教职员工结合自己的工作进行管理育人、服务育人等各方面的努力，就会形成全面性的良好的大学人文素质教育氛围与环境，从而使学生始终处于这种氛围与环境之中，接受来自方方面面人文素质教育，时刻感受和体悟大学的人文精神和做人做事的真谛，养成良好的人文素养，做一个具有良好人文素质的全面发展的合格的大学生。

第三节　软硬结合原则

软硬结合的"软"，主要是指大学生人文素质教育中的软环境的构建和那些灵活性的柔性的要求等；而软硬结合中的"硬"，则指的就是相关的硬条件、硬约束和刚性规制等。所谓坚持软硬结合原则，就是要把适宜的软环境的构建和硬条件的提供结合起来，把基于学生自主学习的灵活性要求和来自于校方或老师等的外在的硬性约束结合起来，在柔性要求和刚性规制的融合与平衡中，构建大学生人文素质教育的生态系统。因此，这个原则主要是针对大学人文素质教育育人环境的营造和相关管理机制制度的构建而言的。具体说来，这至少涉及以下两个极具实践操作性的问题或层面。

首先就是校园文化问题。大学校园的育人功能，特别是大学校园所承载的校园文化对大学生人文素质教育所具有的独特功能，越来越受到人们的重视。这不仅因为校园文化既包括所谓的物质文化、制度文化，行为文化，也内含有深层次的精神文化，它本身就是这里所说的软硬结合的有机统一体，是我们推行和实施大学人文素质教育软硬结合原则的最重要和最适当的平台或载体。更因为校园文化不同于企业文化。企业文化本质上是一种利益共同体文化，而校园文化则是一种价值共同体文化。校园文化的这种价值性本质及其所内含的具体价值取向，正是其具有不可或缺的人文素质教育功能的关键所在。因此，如何把校园文化建设中的"软"和"硬"很好地结合起来，充分发挥和体现大学校园文化对大学生人文素质的教育功能，就是坚持软硬结合原则必须做好的具体实践工作。

这里的关键有二。一是要注重作为校园文化之魂的人文精神的塑造，要将其注入到校园文化的方方面面，用人文精神统领校园文化的建设，使整个校园环境处处都充满着人文气息；二是要注重个性特色的营造，要让校园中的每一点每一处和整个校园都具有自己独特的人文意义和教育价值。从具体操作的角度来看，有学者结合自己的工作实践提出的以下建议就是值得肯定的积极的探索。

第一，我们可以借鉴国内外名校的建校经验，对校园的建筑特色、环境绿化、园林设计、各种小物件的增加与摆放等作出科学、长期的综合规划，让身处其中的教师、学子及外来参观者能够感受到浓厚的人文气氛。在景观设计上注重内外空间的联系，通过相邻建筑之间的走廊、活动露台、休闲书吧等，巧妙地让人亲近自然、亲近他人。

第二，从细节做起，对于任何可以增加人文气息的细节都不放过。如：对建筑物或者道路的名字不再简单地以数字或者人名命名，采用具有浓厚人文气息的名字。对于已经简单命名的建筑物，可以在校内开展建筑物命名征集活动，让师生在参与的过程中感受人文知识，拓展人文思维。要合理安排校园内雕塑、景石、园林小品、休息点、名人警句等要素的布局，充分体现学校对广大学生的人文关怀，使校园内一屋一墙、一草一木成为学校育人的重要载体。用学者的话来说，"要让大学的每一堵墙都说话"。身处这样的环境，在不断的熏陶中，学生潜移默化地受到影响，思维受到引导，活动得到激发，创造力也在不知不觉中得到培养。

第三，积极开展绿化美化工作，适时播放经典音乐，营造诗意校园。舒畅、高雅、优美的高校物质环境可以启发、开阔学生的思维，

激发创造力。多建造一些可以供学生休息、读书、集体讨论的绿地或
者长亭，让学生在曲径通幽的校园环境中感受到灵动与优雅，渐渐地
感受到更多的人文气息。此外，可以在校园内适时地播放一些经典音
乐，学生行走在音乐环绕的校园环境中，自然会身心愉悦、心境开
阔，油然而生出许多美好的情愫。[①]

其次就是管理和评价问题。管理和评价，既是大学人文素质教育
体系的重要组成部分，又是保障、控制和导引其朝向期望方向发展的
两个关键性环节。搞好这两个方面的软硬结合，能够极大地促进大学
人文素质教育的健康发展。

管理方面的软硬结合，重点是要把柔性的积极倡导和刚性的制度
建设有机结合起来。换句话说，依据我国的现实情况来看，这个层面
的二者结合的重点应该放在刚性制度的构建上，以便促使人文素质教
育理念深入实践、很好的落地。目前我国有一些高校就在积极动员和
提倡各相关主体注重人文素质教育的同时，又构建了一些刚性制度，
收到了较好的效果。例如我们收集到的这个案例，就是值得借鉴的：
某高校为了解决"口号喊得响，实际不重视"和"人文素质教育管
理主体重置混乱"等问题，成立了人文素质教育工程领导小组，并且
将"人文素质教育工程"纳入教学管理，对于课程、课时、学分、
教材、教学计划、教师等安排上，由人文学院提出初步意见，经教务
处审查，最后由学校人文素质教育领导小组审定；尽量将人文素质教
育的活动渗透到专业教育之中，鼓励教师创造性地开展工作；纳入正
常教学计划的课时津贴，给予同等的教师待遇。将"人文素质教育工
程"纳入经费预算，确保实施人文素质教育经费落实；在学校往年已
按一定标准拨给教务处、人文学院、校团委及学生处等专项经费不变
的前提下，学校再划拨出人文素质教育专项经费。同时学校按一定标
准拨给各学院，并要求各学院按同等标准从各学院自有资金中拨给各

---

① 陈文逸:《我国高校人文教育的现状分析与对策研究》，浙江师范大学教师教育学
院，2010 年，第 31 页。

学院人文小组专项使用。对于临时性人文素质教育活动项目，经审批后予以资助。将"人文工程"纳入评价奖惩管理；一是学校专门制定人文素质教育评价办法和相应奖惩办法，对拥有学生的学院实施大学生人文素质教育的情况进行客观评价，并按相应奖惩办法兑现；二是人文素质教育实行评价结果与相关单位部门的评比先进挂钩；三是人文素质教育评价实行评价结果与单位部门党政主要领导、分管领导和直接人员的工作考核、评优、职称晋升、工资晋升等挂钩，人文素质教育单项活动搞得好的，单项可以申报创新奖，审查确认给予奖励；四是把学生参加人文素质教育活动的情况，作为学生的重要考核资料进入档案管理，纳入学生评先、评优、评定奖学金等内容，作为学生综合测评的重要考核条件。

评价方面的软硬结合，与上述管理方面的软硬结合重在硬的方面下功夫不同，同样是依据我国的现实情况来看，重点应该放在柔性的倡导和引领方面。目前，我国许多高校在人文素质教育的评价问题上，仍然沿用传统方法，注重学生所学课程或知识的测验考试，看中分数，将学生考试分数等同于教学效果。这非但是一种严重的有着恶劣影响的误解，更不适合评价人文素质教育。人文素质教育不同于一般的知识和技能教育，它重在育，不在教，重在自我修炼和长期养成。因此，有些方面和内容根本就不能去考评测试，因为它们正在养成中，测不到也测不准，或者还未到能够作出评价的时候。有些则是你根本就不用测、不用考，也不用评，只要做了就好。例如，看了哪些书籍？听了哪些报告？有了怎样的体会和感悟，等等。因为在素质问题上，历史的积淀都是财富，甚至不管它是经验和还是教训。关键是学校和老师要给学生提供这些条件，积极倡导和引领学生自主学习与修炼就行了。这正是我们目前最缺乏的。除了要补足这种缺陷，强化大学人文素质教育评价方面的柔性倡导和引领一面以外，即使是在诸如课程考试、知识测验等硬性方面，也要克服过分技术化的倾向，以增强其灵活性的柔性的一面。以下具体做法正是不少高校目前在这方面所做的一些积极的努力：第一，教师通过网络问卷调查的形式让学生对人文素质教学课程提出宝贵意见，教师吸取有益的反馈意见对教学内容及时修改。第二，从学生的实际出发，不仅注重学生理论知识学习的评估，更要以实践效果为标准，关注学生的实践能力，进行知行合一的考核形式，为此，我们可以在考核成绩评定上，加重平时成绩的权重，使考核重在平常，重在过程。这种方式的考核可以督促学生在学习过程中注重内化素质，外化行为的统一，培养学生较强的实践能力。第三，采取多样化考核方式，如网上考试、小组共同答卷、提交社会实践报告等形式，从定性和定量，动态和静态相结合的角度，真正反映大学生人文素质现状。第四，考核内容上，不仅关注人文知识的考核，更应该关注人文精神层面的考核，关注学生运用实际知识的能力，如增加与人团结合作能力、处理人际关系和抗压力能力等方面的考核。第五，考核原则上，坚持方向性原则，紧紧围绕党的路线和方针政策的方向进行人文素质教育评估，建立知行合一的考核评价体系。

第四节　内外结合原则

内外结合原则中的"内"，即学校自己，包括学校及其所属的部门单位和教职工等大学人文素质教育主体和他们所开展的相关教育活动。内外结合原则中的"外"，则指的是学校之外的各种社会主体和与大学人文素质教育相关联的各种力量，包括政府、企事业单位、社会团体以及网络、媒体等一切对大学人文素质教育能够发挥作用或产生一定影响者。所谓坚持内外结合原则，就是要采取走出去、引进来和联盟互动等形式，把学校自身的教育资源和社会上可资利用的资源结合起来，让学校力量和社会力量联动起来，形成多种力量集成化的系统优势，促进大学人文素质教育深入健康发展。毫无疑问，大学生的人文素质教育虽然以高校为主，但并非高校单方面能够完成或做好的事情。因为，正如我们前面所说大学生人文素质的形成是在内外多种因素集成作用下经由系统自组织过程才能涌现出来的。其一，我们既无法割断学生与校外各种影响因素之间的联系，也不能指望学校在这方面能够形成某种与世隔绝的对学生人文素质养成过程的控制能力。更何况就连学校和学校教育本身也深深地受到环境的制约和影响；其二，大学人文素质教育不只是单纯的知识传授过程，更涉及实训、实践等多种形式的教育活动。满足这些要求需要许多真实的平台、现实条件和社会生活环境等，而高校又不能办社会，既做不到也不应该。也就是说，单靠高校的资源和力量是无法适应和满足大学人文素质教育的这些需求的。高校必须和社会联动，才能够满足这样的需求，从而确保大学人文素质教育体系的完整性；其三，近些年来，各种各样的产学研合作或说政校企联动等方式，已经被实践证明不仅是可行的，而且能够显著提升大学人文素质教育效果。可见，这个原则主要是针对大学人文素质教育方式的创新拓展而言的。具体说来，这里涉及的正是上述走出去、引进来和联盟互动三个方面的问题。

首先，是走出去。开门办学，让学生走出课堂，走出校门，到社会上，到生活实践中去观察、学习、锻炼、体验和感悟，这是大学教育，特别是人文素质教育等素质类教育不可或缺的极其重要的教育环节与方式。毋庸讳言，较长时期以来我国大学在这方面的投入严重不足，甚至越来越不如从前。相应的在这方面的具体实践形式上乏善可陈，没有多少建树。大学人文素质教育不仅局限在校园内，更局限在传统的课堂内。这种局面在应付显性知识传授还勉强可以，但在大学人文素质教育方面就不但显得单调乏力，而且会产生多种问题。努力改变这种局面，适应大学人文素质教育的复杂性本质要求，在课堂教学之外，充分利用社会教育资源，拓展丰富多彩的实践教育环节等，正是当前我国大学人文素质教育创新发展的努力方向。近年来许多高校开展的暑期大规模的学生社会实践、专业实习、校企合作办学等，在这方面已经有了一定的贡献和进展。但这还远远不够，必须结合人文素质教育创新、拓展更多的更有效的走出去的教育形式。诸如，参观考察、专题调研、典型人物探访交流、在岗训练、社会联谊、社区服务体会等，通过这些考察、调研、实训等，让学生在应用知识，感悟人生，积累经验中获得自身人文素质的整体提升。

其次，就是引进来。引进来是大学开放办学的另一个侧面，其实质就是把更多的社会资源引进到大学中来，一方面弥补大学自身力量的不足；另一方面开拓和创新大学教学新平台和新模式，以提升大学人文素质教育的质量。和走出去相比，我国大学在引进来这方面做得更加不够。现代大学早已不是过去所谓的"象牙塔"，大学生人文素质等素质的养成，绝不可能在封闭的"温室"内完成。有效引进社会教育资源，使它们深入参与和融合到大学教育进程中来，这必然是当代大学构成结构上的重大变革和新常态。因此，除了现在的一些初步的做法之外，如邀请知名人士、企业家等进校作报告、搞讲座等，更要在将企业研发、实验等机构建在大学中、特邀先进典型人物担任客座教授和兼职教师、和社会力量合作办学（如所谓的订单班等）等高档次、深度融合方面下大力气。

再次，就是联盟互动。所谓联盟互动就是在上述走出去和引进了"两条腿走路"的基础上，真正打通高校与社会力量之间的通道，构筑共同的和共有的大学生人文素质教育项目与平台，使二者在大学生人文素质教育方面不仅仅停留在两个独立主体之间的某种合作关系层面，二是真正成为合力办学，协同教书育人共有平台的共同主体或混合主体。当然，联盟的具体形式可依据实际情况丰富多样地创办，但它与走出去和引进来实质性的区别，就在于它是一种全新的合力教育模式。这种模式非但可以克服独立的大学教育或社会实践的片面性弊端——事实上大学生人文素质教育原本就是这些主体无法独立完成的教育任务，而且，这样一来由于把知识传授和实践磨炼合为一体，便真正应和了大学生人素质养成的复杂性本质。在对大学生进行相关知识的课堂教学和以走出去与引进来为补充的传统的学校教育之后，插入联盟平台教育与磨炼，必将有效提升大学生人文素质教育的效果与质量。

第十四章

复杂性路径创新大学人文
素质教育的重点抓手

虽然复杂性本身就意味着，或者说它必然涉及众多的因素和方面，但是就大学生的人文素质教和育来说，这其中最主要的还是课堂教学、校园环境陶冶和实践性体验三个方面。因此，我们应该在遵循上一章所说四个原则的基础上，秉持复杂性理念，着重从这三个方面着手进行创新突破，力争能够将那些原则性的要求全面落实或具体体现在大学生人文素质教育实际过程所包含的这几个主要方面当中去。可以说，当我们在这几个主要方面实现或开始了真正的创新，并且当我们一旦将这些方面的创新形成一个统一的整体的时候，一个大学人文素质教育的复杂性动态运行体系就会逐步形成。

第一节　抓课堂教学的创新

大学人文素质课堂教学涉及教师与学生和教材的关系、教与学的关系等多重关系，它本质上是一个由这些关系及其所包含的多重要素相互作用形成的复杂性系。应该采用复杂科学的视野、思维、理论和策略，来创新解决其中所关涉到的一系列复杂性问题。一般说来，复杂性视角下的大学人文素质教育之课堂教学，不能仅仅像现在一些学校所做的那样，局限于话语的改变或一味地增设人文类的课程等，而必须在整个教学观念、教学实践和研究方法中实现根本的范式转换。

一 用复杂性思维更新教学观念

大学人文素质课教学是一个多维度、多变量、多层次的复杂系统结构体，对它的认识应该注意纵向层次和横向要素的耦合、时间和空间的统一。应该以系统思维、复杂科学思维方式，全面把握这个教学系统的主体层次、立体结构和总体功能。

首先，要倡导教育视角的全面性。不仅要关注学生的政治方向、思想观念等意识形态方面的问题，而且要关注学生的身心健康发展的问题；不仅要注重学生的知识、技能、思维培养，而且要十分重视学生的情感、意志、信念等个性素质。应该致力人格境界的提升、人生美德的高扬和人生意义的丰富，促进人的全面发展；同时，更应加强社会责任感与社会能力的培养。其次，要把重宏大目标的教育和关注学生日常的生活经验结合起来。尽管远大的目标教育具有其重要的价值，但微观日常生活又是人们基本、最贴近、最现实的存在方式，因此，大学人文素质课教学的宏观目标必须与学生的日常生活和学习有机结合起来，与解决他们遇到的现实问题和适应他们的具体需要统一起来，才能使宏大目标落地，接地气，转化为活生生的现实生活方式，才能收到较好的实效。再次，将人文素质课由"工具主义"向真正的"人文主义"转化。在以往的教学实践中，教师用依照序列化的因果关系编制的课程，按步骤提供给学生，表现出较强的功利主义倾向。然而，人文素质教育更加需要的是肯定人的价值，肯定人的尊严和人生意义，维护和弘扬人的主体性。人文素质既不是知识，也不是技能，而是一个人的内在修养、思想境界和行为方式。人文素质教育自身的健康发展与完善是以其是否有利人的健康发展和社会的健康发展的尺度来衡量的。总之，大学人文素质课教学应该努力摆脱"工具主义"理念的束缚，树立起以关照学生本身的多元化转变与发展为核心的、彰显"人文关怀"旨趣的新观念。这是大学人文素质课教学的总的任务和目标，也是设置什么样的大学人文素质教育课程、采用什么样的教学方式和如何评价具体的教学活动的优劣得失等的总的指导原则和价值指向。

二　用复杂性协同方法完善教学系统

大学人文素质教学是一个复杂的系统工程，它是由相应的目标子系统、内容子系统和方式方法子系统等多个子系统所构成的。因此，大学人文素质教学应当依据复杂性科学或理论所谓的协同性原则和方法，构建完善的大学人文素质教学系统。

首先要构建整体性的教学目标。从教学目标的组成要素、关系结构和动态演化来看，作为教学系统子系统的教学目标，也是一个复杂系统。传统的教学目标分类理论认为，人的各种意识水平都可以用行为形式表现出来，并把它们区分为三个领域——认知领域、情感领域和动作技能领域，又按层次将各个领域分成若干亚领域。其前提假设是：整体等于部分之和。不仅可以对人的行为进行分解，使其尽可能地具体、精确，分解之后的具体行为相加之和就是原来的行为，而且可以对这些行为作出周密的计划、进行有效的控制。实际上，人在成长发展的过程中的认识、情感和动作技能是彼此交织在一起同时发挥作用的。人的具有整体性的心理和行为是不能也不可能分割的。大量的事实证明，试图将具体的完整的人格整体分开来，使其分化为一个个抽象的要素来培养是徒劳的，甚至是有害的。

复杂性视角下的教学目标具有整体性特征。因此，除了要把教育目的作为依据之外，更重要的是应从高校的培养目标与开设人文素质课的关系以及学生思想实际状况综合考虑。以知识和基本概念作为基础目标；以分析社会现象和社会问题的能力训练作为主要目标；以提高认识和坚定信仰为核心目标；以理论的实际运用和指导解决个人问题为拓展性目标。这样的教学目标设计才能将知识与技能、过程与方法、情感态度与价值观三个维度进行有效地整合，才能体现人文素质课教学的总体要求。

其次要讲求教学内容的层次性。从复杂性思维的角度看，大学人文素质课教学内容是以一种结构关系存在的，大学人文素质教育本质上是一种价值性教育，其最终目标是要塑造大学生健全的完整的人格。它是由政治教育和思想教育、道德教育、法纪教育和心理教育以及历史传统教育、文化教育等多个层次的内容以相互作用、相互联结的方式组成的，具有明显的层次性特点。对构成大学人文素质课教学内容的各个层次的内容进行合理配置，使之相互衔接、彼此渗透，充分考虑到内容结构的序列性和完整性、渐进性和层次性，以实现诸内容的有机整合及协同发展，是达到大学人文素质教学目的的必然要求。

历史传统教育、文化教育是大学人文素质教学内容的第一个层次。它旨在使大学生认识、了解和熟悉自己作为一个社会人所要面对的人文环境的历史与现状，即自己必须身处其中的社会人文生态系统。这类内容的教学有利于形成大学生的人文观念、丰富大学生的人文认知、建构大学生的人文学养等，是大学人文素质教学中最为基础的教学内容。它是提升大学生人文素质，塑造大学生完善人格的前提和基础。

道德教育、心理教育、法纪教育是大学人文素质教学内容的第二个层次。它旨在使大学生具备正确的道德观念和良好的道德修养，熟谙社会行为准则与规范，养成自律心智并能够自觉遵守和践行社会道德法纪。道德教育、法纪教育和心理教育所形成的道德观念、法纪意识和心理态度，既是一个人对自己所处的具体的社会人文环境的接受与认同，又是他能否和能够在多大程度上融入这种社会人文生态体系中的通行证。这类内容的教学对大学生人文情感、人文方法和人文精神的形成具有关键性的作用，是大学生人文素质教学中最为具体的教学内容。如果我们能够使大学的这类内容的教学与中小学在这方面的纯知识教学相区别，把它变成一种高级的或者说更加深刻的，以引导和促使大学生在这些方面进行自我修炼为特点的教与学的过程，那么，它必将是或者说它本来就应该是大学生通过相应的道德、法纪和心理层面的自我感悟与修炼等实践活动，提升自己的人文素质，建构自身完善人格的最具实践性的环节。

思想教育、政治教育是大学人文素质教学内容的第三个层次。思想教育旨在按照一定的社会要求，针对受教育者的思想实际，使其端正思想观念，培养思想品德，形成正确的世界观、人生观和价值观，树立正确而坚定的理想信念。思想教育内容对政治教育、道德教育、法纪教育和心理教育以及历史传统教育和文化教育等的内容具有导向作用，因此，思想教育处于教学内容结构的中心位置。政治教育主要是帮助大学生了解我国的政治制度，学习基本的政治理论，开展爱国主义教育和形势教育等。政治教育内容决定了思想教育、道德教育和法纪教育及历史传统教育和文化教育等的内容的选择。执政党为了使其政治观念在社会活动中占统治地位，使政治教育内容具有说服力，就要精心挑选思想教育、道德教育、法纪教育和心理教育及历史传统教育和文化教育的内容。政治教育内容的价值取向决定了其他人文素质教育内容的价值导向。由于政治教育内容影响人们对政治事务的根本态度，进而影响人们对世界的根本看法。因此在整个人文素质课教学诸内容中，政治教育处于教学内容的最高阶层，任务也最为艰巨。这类内容的教学在使大学生成长为特定社会所需要的高素质的人才，及该社会所认定的所谓人文素质高、人格健全完善的人才方面，具有其不能或缺的独特的塑造功能，是这个社会举办大学教育的初衷和其特定的教育目标实现的基本保障。

大学人文素质教学的层次性远要比这里所述更为复杂多样，以上三个层次是其教学内容的三个基本的层次。但是，我们感兴趣的不是这些层次的多少，而是它们之间的协同性问题。无论这里有多少层次，缺少了这些层次之间的协同性，便不会产生我们孜孜以求的系统性的整体教育功能和育人效果。这是我们现有的传统的大学人文素质课堂教学效果往往不能令人满意的最大缺点之一。上述大学人文素质教学内容的三个基本层次就是一种层层递进、相互协同的关系。其中，第一个层次的历史传统教育和文化教育，侧重一般的人文知识的传授和做人的一般道理的掌握。用一个关键词来描述这类人文教学内容的特点的话，就是共同性。我们也可以把它说成是一种"入世教育"。第二个层次的道德教育、法纪教育和心理教育，侧重具体的人文规范的传承和现实的人文生活方式养成。同样用一个关键词来描述这类人文教学内容的特点的话，就是具体性。我们也可以把它说成是一种"在世教育"。第三个层次的思想教育和政治教育，侧重特殊的人文思想和人文精神境界的培育和自我修养。还是用一个关键词来描述这类人文教学内容的特点的话，就是特色性。我们也可以把它说成是一种"为世教育"（即在世间有所作为之意）。可见，这三个层次之间既存在有明显的从"入世"到"在世"再到"为世"层层递进的关系，又具有兼顾"一般""具体"和"特色"的整体协同性质。

第三要突显教学方式的协作性。影响大学人文素质课教学系统运动、发展和演化的动力作用是复杂的，各种内、外因素的相互作用促进着这个教学系统的有序发展。大学生人文素质的形成是复杂的主客观环境作用的结果。依据复杂性观念来看，能够决定大学生人文素质系统演进方向的根本力量不是单独的某个内部或外部因素，单一模式的教育方式无法取得显著的效果，只有采取各因素有机联系的综合教育才能发挥教学系统最大的功效。在当今社会，人们所处的环境更加社会化、复杂化，影响学生人文素质的因素是多方面、多渠道、开放式的。因此，要注意人文素质课教学系统与学校环境和社会环境的协同，坚持把课内教育和课外教育连为一体，把人文素质教育贯穿于学校工作的各个方面，加强人文素质教育与学校管理、班级工作、团队活动、家庭教育、社会教育之间的联系与配合，达成人文素质教育是一个育人的系统工程的广泛共识，形成协调合作、互补共进的关系，增强人文素质课教学系统的整体功能，全面实现它的多维目标。

此外，大学人文素质课教学不仅需要全社会的整体配合，多方推进，而且也需要和依赖不同层次的多学科共同协作，除了哲学、政治学、伦理学、社会学、心理学、语言学、历史学等人文社科类的协同外，学生所学不同专业的各门科学和技术的协同配合。由于呈现复杂性的人文素质课教学具有处在各学科交汇点上的特征，这就要求在教学实践中必须要有开阔的视野，不能把视角仅仅停留于某个单方面的内容教学的层面和维度，而应该注重深入挖掘不同学科和理论中的社会意义和人文价值，把一切有价值的理论和思想资源都吸纳到人文素质教育中来，形成一种灵活、务实、高效的教学方式。

第四，要倡导教学评价的多元性。非线性动力学和混沌理论指出，复杂系统的发展具有很大的不确定性和不可预测性。大学人文素质课教学在学生情感的寄托、信仰的追求、情操的陶冶，人格的锤炼等方面能够提供人文精神资源和无形的财富，然而，它却很少具有即时性的立竿见影的效果，人们很难直接体会到它存在的意义。一本书，一堂课，一句格言，到底能在多大程度上影响一个人对人生道路的选择，进而改变和扭转一个国家和民族的前途命运？这是简单性思维无力作出合理的解释的，然而却是被历史和现实社会生活实践无数次证明的事实。所以，复杂科学视域下的教学评价不能以确切的考试分数来判定学生学习的努力程度和教育教学目标是否达成，而应该以一种动态的评价方式来对学生所取得的成绩和其发展的潜在可能空间作出评价，采用多元化评价的途径。从评价标准看，要注意质的标准和量的标准的结合；从评价主体看，要注意自评和他评的区分；从评价时机看，要注意及时评价和延时评价的差异；从评价方法看，要注意间接评价和直接评价的区别；从评价形态看，要注意显性评价和隐性评价的不同；从评价效果看，要注意现实效果和审美效果的联系；从评价范围看，要注意群体评价与个体评价的差别，等等。总之，素质是一切可能的基础。大学生的人文素质最终会引发哪些种类和形式的具体行为？从哪些角度或层面上表现出来，这既是不确定的，又必然是多种多样的。非多元化的任何单纯单独的评价方式，都不仅是不科学的，而且必定是片面的。

三 用复杂性自组织原理优化教学过程

大学生人文素质教学过程是教师根据一定社会的要求，对学生施加有目的的教育影响，促使学生的认知系统从被组织向自组织转变，以形成一定社会所期望的思想品德和人格品质的过程，也是一个学生、教师、教材和环境等多重因素相互作用的系统自组织过程。

从复杂性视角来看，人的本质是类别、个体和社会的有机结合体。作为一种具有主动性的生命形式，人的精神层面具有开放的性质，能够不断地同外界进行充分的交流。而人所固有的精神世界的独立性，又使之拥有保持自身与自我的条件。这种介于开放与封闭之间的自组织存在，决定了人既能立足于自身而又能不断地"更新"与"再生"，从而表现出明显的自我超越性。由于每一个人都作为一个独特的生命体而处于各自具体的环境之中，导致个体形成自己具体的个性与存在方式，使其精神世界表现出丰富性和多样性，从而具有参差不齐的内部潜质和千差万别的发展可能。

大学人文素质课教学是人参与的社会活动之一，人的复杂性不仅为教学系统中各个因素之间的自主性联系产生特殊的作用，而且会对该系统的运作造成质的影响，出现动荡的涨落状况，正是这种自然的混沌和无序，引导着系统运动向着更高层次的非线性自组织演进。这表明，在教与学、人与环境、人与人、学生个体的心智活动与被提供给他的具体知识之间的交织在一起的各种相互作用的复杂性系统或状态中，学生既是对象、发生作用的因素之一，更是其中的核心和真正的主体。因此，我们在教学过程中应该在以下几个方面予以注意。

首先要坚持以学生为本。以学生为本应该是贯穿于大学人文素质教学过程始终的价值取向。大学人文素质教育过程应该真正确立学生的主体地位与核心地位，以学生的自我修养和成长为主导，围绕学生主体来展开。特别是应当在协调学生个人的自我关系方面更多地发挥它的作用，应该更多地考虑如何使学生在精神上获得自我发展和自我完善。让学生在人文素质教育过程中获得丰富的自我体验和自我实现的满足，通过提升个人的自身素质，去促进人的全面发展，通过人的发展去促成社会进步——这才是大学人文素质教育必须坚持的逻辑进程。只有这样，人文素质教育才被赋予了它原有的本质意义，相关的教学内容由于贴近学生个人也才能被学生自觉自愿地接受。促进学生本身的成长和全面发展既是以学生为本的价值的最充分体现，又是大学人文素质教育的价值所在。这要求我们在进行大学人文素质教育中，必须克服传统的思维定向，即所谓社会本位的思维定势。这种传统思维把社会和社会对个人的要求作为核心，而把学生个人仅仅看作是被要求的对象，致力于为了实现这种要求的"工具人"的培养塑造。这种思维及其做法，虽然用意良苦，出发点也看似有一定道理，但本质上却是本末倒置的。因此，事实上一直以来难以如愿以偿。

其次要始终保持系统的开放性。在现代信息化网络化所造成的极其开放的社会中，大学生和所有的人们一样，必须随时在被影响和可自由涉猎的多元性信息与因素中作出选择。这已经成为现代人无法回避和不可逆转的存在方式、生活方式、思维方式和学习模式等。伴随着这种方式或模式，大学生主体的信息涉猎与知识选择、他们对这些信息与知识的理解和价值判断等，比之以往都更加灵活多变，更加复杂，更具差异性。同时，新旧观念的冲突、真假信息的交融、不同观点的碰撞、理想与现实的矛盾、理论与实践的偏差等，又常常使大学生面临难以抉择和无所适从的困惑。这两股力量交合就会造成复杂性理论所谓的随机涌现性现象。

我们必须认识到，大学人文素质教学过程本身就是一个动态的开放系统，它同时也处在更大的当前充分开发的社会大系统之中。在当前开放的社会前提下，一切企图回避开放性及其所带来的问题与困难的做法都是徒劳的。大学人文素质教育能够真正被学生接受的合理性和其可能产生的实际效果，不再是也不可能来自于视听轰炸和强行填鸭式，而主要在于其自身的感染力和在与其他信息或因素交互作用中的竞争力与突破能力。大学生对人文素质教育的接受是在多种参照系的比较中完成的，这就要求大学人文素质教育必须具有在开发系统中实现有效运作的高超的教学水平。要让身处现代社会的大学生一方面能够做到自觉地、理性地选择；另一方面又在各种因素复杂地交互作用中不得不或自然地选择人文素质教育所传导的思想观念和价值取向等，大学人文素质教学系统就必须时刻对外界开放，保持其系统内外信息、能量和物质的交换，吸纳最先进的理论创新，采用最先进的方法，使大学人文素质教学过程始终具有时代性和科学性。唯有如此，才有可能被面对信息爆炸所影响的大学生主体选择和接受，才能在与多种信息的碰撞中彰显自身能量并对大学生发生具体的实在的影响作用。

再次要倡导自主生成。大学生人文素质的形成不是靠外力的强制，而是在教学过程相关机制的干预和学生主体的内在需要与兴趣指向等的前提下，由学生主体通过所谓的自组织机理自主生成的。因此，要打消传统的祈求靠施教一方单方面塑造学生的旧观念。学生是主体，不是任人塑造的完全被动的对象，大学生的人文素质最终都是自我养成的，不是也不可能是任何人或神造就的。因此，我们必须想方设法使大学人文素质教学过程以一种自觉与自为的自组织运作方式呈现出来。既然，大学生人文素质的生成主要是学生自主选择、自主建构的结果，那么，这里的关键便是必须真正充分的尊重学生的主体性。只有经过学生自觉地选择、消化和吸收，自身感兴趣的和所需要的相关信息、知识与观念、方法等，才能成为学生自己的精神素养，进而沉淀和转化成为学生的处在动态生成演进过程中的人文素质结构中的应有成分。大学人文素质教学作为一种教育活动，其更为复杂和奇妙之处还在于，教师与学生都是具有主体性的人，在教学过程中他们之间的信息交流及其活动是双向的、相互促进的，而不应该是被动的、单向的。教师虽然无法去限制和控制学生的思考和选择，却能够在教学过程中创造自组织产生的条件和随机涨落的机会，正确地引导学生积极地正面思考，科学地展现主流价值观，保证人文素质课教学过程的运行方向，使教学成为一种激发学生主体性，使之不断产生提升自身人文素质品质的内在需要的过程，这种不断产生的需要促使学生最终实现从被动到主动、从他律到自律的变化，大学人文素质课教学的真正意义才能得以体现。

第二节　抓校园环境陶冶教育的创新

在当代开放型社会的背景下，大学生所受到的环境影响是复杂的多层面的。但其中最主要的和最直接的还是校园环境，只不过这里所说的校园环境不仅仅只是一个空间概念，我们宁可用更为深邃和涵盖能力更强的校园文化来称谓之。大学校园环境，或者说校园文化的陶冶和浸润，是比之大学课堂教学更加重要的大学生人文素质教育环节。抛开那些在大学生成长过程中的更多的长期的影响因素不说，仅就大学阶段和大学教育而言，大学生的人文素质并不是教师教出来的，而是学生在大学的环境和文化的陶冶浸润中渐渐养成的。教师的教主要是起了一个引领和指导的作用，学生在这种特定的环境和文化中的自我养成才是其"化羽成蝶"的关键。正如有人所说，上大学其实质就是"上文化"，即接受特定校园文化的洗礼。

关于校园文化，这些年来研究得非常多，高等院校构建校园文化的实践探索也几乎已经普及化了。诸如校园文化可分为物质文化、精神文化、制度文化和行为文化等几个层面的理论阐释，以及如何提炼理念、塑造精神、构建制度、规范行为等方面的对策建议等，不仅随处可见，甚至几乎都已经是人人耳熟能详的了。因此，我们这里不想再对这些大家已经习以为常的内容做重复论述，我们更愿意将以下的材料提供大家参详。当然，我们这样说并没有否认上述这些校园文化构建的原理和方式方法的意思，而是说我们有必要在了解和掌握这些原理和方式方法的基础上，通过参详下面的材料，更深刻地体会到校园文化的灵魂及其活生生的存在形式，从而使我们的校园文化成为一种形神兼备的统一体，对大学生人文素质形成随时的浸润和有效的陶冶。或者说，让大家参详这个材料，就是希望我们的大学校园文化建设也能够像哈佛大学那样，使学生的人文素质能够在校园学习和生活的一切方面都会随时随地得到具体、细致、鲜活、深刻和统一化、常态化的人文精神的浸润和陶冶。因为，正是这些浸润和陶冶的多方面性、随机性、甚至是既确定又不确定性等，才能够使校园环境或校园文化对大学生人文素质的影响不至于流于表面化和简单化，而成为一种真正的复杂性陶冶和实实在在的潜移默化的过程。

下面是我们对载于《中国改革》2015 年第 3 期的刘守英的《哈佛何以一流？半年访学的观察与思考》一文的主要内容的介绍。

文章着重从哈佛校园令人羡慕的自由和包容的空气、哈佛之所以为哈佛的人文环境、哈佛学生和研究者的全球视野与人类责任以及一流教授研究一流真问题、聚集了全球最聪明的年轻脑袋和丰富的捐助与充沛的资金池等几个方面，介绍了哈佛的校园文化，叙述了作者自己的感受。

自由、包容的空气：文章认为，哈佛校园里有一种让羡慕的使人精神释放的空气。这是一种让思想活跃、不被障碍阻断的氛围，一种不受禁锢的、未被人为过滤的吸收知识的环境。只有在这样的空气下，思想才会自由放飞，创新才会奔涌迸发。

文章依据作者的亲身经历和所见所闻叙述到，自由的空气首先表现为对权威、权力的警惕。在哈佛，不会因为你被树为权威，就受到特别的对待。这里不仅有明确的条规约束那些特殊化行为和特权意识，而且挑战权威的场面比比皆是。例如，当今制度研究的领军人物——《国家为什么失败》作者阿西莫格鲁（Daron Acemoglu）的一个小时的讲座，被学生打断四次，一位学者还与他展开了针锋相对的辩论。他一堂课下来全身是汗，不知是因为天热，还是因为这种气氛的烘烤。又例如，大红大紫的经济学教授曼昆的课，也曾遭遇 70 名学生有组织离开的尴尬，原因是学生们抗议他只重视增长，不重视收入分配，不正视贫困。

其次，在这种自由的空气里充满辩论和质疑。来自彼得森研究所的著名中国问题专家尼克尔斯·拉迪推销他新近出版的《民进国退》的 40 分钟讲座后，哈佛的中国问题专家和学生们用事实和观察对他的观点足足质疑了近 40 分钟。同样遭到质疑的还有 NBC 记者布罗考（Tom Brokaw），当这位曾报道过柏林墙倒下的风云人物侃侃而谈地回忆东欧剧变的历史场景后，两位原东德籍听众就非常执着地严词质疑了他的讲述。

再次，自由的空气来自平等的氛围。哈佛的各种讲座，通常主讲人讲得不多，更多的是提问和交流的时间。一些"牛人"如美国副总统拜登、《政治秩序与政治衰败》作者福山的演讲都只有30多分钟，讨论时间最起码占一半以上。当主讲人人气太旺时，他们就采取注册登记和随机抽签方式，中签者才能参加。作者还特别注意到，充分的公共空间为这种平等交流提供方便，为自由空气的流动提供通道。文章写道：在哈佛这样的名校，被个人占据的空间很小，公共空间非常大。这不仅体现在图书馆、教室等，只要在有空隙的地方就会摆上桌椅，供学生之间及学生与老师之间交流。学生的成长和进步，除了得益于教授之间的交流，更多是来自学生之间的交流。

当然，自由的空气还意味着包容。文章举例说：当哈佛教育学院邀请科罗拉多州参议员迈克尔·约翰斯顿发表演讲时，有些学生就要求校方撤回对约翰斯顿的邀请，因为他们反对他的一些教育政策。所幸的是，福斯特校长和院长没有妥协。莱恩院长写给这些学生的信中这样说道："我遇到过很多真诚的人，他们和我都有相同的目标，不过在如何改善教育的问题上，我们的观点存在分歧。在我看来，这些分歧应当经过探究、辩论、挑战和质疑。同时这些分歧也应获得尊重，确实应该被称颂。"

文章进一步指出，哈佛商学院毕业的纽约前市长布隆伯格认为，自由和包容正是大学精神的本质所在。如他应邀在2014年哈佛大学毕业生典礼上的演讲中就说道，"顶尖大学是让各种背景、各种信仰、探寻各种问题的人，能到此自由开放地学习和探讨想法的地方"。"包容他人观点，以及表达自身言论的自由，是顶尖大学不可分割的价值。""一所大学的职责并不是教学生思考什么，而是教学生如何思考，这就需要倾听不同声音，不带偏见地衡量各种观点，冷静思考不同意见中是否也有公正的论点。在每个问题上，我们都应该遵循有理有据的原则，倾听他人的不同意见，只要我们这样做，就没有不能解决的问题，没有打不破的僵局，没有达不成的妥协。"

人文精神的浸染：作者感慨道：真正让人感到哈佛之为哈佛的，是它的人文环境。文章介绍说：哈佛大学图书馆由 80 个图书馆组成，有 1800 万册以上图书。它是美国最大的学术图书馆，世界上最大的图书馆之一。进到这些图书馆，你一下子就能忘掉一切，恢复人的单纯和天真，这里的氛围会让你觉得可以用知识傲视一切。

图书馆的服务会让你就想搞研究，否则觉得对不住这套系统和这里的图书服务人员。作者举例说，自己在哈佛期间可以不受限制地借阅图书。这里的任何一个图书馆自己都可以进，可以随时调用哈佛所有图书馆的书，甚至可以调用波士顿乃至美国所有图书馆的书。有这么好的服务，你怎么好意思将借来的书束之高阁！

图书借阅的方式很简单：你先在图书馆系统里查好书，将信息传到图书服务中心，他们找到以后就通知你，你可以到离你最近的任何一个图书馆去提取。看后还书也是到离你最近的图书馆。除了借阅整本纸质书，许多书已经有电子版，图书馆就直接将电子版发给你了。还有些书，你如果要复印，可以将要复印的部分告知图书馆，有专门人员为你复印。比比皆是的人文环境和为知识寻求者优良服务，在这里不好好学习你简直会产生一种犯罪之感。

文章还特别介绍和评论了哈佛大学为学生开设课程的独具匠心：所有本科生除了主修课程，还需完成八类的大学通识教育课程，它们分别是：美学与解释性理解（Aesthetic and Interpretive Understanding）、文化与信仰（Culture and Belief）、经验与数理（Empirical and Mathematical Reasoning）、伦理（Ethical Reasoning)、生命科学体系（Science of Living Systems）、物理宇宙科学（Science of the Physical Universe）、世界与社会（Societiesof the World）以及美国与世界（United States in the World）。其宗旨是使每个哈佛的毕业生接受广博的教育，接受特定的学术专业和集中的训练。

这种知识架构，或者说这套知识体系的重要性在于：它让你接受了基本伦理和价值的教育，使你有更坚定的信念，不会被人生的挫折压倒；让你接受了常识性和真理性知识熏陶，使你不会那么短视，可以走得更远；让你浸染了人类最普遍的人文知识，使你变得有教养；让你接受了哲学、生命、数学、物理、伦理、世界等的全面教育，你就不会那么单薄和有缺陷。这些基本的教育，建立了学生对人类的基本认识，而不是一种技术的、功利的认知。过于技术的教育只能培养工匠型人才，过于功利的教育难以建立学生的道德感和对人类的责任。了解了他们的知识体系以后，你才能理解所看到的哈佛学生为何那么充满天真，对一切具有好奇心、怀疑心；为何那么执着和坚定，为何胸怀远大，充满正义和责任。

全球视野与人类责任：文章叙述说：哈佛学生和研究者的全球视野是天然的，当然这里也具有得天独厚的条件。由于她的地位，国际上哪怕是最牛的学者、教授和政治家也以在这里露一脸为荣。例如，哈佛燕京中国问题讲座，在短短半年时间就有如下课程：美国著名中国法专家科恩的"美国的中国观受自由主义思想所蛊惑？"、哈佛大学东亚语言文明系主任裴宜理的"中国的高等教育：一次新的大跃进？"、哈佛大学费正清中心前主任麦克法夸尔教授的"中国的转型：习近平的影响"、研究中国经济的著名学者拉迪的"毛以后的市场经济：中国私营经济的兴起"、著名历史学家米尔斯海默的"为什么说中国不能和平崛起：对日本的意义"、著名中国政治学专家尼安友的"中国的崛起与国际秩序"。

　　再比如肯尼迪学院的品牌系列讲座"J. F. 肯尼迪论坛"，短短一学期就举办了 25 期。其中主要的演讲题目有：政治与幽默、见证柏林墙的倒塌、中东的不稳定、"一战"会重演吗？香港问题的起源、美俄关系危机、政治发展中的亨廷顿遗产、共和党的未来、美国外交政策、中国的其后变化与金融危机、伊朗政策、政府政策与互联网企业发展。邀请演讲和访谈的嘉宾都是国际组织官员，如联合国国际防务高级官员，美国著名政治家如拜登及白宫要员，前财长保尔森，学者福山，各国政治家或学者，等等。看看涉猎的主题和授课人，你就可以管窥哈佛学生是在一种怎样的环境下培养国际视野，是在一种怎样的气场养成自己的定力的。

　　至于对人类的责任，可以看看肯尼迪学院的例子。肯尼迪学院创办于大萧条之后的 1936 年，学院的院训为"问问你能做什么"（Ask What You Can Do）。这来自于美国前总统肯尼迪的名言："不要问你的国家能为你做什么，而应该问你能为你的国家做什么"，旨在培养学生的公共服务意识和能力。校训下面对应的几个词构成了肯尼迪学院学生的责任：一是"知识"（Knowledge）即用你的知识做什么；二是"地方和全球"（Local and Global）即你能为地方和全球做什么；三是"城市"（Urban）即你能为城市做什么；四是"展望"（Perspective）即你能为未来做什么。

　　为了培养学生履行责任的能力，肯尼迪学院的课程分为：政策与制度分析；管理、领导力与决策科学；民主、政治与制度；国际与全球事务；国际贸易与金融；非利润部门；卫生政策；犯罪与刑事法；人力资源、劳动与教育；住房、城市发展与交通；政治经济与发展；新闻、政治与公共政策。还设立了 15 个中心：阿什民主治理与创新中心；贝佛科学与国际事务中心；卡尔人权政策中心；国际发展中心；公共领导力中心；政治所；萨拉法基金会伦理中心；索伦斯坦媒体、政治与公共政策中心；拉曼尼商业与政府中心；拉帕伯特大波士顿研究所；塔博曼国家与地方政府中心；威那社会政策中心；住房研究联合中心；妇女与公共政策项目；哈佛—麻省理工学院经济复杂性观察实验室。

一流教授研究一流真问题：文章指出，哈佛教授的名头是各院系学生最引以为傲的。走进每一个院系，墙上都挂着建院系以来最"大牛"的教授。经济系的走廊两边摆满了一长串的大牌教授，如熊彼特、森、曼昆、巴罗、费尔德斯坦。在肯尼迪学院，就有阿利森、博克、伯加斯、克劳福德、格莱瑟、哥德史密斯、乔根森、奈、普特兰、萨默斯、扎克豪斯等。学生每天沿楼梯走上去，就相当于每天跟这些"大牛"道早安，也激发起他们向前辈挑战的雄心。

作者具体从以下几个方面叙述了自己对这些教授何以一流的一些感悟：

一是选定真问题。大量的研究看上去是问题，但不一定是真问题，也不是重大问题，是过几年就不是问题的问题。这里的教授在选定研究问题时，是非常谨慎的，经过反复权衡，绝不会为了钱去做。他们靠自己的远见、对真理的追寻、对事实的分析，改变了社会的偏见，矫正了政策的调整，推动了人类的进步。

二是不受干扰地、"神经质"地专注于一项研究。这些大牌教授一旦确认了自己所研究的大问题，就心无旁骛地追踪下去。作者说，这一点差不多成了自己所见的一流教授的共同学术品格。

三是不轻易相信已经给出的结论。有许多问题，我们以为是有定论的，是基本事实的东西，但这些教授不会轻易相信。他们会穷尽所有的文献，重新审视每一种说法，掌握充分的事实，经过客观严谨的分析，给出自己的结论。

四是对所研究的问题刨根问底。与我国的很多"大牌"学者善于给出大判断不同，这些大牌教授更注重细节，善于从细节中形成独特看法。这里的一流教授在交谈中会对细节痴迷，不轻易放过每一个旁枝末节、每一个细小现象。他们会不断地问，不断地跟你讨论，有时候还会再回过来求证。

五是小题大做。尽管是大牌教授，他们研究的很多问题都是从小处着手。在哈佛包括在其他美国大学的学者，没有多少学者会在年纪轻轻时就问那些终极的大问题。这些大牌的出名作都是非常小的题目，他们善于通过对非常细小问题的研究得出一些基本结论。在与他们的交流中，经常被这样善意地提醒："这个问题很重要，但似乎面太宽了，能否聚焦一下。"好的研究一定是可实施的，可观测、度量和检验的。

六是好作品是写出来的，不是说出来的。在哈佛，好教授都是勤于笔耕的。不像中国一些学者一出名就只说不写了。写和说是不一样的！写是要落到纸上的，是有逻辑的，是需要严谨思考的。不写是不会严谨的，不写你的思维会越来越僵化，不写会越来越变成主观主义者。

七是与年轻人的代际交流。哈佛教授招博士，更重要的是为了进行学术交流。对教授来说，博士生的作用是开拓他的领域。每个人都有自己的局限性，博士生会就一个新的领域开拓，可以帮助老师更新知识。哈佛教授非常注重和学生之间的交流。老师们非常愿意和学生交流，原因就是学生能给老师充电。一流的教授，一流的学者，必定善于跟比他小的年轻人交流。

聚集全球最聪明的年轻脑袋：哈佛最可爱的和与众不同的地方，是它能招收到全球最优秀的年轻脑袋。哈佛不但为这些优秀的年轻人提供了尚好的学习条件，而且对他们的要求也非常严苛，以便使他们成为更加优秀的人才。每一门课老师都布置学生阅读至少十本以上的图书。学生们需老老实实把书借来，认真阅读，否则就跟不上课程，在讨论课上，插不上嘴，也难以完成课程论文的撰写。读书对所有哈佛学生来说，都是很辛苦的一件事。在图书馆里读书到通宵，是不少学生都曾有的经历。

作者从中美学生的差异和两国教育方式的不同的角度，介绍和评论道：与哈佛学生的交流过程中，更感觉出学生的思维逻辑非常缜密而富有条理。这与他们的智商有关，更主要是因为他们接受了系统而严谨的知识训练。这里的学生提问，不会问那种让你无法回答的"大问题"，也很少有那种偏激或偏执的问题；他们非常善于倾听，在和你交流时，能注意从交流中吸取他想要的东西。他们有一种发现的天性，相信任何一个问题没有唯一解。与美国学生相比，在哈佛的中国学生无疑也是最优秀的，但总觉得我们的学生在质疑和另辟蹊径上缺那么一点。同样是讨论中国问题，西方的学生天性里是不相信的，不会觉得这个东西有既成的答案。美国学生总能在他的知识框架下提出不一样的看问题的角度，中国学生问的问题和思考的逻辑，总让你有似曾相识之感。多陈述少疑问，多套路少分岔，说几分钟后你就明白他想说什么，知识背景是从哪里引出来的。

这种差异可能跟中美两国小学到中学的教育方式有关。美国的学生从幼儿园、小学、初中、高中，一直玩着学，到大学开始灌输系统的知识。

在美国大学里，本科生、硕士生和博士生是非常辛苦的，一级一级往上，越往上越辛苦，训练非常严格。一个人很小的时候遵照天性发展，没有任何顾忌，进到大学以后，在灵感和天性的基础上开始进行严格的训练；再往上，比如说要读博士就要受更严格的训练。

反观我们的教育，孩子从小学、到初中、到高中，就是做题、考试，基础训练是严格了，但"发现"和灵感被磨灭了。我们的教育，非常大的问题是发现的能力基本被泯灭。如果不在这上面下大功夫改进，还谈什么创新？

丰富的捐助和充沛的资金池：文章最后介绍说，哈佛大学受捐资金居于世界科研机构之首，在 2013 年已经累计达到 320 亿美元，是仅次于比尔与美琳达·盖茨基金会的捐赠基金。哈佛年平均科研经费超过 7.5 亿美元，为 14 个学院、上百个研究机构提供支持。从 2007 年开始，收入在 6 万美元以下的家庭不需要为进入哈佛的孩子支付任何费用，收入在 6 万到 8 万美元的家庭一年只需支付几千美元，收入在 12 万到 18 万美元的家庭只需支付他们年收入的 10%。在校长和各学院院长、中心主任看来，他们最为荣耀的事情是弄到了多少钱，搞钱是他们在任期间最重要的一件事。所以，在哈佛校园和各院系，大到大楼、图书馆，小到教室，都以捐助者的名字命名。

当然，捐钱也是很有讲究的。捐款人不能以此干预学校如何使用资金，不像国内的一些捐款人，拿了点钱就每天盯着学校的业务，甚至亲自下指示。美国的学校不接受这样设置附加条件的捐助。你捐款是看重学校的声誉，相信它能用好，也有用钱的能力，学校对这种附加条件会非常警惕，怕金钱影响学校的独立性。

从作者的介绍中，我们可以明显地感受到，注重并且处理好大学与社会的关系、校长和院长及中心主任们专注于搞钱改善办学条件并以此为荣等，显然也是哈佛大学校园文化的重要组成部分！

需要特别指出的是，上述介绍的材料中似乎只有"人文精神的浸染"一节是讲人文素质的，而其他部分乍一看并不是直接讨论人文或人文素质教育的，但其中所包含的人文价值及其对得到这样的环境熏陶的大学生的人文素质的陶冶和潜移默化作用是我们不能低估的，也许它比直接开设几门人文知识课程的实际效果还要大得多。这些正是我国的大学校园所缺乏的，需要我们深耕的和下大力气培育的活生生的校园人文精神。将扎实的人文知识的课堂传授和这样的随时随地的多方面的人文精神的哺育和浸润结合为一个统一整体，乃是大学人文素质教育复杂性的内在要求！

第三节　抓实践性体验教育的创新

实践性体验教育对大学生人文素质的养成具有十分重要的作用和

意义。实践性体验教育是大学生获取人文知识（特别是隐性知识）、修炼人文素养、形成人文情怀与精神、学会人文思维与解决问题的方法等的又一个独特的、不可替代和不可或缺的教育层面。然而，就我国大学人文素质教育的现状来看，在大学生人文素质教育的复杂性创新体系中，这个方面的创新远比上述其他两个方面更加急迫和重要。因为相比较而言，说到底，课堂教学的创新所面临的只是个模式改变的问题，校园环境陶冶的创新所面临的也只是个进一步深化和具体化的问题，而实践性体验教育面临的则属于补缺与重新拓展或需要大力开拓的问题。

　　人文素质实践性体验教育的具体形式是多种多样的。但就大学教育的范畴而言，这里可选择和应当开展的主要有体验性教学、课外活动和社会实践三种基本形式。大学人文素质教育的复杂性，要求我们必须将这些可能和应当开展的实践性体验教育形式全面的、成体系的开发出来，并将其融入大学人文素质教育的复杂性系统之中，加以切实有效地实施。毋庸讳言，这正是需要我们花大气力加以改变的，当前我国大学人文素质教育中最短的那块短板。

一　体验性教学

　　所谓体验性教学，就是指在教学过程中，根据学生的认知特点和规律，通过创造实际的或重复经历的情境和机会，呈现或再现、还原教学内容，使学生在亲历的过程中理解并建构知识、发展能力、产生情感、生成意义的教学观和教学形式。[①]

　　体验性教学的主要特征有：第一，学生主体。体验具有主体性，是主体的一种自我感知，重点在于学生活动的主体地位在体验中的彰显。学生在自主建构的活动中体验，如通过技能的操作、言语氛围的营造、角色扮演等这些方式参与知识、情感的呈现、接受的全过程。

---

　　① 肖海平、付波华：《体验式教学：素质教育的理想选择》，《教育理论研究》2004年第1期。

在教学活动中，不可否认教师的引导作用，但必须尊重学生的主体地位，否则学生的体验就无所凭依，成了空中楼阁。学生认识到自己是学习的主人，根据自己的需要、兴趣、习惯去选择、体察、感悟，形成自己的内心体验。第二，亲身经历。体验性教学将学生作为体验的主体，同时也就必然强调学生主体的亲身经历，这是体验的本质规定。教学中教师应尽可能给学生提供参与表现的机会，动手操作实践的机会，注意学生的亲身体验。学生的知识不是靠"灌"的，而是通过体验"悟"出来的，正所谓"纸上得来终觉浅，心中悟出始知深，绝知此事须躬行"。第三，全程参与。体验性教学具备了一般教学活动应当具有的学生主动参与这一特质，而且还是全程参与。体验是个性化的、不可传授的，学生的真实体验始终离不开全过程的参与。教师要引导学生积极参加一些创造性活动，让学生在亲力亲为的这些活动中展开议论、讨论、争论，充分表现自己，最大限度地发挥学生创造思维的积极性。第四，个体感受。体验性教学的个体感受这一特征可以从学生体验的过程与结果两个角度作出本质界定。体验性教学作为一种教学方式，基本上是在集体教学中实施，对教学的两大基本要素即教师与学生进行分析，可以看到，教师在教学中面对的是学生群体，学生群体中又存在着个体差异。突出学生的体验，这就需要落实到个人。尽管师生间的教学是群体性质的，但教学中每个学生都是不同的，都会有属于自己个性化的体验，他们在参与教学活动时，通过不同的方式获取自己的独特感受。另外，体验是个性化的活动产物，无论是从实践活动中还是从心理发展中，都只能得出属于个人的体会与验证，是一种个体的感受。第五，意义内化。意义内化指的是教学活动中学生体验的深入和升华。体验是学生主体在教学活动中个性化的感受，这种感受的最初形态是零乱的、感性的，要成为学生个人的财富，还有一个内化的过程。学生所体验到的知、情、意、行各方面的信息汇总之后，这些体会仍然是不深刻的，学生还要进行自我建构，自主地对感性状态的体验进行整合、归类，获取对表象性体验的深度认识，作为今后进一步体验的基础，这是一个理性占主导的阶段。意义内化还意味着体验性教学的最终目标是促进每个学生自由、充分、独特的发展。体验性教学的价值并不是只提出了一种教学形态，更重要的是提供了一种有助于学生主体性发展的教学思想，真正体现了人文素质教育的教学价值观。可以说，体验性教学是实现大学生人文素质教育实质性发展的理想选择。从知识分类的角度看，人文素质除部分显性知识外，还包括大量的隐性知识，它依赖于个体的经验、直觉的洞察力，深深植根于行为本身，植根于个体受到的环境约束。① 人文素质属于情感、态度、价值观范畴，一个人人文素质形成和发展的过程是个体知、情、意、行的统一体。目前，高校在大学生人文素质教育实践方面，往往看重人文素质的外在表现，将认知性的学习当作是最重要的，基本上忽视情、意、行这些内在的、对个体发展至关重要的方面。未能很好地把学生的认知因素与情意因素统一起来。虽然高校在人文素质培养方面也做了不少工作，如开设文史哲课程、传授传统人文知识、增加开设各种文化修养选修课等，但缺乏实践能力的培养，也未能融入学生的情感体验之中。

体验性教学无疑是深化人文素质教育课堂教学改革的一剂良药，它与传统课堂教学相比，更能体现人文素质教育的本义。人文素质中许多至关重要的东西是无法通过知识的掌握和道德概念的形成去实现的，它们需要以学生的真实感受为来源，通过自己的体验和感悟去进行积极的道德构建，随着体验的日益丰富和深刻，精神才会得到不断地升华。体验性教学通过改变大学生的内心结构而实现大学生人文素质的发展，它"是一种现实地改变心理情境的、积极地改造心理世界的特殊工作，是有结果的内部过程"②。大学生人文素质培养的真正使命是要引出个体的精神生命和意义生命，在追寻自我生命意义的过程中，实现生命境界的提升。人文素质教育主要是教学生如何做人。培养高素质、高品位的人是大学人文素质教育的根本，其中，道德、

---

① 赵士英、洪晓楠：《显性知识与隐性知识的辩证关系》，《自然辩证法研究》2001年第10期。

② 朱小曼：《情感教育论纲》，南京出版社1993年版，第142页。

理想、信念、生存、实践、团结、合作、沟通、审美、情操等方面的内容就是大学生人文素质教育的价值体现。要完成这项任务，传统的教学方法根本无法实现，只有体验性教学才能真正体现出对大学生人文素质教育的价值。

体验性教学模式的有效实施，需要大学生亲自参与教学实践活动，在活动中以自主独特的方式认识、思考、体验、感悟周围世界，最终构建属于自己的知识意义，实现教学目标，达到大学生自我教育的目的。在教学活动中，教师要凸显生命关怀，让教学过程富于情感和意味，让教学内容整合对象世界与意义世界，让师生在"相遇"的世界里对话，在对话中体验生命的成长与发展。

一般来说体验性教学实践活动主要有五种类型：直观感受型、角色模拟型、动手操作型、师生置换型、社会调查型。[1] 无论是哪种教学实践类型，只要在教学活动中合理运用，都能促使大学生的人文素质得以提高，促使大学生在自由和谐的氛围中得到全面发展。

（1）直观感受型：在审美过程中提升人格境界。大学生人文素质中最重要的态度、情感、价值观、人格以及责任心等品质的培养都是在直观感受的过程中实现的。实现的程度与水平如何，则取决于大学生在直观体验过程中的选择发展机会。因而，直观感受的价值，往往并不在于体验过程中获得有形的知识上，而常常体现在容易被人们忽视的过程中。在体验性教学中，教师要从教学的内容、特点出发，设置能激起大学生内心感情冲动、主动参与的教学情境，可以借助直观的音像、诗歌、小品等形式，使大学生从心灵上受到人类美好情感的熏陶，形成对高尚道德情操的崇尚敬仰，从而不断提升自己的人生境界。直观可感的图片、声像资料不仅可以增强大学生对课程审美价值的认识，而且在潜移默化中提升了他们的人文精神。

（2）角色模拟型：在表演过程中培养协作能力。体验性教学中的角色模拟活动就能够真正实现"以学生为主体"的教育理念。在角

---

① 黄伟：《体验式教学活动的五种类型》，《思想政治课教学》2004 年第 9 期。

色模拟活动中，教师应该把课堂上"表演"的时间更多地留给学生"表演"，让讲台变成学生的"表演台"。根据教学内容的需要，教师让学生扮演的黑社会头目、流氓、警察、父亲、教练、恋人、姐姐等各种角色，这不仅让学生体验到扮演生活中角色的乐趣，而且把教材中抽象的内容变得真实可感。通过角色模拟的方式来学习知识，不仅仅是可以培养大学生的表演能力，重要的是可以培养大学生的团结协作能力、语言表达能力、交际能力、组织能力等各种综合能力，在角色模拟的过程中自然而然地完成了对教材内容的理解，培养了大学生的想象力和创新意识，在寓教于乐中完成了教学任务。

（3）动手操作型：在实践过程中培养创新意识。心理学家研究发现，使用传统式的教学方法，学生在课堂中仅吸收 10%—13% 的内容，并且随着时间的推移而逐渐遗忘，阅读的信息，我们能记 10%，听到的信息，我们能记得 20%，但所经历过的事，我们却能记得80%。① 在做中学，能带给人真实的体验，教师必须给学生提供动手操作的机会，让知识与学生的动手操作交织在一起，激发实实在在的学习行动，追求实实在在的学习成果。学生在动手操作、具体实践中将理论付诸行动，可以提高思维能力，培养创新意识。没有实践，没有体验，就不会有创造的发生。

（4）师生置换型：在讲课过程中培养责任意识。从"以教师主体"飞跃到"以学生为主体"，这个过程是一个极其艰辛的过程，不是靠谁宣布一下就可以到位的。"以学生为主体"的衡量标准之一，就是看是否采用了师生置换型的教学方法。师生置换教学法要求教师从讲台走到课桌，学生从课桌走向讲台，让学生扮演教师的角色，由学生讲课。教师在此过程中扮演一个学生，变成一个听讲者。这样做可以使学生体验一下讲演、互动的滋味，满足他们乐于展示自己的欲望，使他们加深对教学内容的体会与理解。讲课中学生能将教者的那份责任心迁移到学习中去，有助于培养良好的合作学习能力，也提高

---

① 涂宏斌、郭霖：《体验式教学模式的应用》，《湖北教育》2006 年第 9 期。

了主动参与的兴趣和教学效益。实践证明：让学生当老师的方法，是培养学生责任意识和协作能力较适宜的"气候"和"土壤"。学生自己动手，自己做主，团结一致，在做中学，在学中做。在这个过程中，学生不但将被动学习转变为主动学习，而且可以培养学生具备饱满而深刻的情感，培养他们爱的能力，体验对自己、对他人、对世间万物的热爱，逐步培养自我管理能力。

（5）社会调查型：在亲临现场中培养适应能力。社会调查是体验性教学的方式之一。从书本上看到的社会问题往往是冷冰冰的材料和数据，学生对此兴趣不大。开展社会调查，让大学生亲临现场，用自己的感官占有第一手资料，从而去认识周围的对象，去亲身经历运用知识、获取知识解决问题的过程，自主地找出规律性的东西，本能的社会责任感就会爆发。这能让大学生获得深切的体验，产生积极的情感，有助于培养学生适应社会的能力，为最终融入社会做好充分的准备。在社会调查活动中，教师要让大学生根据自己的知识、能力、兴趣、特长，在社会这个大课堂中展示自己，培养自己独立的人格和自主精神。教师要充分发挥大学生的自主性和创造性，开发和拓展大学生自我管理、自我教育的潜能，培养大学生的独立思维能力，让大学生学会做人、学会做事、学会学习、学会发展，借以实现其精神的升华与净化。要鼓励大学生大胆进行创新实践，教会他们面对陌生领域寻找答案和解决问题的方法，并让大学生的创造性思维在社会环境中得到熏陶。在大学教育中推行体验性教学的目的，不在于大学生获得知识的对与错这些有形的结果上，更重要的是关注体验过程本身对于大学生情感态度与行为方式的价值。

大学生人文素质中最重要的道德观、价值观、审美情趣、人格以及责任心等品质的培养都是在体验的过程中实现的。体验性教学强调"学生中心"，强调在一定情境的支持下学习者的主动体验。但这不等于放任。教师的引导作用、调控作用在实施教学的过程中时刻都不能被忽视。教师无论是隐性的还是显性的活动，必须随时关注进程，引导进程向有利的方向开展。必须强调的是，大学教师必须转变人文素质教育就是人文社科教师的职责的错误观念。体验性教学不仅可以在人文社科类课程中展开，而且在其他专业课教学中同样可以有效实施。在专业课教学活动中，教师个人的人格魅力，如强烈的责任感、崇高的敬业精神等，对大学生人文素质的培养，有着不可忽视的潜移默化的影响。总之，体验性教学既强调实施过程中大学生自主的体验活动，又十分重视实施过程中教师的指导作用，以促进大学生人格的完善、心灵的净化、情感的陶冶以及行为能力的发展。

二　课外活动

人文素质教育的目标是培养全面发展的人。从最终的意义上来说，学生的发展，不是社会、外界和学校给予他们的，而是在自身参加的实际活动中逐步实现的。学生在这种活动中有意识、有目的、有计划地调节和控制自己的内心活动和行为活动，在与教师、学习资料、学习环境建立的关系中处于主导地位，自己主宰自己的学习、成长、发展，自己支配自己的学习、成长、发展，通过自己的努力创造自己的学习方式、生活方式和发展方式，在与自身和教师、学习资料、学习环境的相互作用、相互影响、相互转化、相互创造中自我创造、自我生成、自我造就、自我丰富、自我完善和自我发展。正是在这种意义上，"教育不能再限于那种必须吸收的固定内容，而应被视为一种人类的进程，在这一进程中人通过各种经验学会如何表现他自己，如何和别人进行交流，如何探索世界，而且学会如何持续不断地——自始至终地——完善他自己"①。这就是说人的自我发展，以及致力于此的人文素质教育本身就必须是一种具有内在实践品性的过程。这种实践品性的具体体现更多的并不在教的方面，而是在学的一方面。当然，学生的学的形式与内容可以和应该是多种多样的，诸如学生参加的自我管理、文体活动、科学研究、技术开发、社团活动、

---

① 联合国教科文组织国际教育发展委员会：《学会生存——教育世界的今天和明天》，教育科学出版社1996年版，第180页。

公益活动、社会服务、勤工俭学、知识技能竞赛以及创新创业活动等，这都是学习活动。

这类学习活动，通常被人们称之为"课外活动"。其实，我们要说，在人文素质教育中，课外与课内没有非此即彼的绝对性，只具有相对意义，课外的活动也是一种"课"，而且是不可或缺的、更重要的一种功课。大学教育，特别是人文素质等这样的学生素质教育，缺少了学生在这些"课外活动"中的自我创造、自我生成、自我造就、自我丰富、自我完善和自我发展，课内的理论教育获得的知识就还是或只能是外在的，就不可能转化为学生自身的内在的素质。换句话说，"课外活动"既是课内教学不可缺少的补充和延伸，更是学生将课内所学理论知识内化为自我修养和个体素质的关键性的人文素质教育环节。这也许就是人们常常说的"大学主要靠自学"的真谛所在。然而反观现实，我们却发现，我国大学人文素质教育在这方面非但在实际上做得还远远不够，而且在认识上也存在一些误区。在这些误区中最有代表性的是以下两种片面的极端性的认识。

一是把"课外活动"和教学过程割裂开来，否认"课外活动"也是一种教与学的范畴。比如说"课外活动"这个用语本身，除了和课堂教学相区别的简单意义之外，还常常被用来作"教学之外的活动"的指称。——这显然就是一种误区。因为，在素质教育的视野里，有利于学生增进知识、优化知识结构、提高实践能力、创新能力和培养各方面素质发展的工作都是教育，都是学习。在大学人文素质教育中课外的活动也是一种"课"。但这种观点认为，大学教育主要是知识教学，学生参加的自我管理工作、各种文体活动、科学研究、技术开发、社团活动、公益活动、社会服务等是可多可少、甚至可有可无的教学之外的活动。可以看出，他们理解的教学还仅仅是"教"一个方面，即使这一个方面也是一个纯知识传授过程，把知识的占有作为教育的实际主要目的，在这一过程中教师地位至高无上，调动教师的积极性是中心环节，大学生在学习生活工作中被看作为灌输知识的抽象对象，师生之间的态度、情感、意志、人格品质乃至精神世界的相互理解、相互作用、相互影响的交互活动被割断，学生成了被动者、依赖者和孤独者。对大学教育特别是大学生"课外活动"持这种观点的管理者、教育者不是为大学生参加这些活动设置种种的限制和障碍，就是把大学生在知识性学习中的失败归因于他们参与了这些活动。带来的影响是，造成教学部门与学生工作部门、共青团组织的矛盾，或者说把本该是一个统一的整体的知识教学和素质培育割裂开来了、对立起来了。大学生提高自身素质、能力的热情和积极性得不到保护，学生自我教育、自我管理、自我服务、自我发展的独立性、能动性受到压抑，最终限制了大学生的全面发展。

二是把"课外活动"和社会实践割裂开来，否认"课外活动"也是一种实践性体验教育过程。比如说，把大学生社会实践仅仅看作是以学生为主体、学校为依托、社会为舞台的活动形式，即把"社会实践"只看做是"到或在学校之外的社会的实践"的简称，认为大学生长期生活在学校环境里，比较平静单纯，缺少逆境和复杂情况的体验，心理易主观、脆弱和理想化，需要到社会中体验生活的艰辛。大学生学到的东西还是书本上、理论上的，需要到社会中进行检验和寻求结合，从而发现需要深入研究的问题，捕捉灵感，启发创造性思维，特别是通过认识国情、社会现实，明确自己的事业方向。因而这种实践主要是以革命传统教育、国情认识和服务社会为主要内容，包括考察、访问、志愿者行动、支工、支农、支医、支教等，考虑到学生的时间支配情况，主要安排在寒暑假。不能否认，上述实践形式对促进大学生发展的积极意义是十分巨大的，必须给予充分肯定——这个我们在下一个题目的叙述中还要专门提到。这种观点仅仅把学校教育看作是社会生活的准备，因而并没有把学生在学校的生活看作是社会生活，对于学生在学校的实践，诸如他们参加的科学研究、自我管理、公益劳动、文体活动、勤工俭学以及新近出现的学生创新创业活动等，没有给予足够的重视，甚或不把它们当作"社会实践"或者说"实践性体验"教育的范畴，从而忽略对这类校内社会实践的经费支持、及时指导和有效帮助。其实，学校教育既是对未来生活的准备，本身也是一种社会生活过程、社会生活形式，具有多层面、多侧面、多要素的生活内容。特别是在人类社会由工业社会迈入信息社会、知识社会的过程中，知识在经济中的作用日益增强，传统意义上的生产劳动在社会生活中的比重正在逐步缩小，教育等活动愈来愈成为十分重要的社会生活形式，学生以主动者的身份参与的校园社会生活也是经常性的社会实践。大学人文素质教育所理解的生活世界是和学生成长、发展有关的包括他们身边的生活在内的所有生活。因而，着力解决学生日常的工作、学习、生活等方面遇到的问题，是大学人文素质教育至关重要的内容。

以上两种认识误区的本质是对大学人文素质的教与育的割裂，是对大学生人文理论知识的学习与人文素质的自我养成的割裂。这正是造成所谓"高分低能"现象的症结所在。必须纠正和突破这种误区，把大学人文素质的教与学、大学生人文素质的理论学习与实践养成，看作是一个不可分割的统一整体，一个多重要素紧密地联系在一起的复杂性系统来对待。而要做到这一点的关键，就在于回归所谓的"课外活动"的本真与本位，即"课外活动"并非可有可无的教学之外什么活动，它本身既是一种教与学的内在环节和过程，又是一种社会性的实践体验活动，即广义上的"社会实践"，是一种将人文理论知识的教与学，进一步拓展和升华为实践性体验和自我养成的重要过程和关键性环节。完整的大学人文素质之实践性体验教育不能没有"课外活动"，相反，大学人文素质之实践性体验教育，乃至整个大学人文素质教育，都必须给予"课外活动"以重要的战略地位。我国大学人文素质教育尤其要极大地强化这一方面。

三　社会实践

传统上人们往往把实践性体验教育等同于"社会实践"，并且这里所谓的"社会实践"也是狭义的，即专指走出学校到社会中去的各种学习锻炼活动。把上述"体验性教学"和"课外活动"都纳入实践性体验教育的范畴，即从广义上把这几种形式都看作是社会实践的范畴，可以说，这是新近才有的一种更为全面的认识。我们在分别讨论了"体验性教学"和"课外活动"之后，把"社会实践"和它们并列起来单独来讨论，显然是就这种狭义的含义而言的。

其实，随着时间的推移和社会的变迁，一定还会有比这里所讨论的更多的新的实践性体验教育形式的被创设出来。但是，无论此类形式如何更新和丰富化，对于大学人文素质教育来说，我们这里所说的狭义的"社会实践"，都是绝对必要的和不可被替代的。它在大学生人文素质的复杂性养成过程中居于重要的战略地位，理应成为大学人文素质实践性体验教育的最基本内容与环节之一。然而，反观我国大学人文素质教育的现实，我们在这方面要走的路还很长，还要付出艰辛的努力，方可以将这里所说的"社会实践"纳入到大学生人文素质的复杂性培育体系中来，真正发挥出它在大学生人文素质复杂性养成过程中的不可替代的重要作用。

当前急迫要解决的是两个方面的问题，一是切实强化对其重要性的认识，尽快改变当前"社会实践"教育事实上有所弱化的局面；二是矫正在这方面还普遍存在的一些误区，做实做强"社会实践"教育。

先说第一个方面的问题。尽管有关政策文件或相关规定等都在不断强调和要求加强大学教育中的"社会实践"，尽管几乎每一个高校都在呼喊要重视"社会实践"，但是，事实上这些还都是写在纸上的或挂在嘴上的东西。如果我们以"走出校园到社会中去体验锻炼"为题做一个调查统计，那么当前我国大学生普遍参与的这样的"社会实践"，除了全国性的统一组织的大学生暑期社会实践活动之外，再很难列举出其他的名称来了。我记得我们这一代大学生在大学四年中参与的"社会实践"远比现在的要多要丰富。几乎每门课、每个学期都会有多次走出校园到社会中去的参观、调查、学习、研讨和实习锻炼等形式多样的活动。节日假期的自我设计的和学校组织的专项社会实践活动，更是常态化的。两相比较，我们不得不说今天的大学生

"社会实践"教育，事实上是有所弱化了。应该说，今天无论从经济条件、社会技术条件还是诸如交通运输设施及观察实验设备等哪个角度来说，都比过去任何时候都更有条件做到强化"社会实践"教育。然而在我们的调查中，人们给出的在大学生人文素质教育中不能够组织或开展更多的"社会实践"的主要理由，竟然莫名其妙的都是"经费不足""条件不具备"和"有安全隐患"等。显然，用不着再讨论下去了，这明明都是一些借口，是人们骨子里还不重视"社会实践"，还不想和没有把"社会实践"放到应有的地位的托词而已。"经费不足"是你没想在这方面花钱，"条件不具备"是睁着眼睛说瞎话，"有安全隐患"是学校怕承担风险或保障不力，这些本身就是会对大学生人文素质养成起到负面作用的"校园文化"。这种局面必须得到尽快改变，否则非但人文素质教育难以取得实效，整个大学教育都会误入歧途。

再来看第二个方面的问题。目前，我国大学在"社会实践"教育方面存在的误区还有很多，除了前面已经提到的把大学生社会实践看作是"教学之外的活动"，而不是人文素质教育本身不可或缺的环节和内容之外，主要还有以下几个严重影响着我们尽快做实做强大学人文素质"社会实践"教育的误区：

误区一：把大学生社会实践等同于思想教育工作。这方面的典型观点是：大学生社会实践是针对高等教育在体制上存在的封闭性、保守性的弊端以及学生由于缺乏对社会的了解而形成的价值观念混乱、价值标准模糊等情况，为了补充思想教育理论课程的不足，实现高等教育的德育目标而提出来的，其理论依据是青年大学生在与实际相结合、与工农相结合的实践中，在理论指导下，思想轨迹将发生变化，在社会的天平上摆正自己的位置，逐步树立科学的人生价值观。正因此，有些人干脆提出，"大学生社会实践是一门思想修养课程"，其明确的课程目标是德育目标。在这种思想指导下的大学生社会实践必然片面化为参观、访问、服务、劳动锻炼等活动的代名词，具体成为高校学生工作部门、共青团组织的专门工作，即使党委宣传部、教务处等部门的人员参与，也只是参加会议讨论方面的事。由于没有对社会实践教学、管理人员在编制、政策、培训上的统一考虑，缺乏实践性教学对教师在课时、课酬、晋升职称方面的约束力、吸引力，很少有教师愿意承担假期社会实践活动的负责工作，使社会实践的教学、管理队伍处于临时应付、流动性强的工作状态，缺乏工作的连续性，影响到活动的效果，更为重要的是，往往使社会实践成为对少数学生（一般是学生干部、学生骨干）的思想道德教育，而这种教育也是感受意义上、片面化的，缺乏深度和连续性。因为学生关注的思想困惑、学习和生活问题没有给予解决，仅仅简单地把他们放到一个理想的环境里进行短期的思想教育虽然需要，但效果是很有限、很短暂的。"最好的和最深刻的道德训练，恰恰是人们在工作和思想的统一中跟别人发生适当的关系而得来的。"① 我们必须从学生素质全面发展的角度，努力挖掘和拓展社会实践更为广泛的内容，开展全面性的社会实践，向学生提供一切可能的美学、艺术、体育、科学、文化和社会方面的发现、实验机会和经历，帮助他们在提高和发展自己多方面的素质的过程中，培养出良好的思想道德或人文素质。

误区二：把大学生社会实践看作季节性的社会活动。这种观点表面上虽然也很重视大学生社会实践，甚至把它看作是学校学生管理部门和共青团组织每逢一些关键的时间节点必须举办的季节性的社会活动。但从实质上来看，这种观点并没有把社会实践看作如我们前面所说的"大学人文素质实践性体验教育的最基本内容与环节"，而是把它主要作为相关管理部门自己的行政职责或任务来完成的；同时，这种观点也并不把社会实践看作是一种教育活动，而是把它主要作为一种社会活动来举办。因此，它必然导致以下三方面的结果：一是这样的活动带有很强的形式色彩，没有多少实际意义，在经历过看起来声势浩大的启动仪式之后就偃旗息鼓。参与到该项活动的同学没有一个

---

① 华东师范大学教育系等：《现代西方资产阶级教育思想流派论著选》，人民教育出版社 1980 年版，第 7 页。

明确的活动目标，往往在活动进行几天之后就失去兴趣，使得活动不能持续。二是这类学校官方组织的实践活动很多都带有强制性，并不是根据学生的实际需要去组织的，会给学生造成一定的逆反心理，即使是很有意义的活动也很少有同学能坚持下去。三是这样的季节性的社会活动，为了引起社会和媒体的关注，必然会自觉不自觉注重所组织的社会实践活动的外在影响或社会效果，强调活动的声势和新闻效应，降低了社会实践对学生的实际意义，偏离了把它作为人文素质实践性体验教育内容与环节的初衷。

误区三：把大学生社会实践只是当作学校组织的活动。这是一个存在于一些教育工作者和众多大学生中比较普遍的问题。他们的基本看法是，大学生社会实践是由学校统一设计组织、有目的、有计划开展的有一定规模、多样化的教育形式和社会活动，目的是借助对学生的这种特殊教育形式帮助他们开阔视野、激发兴趣、增长知识、锻炼能力、提高素质。在这种意义的社会实践中，学校、教师起主导作用，甚至包办一切，加重了学校的人力、物力、财力的负担；实践本身是作为工作任务出现的，加之组织者了解学生的需求不够，常常是"指令式""齐步走式"，难以适应学生的专业和个性特点；更严重的情况是，忽视了学生强烈的自觉、自主意识和较强的参与意识，缺乏尊重学生的自主性和积极性，对他们自己组织或个人参加的各种实践不够注意，更没有主动去引导和指导。学生社会实践的主体是大学生自己。"大学生不是中学生，大学对他（她）不再、也不应提供保姆式的照顾，他应该也必然会自我寻求生命之意义和人生之目标。"①学校在社会实践中的角色和作用主要在于为大学生参与社会实践支付必要的经费、创造有利的条件、建立科学的规范、提供有益的指导等，另外还要把经常性的社会实践纳入课程体系之中，当然这种课程应该比知识性课程更灵活，学生的自主性、主动性应该更高。

为了矫正这些误区，加强大学生人文素质的"社会实践"教育，

---

① 金耀基：《大学之理念》，生活·读书·新知三联书店2001年版，第21页。

需要处理好其中所关涉到的一些关系。在这方面我们赞同我国学者赵剑民的下列观点:①

一是提高认识和积极开展的关系。作为以专业教育为主要特征的教育阶段,高等教育与社会生活、社会职业紧密相连,特别需要与社会实践的结合。大学生社会实践是高等学校实施人文素质教育、提高教育质量从而培养一专多能合格人才的重要途径,必须成为高等学校教学的内在环节和重要的教育形式、教育手段。应该说,这样的认识在教育工作者中正在不断得到提高。但还要看到,不少高校的管理者、教师一方面对社会实践在高校教育中的地位有很高的认识,但在实际工作中,常常又不由自主地被"惯性的力量"所影响,因此,必须把开展大学生社会实践的工作提高到一个新的水平,才是真正地对社会实践产生正确的认识和足够的重视。

二是统一管理和分类组织实施的关系。大学生社会实践既是渗透在高校人文素质教育各个环节中的教育手段、教育方法,也是一个可以独立存在的重要教育环节、教育步骤,是高校的重要工作之一,应该有统一领导学生社会实践的机构,制定统一的规范、政策和措施。同时,又要根据社会实践的不同特点交由不同的部门具体负责组织实施,以增强其针对性、可操作性和实效性,真正把社会实践工作落到实处,使之成为一个包括领导、组织、总结、考核、奖励、评估、师资队伍建设、科学研究机制在内的有机联系的工作体系,发挥出其应有的作用。

三是发挥学校积极性和发挥学生积极性的关系。为学生社会实践提供必要的经费、创造有利的条件、建立科学的规范、提供有益的指导、建立固定的基地,是学校方面责无旁贷的职责。同时,学校既要在组织社会实践时考虑到他们的专业特点,发挥他们的主动性、积极性和创造性,又要鼓励、支持他们自己独立自主开展、参加社会实践,给予他们充分的信任、有力的支持和必要的帮助。

---

① 赵剑民:《素质教育视野中的大学生社会实践》,《青年探索》2004 年第 1 期。

四是经常性工作和重点活动的关系。大学生社会实践是一项经常性的工作，提高学生的能力和人文素质也不是一日之功，社会实践工作的重心在日常活动，既不能搞形式主义，也不能追求短期效应。与此同时，还要注意和重视搞好日常工作中的重点工作、重点活动以及季节性的社会实践中的重点工作、重点活动，发挥示范作用和积累经验，做到"以点带面"和"点面结合"，把社会实践工作整体推动向前发展。

五是社会资源和学校资源的关系。有些社会单位由于考虑到大学生短期的社会实践不能给他们带来直接的效益，对于高校在他们那里建立社会实践基地给予的支持力度并不够。但随着行政事业单位机构改革、国有企业改革的深入，不少单位机构臃肿、人浮于事的局面得到显著改观，对于学生的社会实践是需要的，而且大量的民营企业和其他经济实体也对大学生社会实践有较大需求。学校要本着双向受益的原则，积极争取社会各方面的支持，建立固定的社会实践基地。同时，每个高校内也存在着用于学生参加社会实践的资源，关键在于发现、挖掘。学校完全有条件支持和能够为学生提供大量的社会实践岗位或工作，包括科研助手、实验员、辅导员、办公室及其他管理岗位助理、绿化、环保、卫生工作助理员等。

六是处理好规范化、制度化和科学化的关系。大学生社会实践作为重要的人文素质教育环节和高校经常性的教育形式，应该成为规范化、制度化的教育行为，成为学校课程体系的重要组成部分，成为一个大的课程类别，特别要探索一条依法管理、组织大学生社会实践的路子，形成国家重视、法律保障、社会支持、高校努力、学生积极参加的可喜局面。还要积极开展大学生社会实践的课题研究，探索有效的社会实践形式和组织模式，总结大学生社会实践中带有规律性的东西，逐步形成一套理论和方法体系，提高大学生社会实践的科学化水平，为全面促进我国大学人文素质教育的整体创新贡献自己的力量。

参考文献

一 专著

《马克思恩格斯选集》第3卷，人民出版社1995年版。

陈向明：《质的研究方法与社会科学研究》，教育科学出版社2000年版。

成思危主编：《复杂性科学探索》，民主与建设出版社1998年版。

程颐：《伊川易传》第2卷，上海古籍出版社1989年版。

高平叔：《蔡元培全集》第3卷，中华书局1984年版。

郭为潘：《科技时代的人文教育》，幼狮文化事业公司1987年版。

华东师范大学教育系主编：《现代西方资产阶级教育思想流派论著选》，人民教育出版社1980年版。

金耀基：《大学之理念》，生活·读书·新知三联书店2001年版。

黎先耀：《智慧的星光——诺贝尔自然科学家获奖者文萃》，经济日报出版社2000年版。

联合国教科文组织国际教育发展委员会编译：《学会生存——教育世界的今天和明天》，教育科学出版社1996年版。

梁启超：《饮冰室文集》，中华书局1989年版。

马明华、涂争鸣：《高校人文素质教育论》，华南理工大学出版社2010年版。

么加利：《走向复杂：教育视角的转换》，西南师范大学出版社 2002 年版。

钱源伟：《社会素质教育概论》，广东教育出版社 2001 年版。

涂又光：《论人文精神：中国大学人文启思录》，华中科技大学出版社 2003 年版。

汪青松等主编：《杨叔子院士文化素质教育演讲录》，合肥工业大学出版社 2007 年版。

文雪：《在确定与不确定之间——复杂性的教育研究》，黑龙江教育出版社 2006 年版。

吴彤：《自组织方法论研究》，清华大学出版社 2001 年版。

谢昭新、张器友：《大学语文与人文素质教育研究》，合肥工业大学出版社 2011 年版。

许国志：《系统科学与工程研究》（第 2 版），上海科技教育出版社 2000 年版。

张华：《研究性教学论》，华东师范大学出版社 2010 年版。

张金福：《大学人文教育与科学教育结合研究》，浙江大学出版社 2006 年版。

朱小曼：《情感教育论纲》，南京出版社 1993 年版。

［比利时］普利高津、斯唐热：《从混沌到有序——人与自然的新对话》，曾庆宏等译，上海译文出版社 1987 年版。

［比利时］普利高津、斯唐热：《从混沌到有序》，曾庆宏、沈小峰译，上海译文出版社 1987 年版。

［比利时］伊利亚·普利高津：《确定性的终结：时间、混沌与新自然法则》，湛敏译，上海科技教育出版社 2005 年版。

［德］H.哈肯：《协同学导论》，西北大学科研处 1981 年版。

［德］海德格尔：《存在与时间》，上海三联书店 2004 年版。

［德］黑格尔：《逻辑学》，梁志学译，人民出版社 2004 年版。

［德］黑格尔：《哲学史讲演录》，贺麟译，商务印书馆 1996 年版。

［德］胡塞尔：《纯粹现象学通论》，李幼蒸译，商务印书馆 1992

年版。

［德］胡塞尔:《欧洲科学危机和超验现象学》,张庆熊译,上海译文出版社 1988 年版。

［德］康德:《纯粹理性批判》,邓晓芒译,人民出版社 2004 年版。

［德］克劳斯·迈因策尔:《复杂性中的思维》,曾国屏译,中央编译出版社 2000 年版。

［法］埃德加·莫兰:《方法:天然之天性》,吴泓缈、冯学俊译,北京大学出版社 2002 年版。

［法］埃德加·莫兰:《复杂思想:自觉的科学》,北京大学出版社 2001 年版。

［法］埃德加·莫兰:《复杂性理论与教育问题》,陈一壮译,北京大学出版社 2004 年版。

［法］埃德加·莫兰:《复杂性思想导论》,陈一壮译,华东师范大学出版社 2008 年版。

［法］埃德加·莫兰:《迷失的范式:人性研究》,陈一壮译,北京大学出版社 1999 年版。

［法］勒内·托姆:《突变论:思想和应用》,周仲良译,上海译文出版社 1989 年版。

［古希腊］亚里士多德:《形而上学》,吴寿彭译,商务印书馆 1959 年版。

［美］阿尔文·托夫勒、海蒂·托尔勒:《再造新文明》,中信出版社 2006 年版。

［美］杜威:《确定性寻求——关于知行关系的研究》,傅统先译,上海人民出版社 2005 年版。

［美］盖尔曼:《夸克与美洲豹》,杨建邺、李湘等译,湖南科学技术出版社 1999 年版。

［美］米歇尔·沃尔德罗普:《复杂:诞生于秩序与混沌边缘的科学》,陈玲译,生活·读书·新知三联书店 1997 年版。

［美］欧内斯特·L. 博耶:《关于美国教育改革的演讲》,教育科学

出版社 2002 年版。

[美] 乔治·萨顿:《科学史与新人文主义》,陈恒六等译,华夏出版社 1989 年版。

[美] 梯利:《西方哲学史》,葛力译,商务印书馆 1995 年版。

[美] 约瑟夫·奈:《软力量:世界政坛成功之道》,吴晓辉、钱程译,东方出版社 2005 年版。

[英] 托马斯·亨利·赫胥黎:《科学与教育》,人民教育出版社 2006 年版。

二 期刊

常青:《大学生人文素质缺失表现及对策研究》,《中国成人教育》 2011 年第 13 期。

陈向明:《什么是行动研究》,《教育研究与实验》1999 年第 2 期。

陈雅芳:《追赶国际趋势,改革高校课程体系》,《中国高等教育》 2002 年第 21 期。

陈一壮:《论法国哲学家埃德加·莫兰的复杂思想》,《中南大学学报》2004 年第 1 期。

陈一壮:《试论复杂性理论的精髓》,《哲学研究》2005 年第 6 期。

董平:《对改革大学人文素质教育评价体系和评价机制的思考》,《前沿》2007 年第 6 期。

杜海峰、李树茁、朱正威、白萌:《公共管理与复杂性科学》,《浙江社会科学》2009 年第 3 期。

方锦清:《令人关注的复杂性科学和复杂性研究》,《自然杂志》2002 年第 24 期。

高平叔:《北京大学的蔡元培时代》,《北京大学学报》1998 年第 2 期。

葛红兵:《论人文精神的实质——兼及大学人文教育问题》,《杭州师范学院学报》2003 年第 2 期。

龚爱蓉:《高校实施人文素质教育的途径与方法》,《安徽工业大学学报》(社会科学版) 2004 年第 3 期。

郭齐家:《论中国传统教育的基本特征及其现代价值》,《北京师范大学学报》1995 年第 5 期。

郭齐智:《重建人文与语文教改》,《语文教学与研究》1996 年第 4 期。

过仕明、邸春姝:《大学生人文素质教育途径分析》,《黑龙江高教研究》2011 年第 12 期。

何惠:《复杂性科学视野下的大学生人文素质教育》,《柳州职业技术学院学报》2014 年第 2 期。

胡弼成:《国外理工科大学人文社会科学课程设置的发展趋势》,《广西师范大学学报》(哲学社会科学版) 1999 年第 10 期。

胡智勇:《对高校艺术教育的思考》,《艺术教育》2008 年第 5 期。

黄伟:《体验式教学活动的五种类型》,《思想政治课教学》2004 年第 9 期。

黄悦:《校园文化建设与理工科大学人文素质教育》,《重庆教育学院学报》2005 年第 1 期。

黄运平等:《知识、能力、品格与素质的关系及对人才培养的启示》,《中国高等教育》2012 年第 3 期。

计卫舸:《"非遗"资源思想政治教育价值的发现与利用》,《中国高等教育》2011 年第 2 期。

贾甚杰:《高校人文素质教育课程体系建设研究》,《教育与职业》2007 年第 21 期。

简尚高:《高职语文教学改革实施方法研究》,《湖州职业技术学院学报》2007 年第 2 期。

姜海燕:《构建高校人文素质教育体系研究》,《思想教育研究》2007 年第 12 期。

蒋士会、郭少东:《复杂性科学的方法论探微》,《广西师范大学学报》(哲学社会科学版) 2009 年 6 月。

蒋旋新：《高校人文素质教育背景、现状及发展对策的研究》，《教育探索》2007 年第 11 期。

金秀芳：《洪堡人文主义理想在德国大学中的体现》，《德国研究》2001 年第 1 期。

金耀基：《人文教育在大学中的位序》，《文汇报》2002 年 9 月 29 日。

李成明：《美国大学通识教育的历史发展》，《东南大学学报》2001 年第 2 期。

李红秀：《体验性教学实践与大学生人文素质教育》，《学理论》2009 年第 32 期。

李会春：《中国高校通识课程设置现状研究》，《复旦教育论坛》2007 年第 4 期。

李枭鹰：《复杂性视域中的高等教育预测观》，《黑龙江高教研究》2009 年第 2 期。

李艳萍：《大学生人文素质教育的现状与对策》，《职业技术》2005 年第 1 期。

厉建刚：《动态评价在高职学生人文素质评价中的应用》，《高教论坛》2007 年第 3 期。

梁俊仙、乔颖丽：《从市场需求看管理类学生人文素质培养与提高》，《继续教育研究》2011 年第 12 期。

林悦、王玲：《大学生创新素质与人格特征的相关研究》，《中国健康心理学杂志》2010 年第 11 期。

刘劲杨：《穿越复杂性丛林——复杂性研究的四种理论基点及其哲学反思》，《中国人民大学学报》2004 年第 5 期。

刘来丁、杨黎米：《大学人文素质教育大有可为——以外国文学教学为个案》，《四川省情》2003 年第 11 期。

刘巧芝：《浙江省大学生创新素质的综合评价与分析》，《中国青年研究》2011 年第 4 期。

刘少雪：《美国著名大学通识教育课程概况》，《比较教育研究》2004 年第 4 期。

鲁洁：《教育：人之自我建构的实践活动》，《教育研究》1998 年第 9 期。

梅苏蔓：《中国人文教育的历史演进与发展趋势》，《文教资料》2006 年第 7 期。

孟鑫：《应用系统论的整体突现原理推进高校学生素质教育》，《长沙电力学院学报》（社会科学版）2001 年第 16 期。

米展：《高校发展的自组织机制初探》，《江苏高教》2002 年第 1 期。

苗东升：《复杂性研究的现状与展望》，《系统辩证学学报》2001 年第 4 期。

聂荣鑫：《复杂性：学校低效管理研究新视角》，《教育理论与实践》2002 年第 11 期。

潘旭明：《复杂性科学研究述评》，《自然辩证法研究》2007 年第 6 期。

任海燕：《浅谈大学生人文素质教育的改进》，《科技情报开发与经济》2007 年第 27 期。

孙琳：《当代大学生人文素质现状调查及对策研究》，《教育理论研究》2011 年第 3 期。

孙琳、肖兰英：《当代大学生人文素质现状调查及对策研究》，《教育理论研究》2010 年第 11 期。

唐海德、李枭鹰：《复杂性视域中的教育选择》，《高等教育研究》2006 年第 10 期。

唐晓萍：《从威廉姆·E. 多尔的控制理论看美国高等教育管理的特点及趋势》，《中国高教研究》1999 年第 2 期。

田洁：《高校大学生人文素质教育的重要性及对策》，《继续教育研究》2010 年第 11 期。

涂宏斌、郭霖：《体验式教学模式的应用》，《湖北教育》2006 年第 9 期。

万风华：《美国理工科大学人文素质教育的特色及其启示》，《南京工业大学学报》（社会科学版）2005 年第 4 期。

王滨：《美国大学人文教育课程评述与启示》，《辽东学院学报》（社会科学版）2007 年第 1 期。

王大中：《正确处理科学教育与人文教育的关系》，《中国特色社会主义研究》2003 年第 1 期。

王克：《理工科大学人文素质教育探索》，《高教探索》2004 年第 1 期。

王晓红：《关于工程应用型本科院校大学生人文素质教育评价的思考》，《中国电力教育》2003 年第 3 期。

尉天骄：《高校人文素质教育中的三个认识误区》，《河海大学学报》（哲学社会科学版）2007 年第 2 期。

吴传飞：《现代汉语改革与大学人文素质教育》，《湖南文理学院学报》2004 年第 4 期。

吴彤：《科学哲学视野中的客观复杂性》，《系统辩证法学报》2001 年第 9 期。

吴毅华：《缺乏学术大师的大学——对中国当代大学人文素质教育的反思》，《学习月刊》2007 年第 16 期。

伍育琦：《高职院校人文教育课程设置的研究》，《职业教育研究》2007 年第 3 期。

肖海平、付波：《体验式教学：素质教育的理想选择》，《教育理论研究》2004 年第 1 期。

燕艳：《高职高专大学语文的改革势在必行》，《职业教育研究》2005 年第 8 期。

杨小微：《从复杂科学视角反思教育研究方法》，《教育研究与实验》2000 年第 3 期。

杨跃民：《高校人文教育：问题与建议》，《理论探讨》2005 年第 6 期。

杨中楷、刘永振：《从简单性到复杂性》，《系统辩证学学报》2002 年第 4 期。

叶澜：《世纪初中国教育理论发展的断想》，《华东师范大学学报》

（教育科学版）2001 年第 1 期。

永华：《运用耗散结构理论指导学校德育》，《大连教育学院学报》
　　2016 年第 4 期。

于立东：《理工科大学生人文素质教育评价体系研究》，《黑龙江高教
　　研究》2007 年第 5 期。

余国政：《人文素质教育课程体系构建原则性理念探析》，《黄石理工
　　学院学报》（人文社科版）2007 年第 3 期。

余海虹：《高校人文素质教育模式探索》，《思想教育研究》1999 年第
　　5 期。

月人、孙晖：《陕西广播电视大学人文素质教育面面观》，《陕西广播
　　电视大学学报》2006 年第 1 期。

曾昭络：《关于系统论在高等学校管理中应用的若干思考》，《系统工
　　程理论与实践》1999 年第 6 期。

张华夏：《决定论究竟是什么?》，《中国社会科学》1993 年第 6 期。

张华：《研究性教学：教学改革的方向》，《基础教育课程》2011 年第
　　12 期。

张鹏：《论多元文化背景下的大学德育走向》，《广西师范大学学报》
　　（哲学社会科学版）2007 年第 5 期。

张汝伦：《人文精神寻思录》，《读书》1994 年第 3 期。

赵剑民：《素质教育视野中的大学生社会实践》，《青年探索》2004 年
　　第 1 期。

赵景筱：《论耗散结构的成人高等教育系统》，《继续教育研究》2002
　　年第 1 期。

赵明河：《大众传播时代的校园阅读与学习型图书馆》，《图书馆杂
　　志》2011 年第 7 期。

赵士英、洪晓楠：《显性知识与隐性知识的辩证关系》，《自然辩证法
　　研究》2001 年第 10 期。

赵四亮、李毅：《浅谈高校人文素质教育》，《思想政治教育》2004 年
　　第 2 期。

周洪林:《通向诺贝尔奖之路——美国名牌大学的经验》,《复旦教育》1998 年第 3 期。

朱怡:《高校岗位津贴制实施过程复杂性分析和对策探索》,《淮阴师范学院学报》(哲学社会科学版)2001 年第 23 期。

朱云东、钟玉琢:《混沌基本理论与教学设计发展的新方向》,《电化教育研究》2009 年第 5 期。

朱正伟:《加强文化素质教育课程建设的思考》,《国家教育行政学院学报》2010 年第 7 期。

〔德〕赫尔曼·外尔:《德国的大学和科学》,袁钧译,《科学文化评论》2004 年第 2 期。

〔美〕小威廉·多尔、唐娜·杜伊特:《复杂性思维:存在关系之中》,张光陆译,《全球教育展望》2011 年第 5 期。

高等教育司:《关于加强大学生文化素质教育的若干意见》,1998 年第 2 号文件。

三 论文

陈莎莎:《高校人文素质教育管理问题及其对策研究》,硕士学位论文,中南大学,2010 年。

陈文逸:《我国高校人文教育的现状分析与对策研究》,硕士学位论文,浙江师范大学教师教育学院,2010 年。

董卉:《大学生思想政治教育人性化研究》,硕士学位论文,山东师范大学,2009 年。

黄永军:《自组织管理原理与大学发展之道》,博士学位论文,北京师范大学,2002 年。

李金奇:《被学科规训限制的大学人文教育》,博士学位论文,华中科技大学,2005 年。

李战海:《耗散结构理论在化学教学中的应用——中学化学学习过程中自组织学习的研究与实践》,硕士学位论文,南京师范大学,

2001 年。

马世娜:《大学生人文素质教育研究》,硕士学位论文,辽宁大学,
2012 年。

张春梅:《用自适应的遗传算法求解大学课表安排问题》,硕士学位
论文,内蒙古大学,2014 年。

张宏斌:《中国高校人文素质教育研究》,硕士学位论文,大连海事
大学,2012 年。

四　外文

Allison Y. Takao, Gregory, Kelly, "Assessment of Evidence in University
Students' Scientific Writing", *Science & Education*, 2003, 12 (4).

Donald, Janet G, Denison, D. Brian, "Quality Assessment of University
Students: Student Perceptions of Quality Criteria", *Journal of Higher
Education*, 2001, 72 (4).

John Wiley & Sons Ltd, *Complexity Theory and the Philosopy of Education*,
West Sussex, 2008. Laurent Poupard, *Novel Mathematical Processing
Method of Nocturnal Oximetry for Creening Patients with Suspected Sleep
Apnoea Syndrome*, Sleep and Reathing, 2011.

Mark Mason, *What Is Complexity Theory and What Are Its Implications for
Education Change*, Mark Mason, 2007.

Nicholas Rescher, *Complexity*, *A Philosophical Overview*, News Bruns-
wick: Transaction Publishers, 1998.

后　记

书稿交付出版之际，我必须作此后记说明以下几点：

书稿本身虽然主要由我本人撰写完成，但能够成书并顺利出版，则凝结了许多人的心血和劳动。例如，中国社会科学出版社的领导和编审们的认可与支持，特别是田文同志的大力支持与协助；我的十多名在校研究生所做的大量的辅助性、事务性工作等。其中，宋振航、王玥两位同志还参与了部分书稿内容的撰写，并且在成书出版工作和相关资料包括外文资料搜集翻译等诸多方面作出了重要贡献。由他们两个和我共同在书稿上署名，不仅合乎规范，而且当之无愧。而对于其他的作出贡献者，我这里只能表示感谢了。

书稿内容中借鉴和使用、引用了国内外研究者的许多相关成果、思想观点与文献等。除了那些（当然是绝大部分）我们在脚注和参考文献或者正文叙述中已经说明和标注过的以外，由于各种主客观原因，肯定还有遗漏掉的。我这里要对大家表示最诚挚的谢意，并请被遗漏者谅解！

最后，我还要感谢我的家人，特别是我的爱人焦慧玲女士的宽容、支持和无微不至的关怀。

王文奎

2017 年 11 月于西安